# 漢字の読み

学習日（　月　日）

| 時間 | 合格 | 得点 |
|---|---|---|
| 15分 | 40点 | 50点 |



## 1 次の——線の漢字に読みがなをつけなさい。（2点×15）

① うすい塩味（　　）をつける。

② 胃腸（　　）の薬を飲む。

③ きれいな風景（　　）を見る。

④ 製品（せいひん）を改良（　　）する。

⑤ 世界の平和を願望（　　）する。

⑥ 漁業（　　）にたずさわる。

⑦ 治安（　　）がよい国。

⑧ 包帯（　　）をまく。

⑨ 無事（　　）に本番が終わった。

⑩ 川の岸辺（　　）にすわる。

⑪ 今年は積雪（　　）が多い。

⑫ 鏡台（　　）の前に立つ。

⑬ かぜのため安静（　　）にする。

⑭ 子孫（　　）を残（のこ）す。

⑮ 会場が観客（　　）でうまる。

## 2 次の漢字の読みがなの正しいものを後から選（えら）んで、記号で答えなさい。（2点×5）

① 材木
ア ざいき　イ ざいもく
ウ ざいぼく（　　）

② 選手
ア せんて　イ せんしゅ
ウ えらびて（　　）

③ 続出
ア つづきで　イ ぞくで
ウ ぞくしゅつ（　　）

④ 末路
ア まつろ　イ まつじ
ウ すえじ（　　）

⑤ 不用心
ア ふようじん　イ ぶようしん
ウ ぶようじん（　　）

## 3 次の——線の漢字に読みがなをつけなさい。（1点×10）

① 目を覚ます。（　　）
地名を覚える。（　　）
自覚が足りない。（　　）

② 小麦粉を使う。（　　）
粉雪がまう。（　　）
粉末にする。（　　）

③ お茶を冷ます。（　　）
氷で冷やす。（　　）
冷たい水。（　　）
寒冷な気候（きこう）。（　　）

上級レベル 2

# 漢字の読み

学習日〔　月　日〕

| 時間 | 合格 | 得点 |
|---|---|---|
| 15分 | 40点 | 50点 |

**1** 次の――線の漢字に読みがなをつけなさい。（2点×15）

① かんじん要（　　　）の言葉。

② 実力者の家臣（　　　）となる。

③ 色のよい梅肉（　　　）。

④ 人の言葉を借用（　　　）する。

⑤ 郡部（　　　）まで住所を書く。

⑥ 作物が塩害（　　　）にみまわれる。

⑦ 入場行進の旗手（　　　）。

⑧ 紀行文（　　　）を読み味わう。

⑨ にんじんは根菜（　　　）だ。

⑩ 礼節（　　　）を重んじる。

⑪ 松竹梅（　　　）のかざり。

⑫ 人の失笑（　　　）を買う。

⑬ 不治（　　　）の病とたたかう。

⑭ あらしの前兆（　　　）が見られる。

⑮ 赤飯（　　　）を食べる。

**2** 次の文章中には、漢字の読みがながまちがっているものが五つあります。その漢字を書きぬき、正しい読みがなを書きなさい。（4点×5）

わたしたちのくらしは科学の力にささえられているが、自然の力にささえられているのもまた事実である。

近ごろ、科学の進歩だけが注目されているような印象を受けることがある。たとえば、科学の力によって自然がいらなくなるといった類いの話を耳にすることさえある。

しかし、人間が自然の力を上回ることは決してない。科学の力によってどんなにおいしい食べ物を開発したとしても、天然の魚や作物の味に近づけるのが関の山だろう。

わたしたち人間もまた、自然の一部である。折にふれてこのことを思い出しながら生活していきたいものである。

（まちがっている漢字）　（正しい読みがな）

・（　　　）→（　　　）

・（　　　）→（　　　）

・（　　　）→（　　　）

・（　　　）→（　　　）

・（　　　）→（　　　）

# 標準レベル 3 漢字の書き

学習日〔　月　日〕

| 時間 | 合格 | 得点 |
|---|---|---|
| 15分 | 40点 | 　/50点 |

**1** ――線を漢字に直しなさい。（1点×20）

① お客様をあんない（　　）する。
② 植物のしゅし（　　）を植える。
③ やくそく（　　）を守る。
④ 生き物をかんさつ（　　）する。
⑤ すいどうかん（　　）を工事する。
⑥ うでのかんせつ（　　）を曲げる。
⑦ こっき（　　）をかかげる。
⑧ ぎかい（　　）を開く。
⑨ すばらしいけっか（　　）が出る。
⑩ 気がち（　　）る。
⑪ 歌をがっしょう（　　）する。
⑫ ぶたいのしょうめい（　　）。
⑬ 電車がていし（　　）する。
⑭ 化学のはくし（　　）を目指す。
⑮ 曲をろくおん（　　）する。
⑯ 相手をしんよう（　　）する。
⑰ 食事にまんぞく（　　）する。
⑱ べんり（　　）な乗り物。
⑲ とくべつ（　　）なプレゼント。
⑳ きょくど（　　）のきんちょう。

**2** ――線を漢字とかなで書きなさい。（2点×8）

① あいする（　　）人。
② 日光をあびる（　　）。
③ 発想をかえる（　　）。
④ 工場ではたらく（　　）。
⑤ 大切なものをうしなう（　　）。
⑥ 日をあらためる（　　）。
⑦ 雪がつもる（　　）。
⑧ 本をかりる（　　）。

**3** 次のうち、漢字のまちがいを例のように正しく直して書きなさい。（2点×7）

（例）明日は水用日だ。　用→曜

① 建康に気をつける。　（　　）→（　　）
② 作戦は正功だ。　（　　）→（　　）
③ けい察官がビルを方囲する。　（　　）→（　　）
④ 大会が不事に終わる。　（　　）→（　　）
⑤ 建物の材量を集める。　（　　）→（　　）
⑥ 去手してから発言する。　（　　）→（　　）
⑦ 年願の品物を手に入れた。　（　　）→（　　）

上級レベル 4

# 漢字の書き

学習日〔　月　日〕

時間 15分　合格 40点　得点　／50点

**1** ——線を漢字に直しなさい。（1点×20）

① 所定のいち（　）にしまう。
② しがいち（　）を歩く。
③ きこう（　）がおだやかだ。
④ 算数のしけん（　）を受ける。
⑤ 国語じてん（　）を使う。
⑥ しゅくふく（　）の言葉。
⑦ 情報（じょうほう）をでんたつ（　）する。
⑧ ふんまつ（　）を水にとかす。
⑨ とうひょう（　）に行く。
⑩ システムをさっしん（　）する。
⑪ 小学生のじどう（　）。
⑫ じかく（　）が足りない。
⑬ ていけい（　）郵便（ゆうびん）を送る。
⑭ いちもくさん（　）ににげる。
⑮ 力をけっそく（　）する。
⑯ 体の調子はりょうこう（　）だ。
⑰ きげん（　）前二百年の出来事。
⑱ 川のちすい（　）工事。
⑲ ライトをてんとう（　）する。
⑳ みかん（　）の文学作品。

**2** 次の文章中には、漢字がまちがっているものが五つあります。その漢字を書きぬき、正しい漢字を書きなさい。（6点×5）

来週の日曜日、市内の公会同でスピーチコンテストが開かれます。わたしは「気望にあふれた社会」という題でスピーチをする予定です。この半年間、村田先生にアドバイスしていただきながら、毎日放課後にスピーチの練習に取り組んできました。

作年のスピーチコンテストには、かなり多くの人が参科したと聞いています。今年もきっとたくさんの人が聞きにきてくれるでしょう。多くの人に自分のスピーチを聞いてもらえるのはうれしいのですが、きんちょうしてしまいそうです。

しかし、スピーチのアドバイスをしていただいた村田先生が士会をつとめてくださると聞き、少し安心しています。「本番も練習どおりにやれば、きっとうまくいきますよ」と、村田先生はわたしをはげましてくださいました。

（まちがっている漢字）　（正しい漢字）

・（　）→（　）
・（　）→（　）
・（　）→（　）
・（　）→（　）
・（　）→（　）

標準レベル 5

# 漢字の音訓（おんくん）

学習日〔　月　日〕

時間 15分　合格 40点　得点 ／50点

**1** 次の――線の漢字に読みがなをつけなさい。（1点×20）

① 安売りで得（　　）をする。
② りょうかいを得（　　）る。
③ 冷（　　）たい水で手をあらう。
④ 飲み物を冷（　　）やす。
⑤ 今年は冷夏（　　）だ。
⑥ 山が連（　　）なる。
⑦ 連帯感（　　）が生まれる。
⑧ やかんが熱（　　）い。
⑨ 高い熱（　　）が出る。
⑩ 三角形の辺（　　）。
⑪ 辺（　　）り一面の花。
⑫ 類（　　）を見ない強さ。
⑬ 類（　　）いまれな美しさ。
⑭ 努力（　　）の成果（せいか）が出る。
⑮ 早起きに努（　　）める。
⑯ 象（　　）がえさを食べる。
⑰ 調査（ちょうさ）の対象（　　）となる人。
⑱ 史上（しじょう）初（　　）の発見。
⑲ 登校初日（　　）の持ち物。
⑳ 初（　　）めて月へ行った人物。

**2** 次の――線が音読みのものにはア、訓読（くん）みのものにはイを書きなさい。（1点×10）

① 自然（しぜん）を愛する。（　　）
② まねをするのが関の山だ。（　　）
③ 船で漁に出る。（　　）
④ 二十一世紀の社会。（　　）
⑤ 老人（ろうじん）に席をゆずる。（　　）
⑥ 末広がりを願（ねが）う。（　　）
⑦ 一億円もするダイヤモンド。（　　）
⑧ 新しい仲間ができる。（　　）
⑨ 利便性がよい。（　　）
⑩ 鳥の巣を見つける。（　　）

**3** 次の漢字のうち、音読みしかないものにはア、訓読みしかないものにはイ、音読み・訓読みのどちらもあるものにはウを書きなさい。（2点×10）

① 底（　　）　② 胃（　　）
③ 約（　　）　④ 札（　　）
⑤ 松（　　）　⑥ 無（　　）
⑦ 梅（　　）　⑧ 貝（　　）
⑨ 案（　　）　⑩ 畑（　　）

# 上級レベル 6 漢字の音訓(おんくん)

学習日〔　月　日〕

| 時間 | 15分 |
|---|---|
| 合格 | 40点 |
| 得点 | /50点 |

**1** 次の漢字をふくむ言葉を、後の□の中から二つずつ選び、それぞれ漢字で書きなさい。送りがなが必要なものは送りがなも書きなさい。（1点×10）

① 参（　　）（　　）
② 試（　　）（　　）
③ 関（　　）（　　）
④ 勇（　　）（　　）
⑤ 敗（　　）（　　）
⑥ 養（　　）（　　）
⑦ 幸（　　）（　　）
⑧ 積（　　）（　　）
⑨ 別（　　）（　　）
⑩ 改（　　）（　　）

| | |
|---|---|
| はいぼく | かんれん |
| こうふく | しけん |
| さんか | さんせき |
| えいよう | ゆうき |
| いさむ | やしなう |
| しあわせ | かいりょう |
| くべつ | かかわる |
| やぶれる | こころみる |
| あらためる | まいる |
| つもる | わかれる |

**2** 次の言葉の読み方を二とおり答えなさい。（2点×12）

① 風車（　　）（　　）
② 年月（　　）（　　）
③ 色紙（　　）（　　）
④ 分別（　　）（　　）
⑤ 人気（　　）（　　）
⑥ 市場（　　）（　　）

**3** 次の言葉の読み方として当てはまるものを、後から選んで、記号で答えなさい。（1点×16）

① 材料（　）　② 消印（　）
③ 台所（　）　④ 雨具（　）
⑤ 松林（　）　⑥ 太字（　）
⑦ 歴史（　）　⑧ 印刷（　）
⑨ 相手（　）　⑩ 切手（　）
⑪ 反省（　）　⑫ 客間（　）
⑬ 風雨（　）　⑭ 合図（　）
⑮ 毎朝（　）　⑯ 場所（　）

ア 音読みと音読みを組み合わせたもの。
イ 訓(くん)読みと訓読みを組み合わせたもの。
ウ 音読みと訓読みを組み合わせたもの。
エ 訓読みと音読みを組み合わせたもの。

標準レベル 7

# 辞典の引き方・漢字の構成

学習日〔　月　日〕

時間 15分　合格 40点　得点　／50点

**1** 漢字の辞典を引いたら、次のような読み方が書いてありました。それぞれの漢字を書きなさい。（2点×6）

① シュク／いわ(う)（　　）
② ヨク／あ(びる)（　　）
③ シュ／たね（　　）
④ セイ／な(る)（　　）
⑤ ケツ／か(ける)（　　）
⑥ イ／かこ(む)（　　）

**2** 次の漢字を辞典で引くには、どちらが正しいですか。○をつけなさい。また、その部首の名前を（　）に書きなさい。（1点×10）

① 借　ア イの部で引く　イ 日の部で引く（　　）
② 郡　ア 君の部で引く　イ 阝の部で引く（　　）
③ 材　ア 木の部で引く　イ オの部で引く（　　）
④ 松　ア 木の部で引く　イ 公の部で引く（　　）
⑤ 固　ア 口の部で引く　イ 古の部で引く（　　）
⑥ 泣　ア 氵の部で引く　イ 立の部で引く（　　）
⑦ 周　ア 冂の部で引く　イ 口の部で引く（　　）
⑧ 孫　ア 子の部で引く　イ 糸の部で引く（　　）
⑨ 順　ア 川の部で引く　イ 頁の部で引く（　　）
⑩ 愛　ア 夂の部で引く　イ 心の部で引く（　　）

**3** 次の漢字を例のように二つの部分に分けて書きなさい。（2点×14）

（例）時—日と寺

① 願（　）と（　）　② 課（　）と（　）
③ 念（　）と（　）　④ 貨（　）と（　）
⑤ 管（　）と（　）　⑥ 積（　）と（　）
⑦ 省（　）と（　）　⑧ 結（　）と（　）
⑨ 置（　）と（　）　⑩ 続（　）と（　）
⑪ 梅（　）と（　）　⑫ 完（　）と（　）
⑬ 浴（　）と（　）　⑭ 粉（　）と（　）

上級レベル 8

# 辞典の引き方・漢字の構成

| 時間 | 合格 | 得点 |
|---|---|---|
| 15分 | 40点 | 50点 |

学習日〔　月　日〕

**1** 漢字辞典の引き方について、次の――線が正しければ○、まちがっていれば正しく直して書きなさい。（2点×10）

① 「欠」を調べるには、「人」の部を引けばよい。（　　）

② 「夫」を調べるには、「二」の部を引けばよい。（　　）

③ 「求」を調べるには、「水」の部を引けばよい。（　　）

④ 「印」を調べるには、総画さくいんで六画を引けばよい。（　　）

⑤ 「連」を調べるには、総画さくいんで九画を引けばよい。（　　）

⑥ 「毒」の部首がわからない場合、音訓さくいんの「ドク」を調べればよい。（　　）

⑦ 「貨」の部首がわからない場合、音訓さくいんの「カ」を調べればよい。（　　）

⑧ 「法」を調べるには、「氵」の部で三画の字をさがせばよい。（　　）

⑨ 「兵」を調べるには、「八」の部で五画の字をさがせばよい。（　　）

⑩ 「努」を調べるには、「女」の部をさがせばよい。（　　）

**2** 後の□にある漢字の部分を組み合わせて、次の読み方の漢字を完成させなさい。また、できた漢字の総画数を漢数字で答えなさい。（1点×14）

| | 読み | （漢字） | （総画数） |
|---|---|---|---|
| ① | しん | （　　） | （　　） |
| ② | あん | （　　） | （　　） |
| ③ | きゅう | （　　） | （　　） |
| ④ | い | （　　） | （　　） |
| ⑤ | じ | （　　） | （　　） |
| ⑥ | げい | （　　） | （　　） |
| ⑦ | こう | （　　） | （　　） |

子　舌　合　月　辛　女　艹　糸　言　安　田　云　亻　木

**3** 次の漢字を辞典で引くには、どちらが正しいですか。○をつけなさい。また、その部首の名前を（　）に書きなさい。（4点×4）

① 初　ア 衤の部で引く　イ 刀の部で引く（　　）

② 不　ア 木の部で引く　イ 一の部で引く（　　）

③ 兆　ア 水の部で引く　イ 儿の部で引く（　　）

④ 軍　ア 冖の部で引く　イ 車の部で引く（　　）

標準レベル 9

# 部首

学習日〔　月　日〕

時間 15分　合格 40点　得点 ／50点

**1** 次の漢字がもつ部首を後のア～カから選(えら)び、それぞれ記号で答えなさい。（1点×16）

① 包（　　）　② 無（　　）
③ 病（　　）　④ 課（　　）
⑤ 害（　　）　⑥ 究（　　）
⑦ 清（　　）　⑧ 庫（　　）
⑨ 令（　　）　⑩ 選（　　）
⑪ 関（　　）　⑫ 便（　　）
⑬ 菜（　　）　⑭ 建（　　）
⑮ 固（　　）　⑯ 笑（　　）

ア へん　イ かんむり　ウ たれ
エ かまえ　オ あし　カ にょう

**2** 次の漢字の部首として正しいものを選び、それぞれ記号で答えなさい。（2点×7）

① 刷　ア 尸　イ 巾　ウ 刂（　　）
② 最　ア 日　イ 耳　ウ 又（　　）
③ 器　ア 口　イ 人　ウ 大（　　）
④ 孫　ア 子　イ 糸　ウ 八（　　）
⑤ 産　ア 亠　イ 立　ウ 生（　　）
⑥ 望　ア 亡　イ 月　ウ 王（　　）
⑦ 喜　ア 士　イ 豆　ウ 口（　　）

**3** 次の説明(せつめい)のうち、正しいものには○、まちがっているものには×を書きなさい。（2点×10）

① 「⺌」は漢字の「小」から作られた部首である。（　　）
② 「ネ」はカタカナの「ネ」から作られた部首である。（　　）
③ 「衤」は漢字の「衣」から作られた部首である。（　　）
④ 「⺊」は「うらない」という意味を表す部首である。（　　）
⑤ 「厂」は「がけ」という意味を表す部首である。（　　）
⑥ 「疒」は病気にかかわる言葉を表す部首である。（　　）
⑦ 「禾」は穀物(こくもつ)にかかわる言葉を表す部首である。（　　）
⑧ 「王」は「おうへん・たまへん」と言い、「玉」が元になっている部首である。（　　）
⑨ 「辶」と「廴」は同じ意味を表す部首である。（　　）
⑩ 「⺍」は「なおがしら」という部首である。（　　）

# 上級レベル 10 部首

学習日〔　月　日〕

時間 15分　合格 40点　得点　／50点

**1** 次の漢字の部首として正しいものには○、まちがっているものには×を書きなさい。（1点×18）

（漢字）（部首）

① 倉　くち（　）
② 巣　き（　）
③ 郡　こざとへん（　）
④ 軍　くるま（　）
⑤ 史　くち（　）
⑥ 求　みず（　）
⑦ 案　き（　）
⑧ 欠　ひと（　）
⑨ 栄　つかんむり（　）
⑩ 果　き（　）
⑪ 失　だい（　）
⑫ 象　ひ（　）
⑬ 副　りっとう（　）
⑭ 員　かい（　）
⑮ 字　うかんむり（　）
⑯ 畑　た（　）
⑰ 聞　みみ（　）
⑱ 量　さと（　）

**2** 次のア〜シのうち、部首が同じものを二つずつ選んで、記号で答えなさい。（3点×6）

ア 市　イ 美　ウ 申
エ 八　オ 番　カ 席
キ 着　ク 典　ケ 卒
コ 半　サ 努　シ 加

（　・　）（　・　）
（　・　）（　・　）
（　・　）（　・　）

**3** 次の漢字の部首を（　）に、部首の名前を〔　〕に、それぞれ書きなさい。（2点×7）

① 集（　）〔　〕
② 炭（　）〔　〕
③ 才（　）〔　〕
④ 命（　）〔　〕
⑤ 帳（　）〔　〕
⑥ 束（　）〔　〕
⑦ 開（　）〔　〕

1　20　40　60　80　100　GOAL　120（回）

# 標準レベル 11 筆順（ひつじゅん）

時間 15分　合格 40点　得点 ／50点

学習日〔　月　日〕

**1** 次の漢字の赤字の部分は何画目に書きますか。漢数字で答えなさい。（1点×15）

① 臣（　）　② 区（　）
③ 耳（　）　④ 有（　）
⑤ 曲（　）　⑥ 単（　）
⑦ 必（　）　⑧ 世（　）
⑨ 母（　）　⑩ 角（　）
⑪ 老（　）　⑫ 共（　）
⑬ 低（　）　⑭ 典（　）
⑮ 集（　）

**2** 次の漢字の筆順（ひつじゅん）の正しいほうに○をつけなさい。（4点×5）

① 果 ｛ア 丨 冂 日 日 旦 甲 果 果
　　 ｛イ 丨 冂 冂 田 田 旦 甲 果 果

② 無 ｛ア ノ 二 仁 午 午 無 無 無 無
　　 ｛イ ノ 仁 仁 仁 仁 無 無 無 無

③ 飛 ｛ア 乙 飞 飞 飛 飛
　　 ｛イ 乙 飞 飞 飛 飛

④ 固 ｛ア 丨 冂 冂 円 固 固
　　 ｛イ 丨 冂 口 曰 田 固

⑤ 席 ｛ア 亠 广 庐 庐 庐 席
　　 ｛イ 亠 广 庐 庐 庐 席

**3** 次の漢字の筆順が正しければ○、まちがっていれば×を書きなさい。（1点×10）

① 丿 丬 丬 兆 兆 兆（　）
② 亠 亠 亠 亣 亣 卒（　）
③ ノ ナ ナ 右 右（　）
④ 一 ト 上（　）
⑤ ノ ナ 方 友（　）
⑥ 丨 冂 巾 由 由（　）
⑦ 亅 亅 氵 氺 氷（　）
⑧ 丶 亠 ナ 方（　）
⑨ 丶 丷 丷 兰 兰 羊（　）
⑩ 丶 冖 冖 写 写（　）

**4** 次の漢字の一画目が正しければ○、まちがっていれば×を書きなさい。（1点×5）

① 小（　）　② 九（　）
③ 火（　）　④ 書（　）
⑤ 皮（　）

上級レベル 12

# 筆順

学習日〔　月　日〕

| 時間 | 合格 | 得点 |
|---|---|---|
| 15分 | 40点 | 　／50点 |

**1** 次の漢字の赤字の部分は何画目に書きますか。漢数字で答えなさい。（1点×14）

①博（　）　②無（　）
③帯（　）　④飛（　）
⑤発（　）　⑥番（　）
⑦様（　）　⑧病（　）
⑨業（　）　⑩服（　）
⑪書（　）　⑫争（　）
⑬票（　）　⑭束（　）

**2** 次の漢字は、どのきまりにしたがって書けばよいですか。記号で答えなさい。（2点×8）

①倉（　）　②脈（　）
③周（　）　④量（　）
⑤例（　）　⑥求（　）
⑦勇（　）　⑧問（　）

ア 上から下へ書いていく。
イ 左から右へ書いていく。
ウ 内側から外側へ書いていく。
エ 外側から内側へ書いていく。

**3** 次の漢字の赤字の部分の筆順が同じものを選んで、記号で答えなさい。（2点×4）

ア 成　イ 田　ウ 長
エ 女　オ 王　カ 万
キ 左　ク 令

（　・　）（　・　）
（　・　）（　・　）

**4** 次の漢字の一画目をなぞりなさい。（1点×7）

①反　②馬　③士
④石　⑤光　⑥友
⑦広

**5** 次の漢字の筆順はまちがっています。まちがいを説明した文として、ふさわしいものを選び、記号で答えなさい。（5点）

ㇷ　ㇹ　ヨ　尹　君　郡　郡　郡

ア「君」はㇷ ㇹ ヨ 君の順に書く。
イ「君」はㇷ ア 尹 君の順に書く。
ウ「阝」はㇷ ㇰ 阝の順に書く。
エ「阝」はㇰの部分をつづけて書く。

（　）

標準レベル 13

# 画数

学習日〔　　月　　日〕

| 時間 | 合格 | 得点 |
|---|---|---|
| 15分 | 40点 | /50点 |

**1** 次の□の中の漢字のうち、画数が八画のものを五つ選んで書きなさい。（2点×5）

| 束 | 信 | 好 | 刷 | 芸 | 果 |
|---|---|---|---|---|---|
| 周 | 建 | 料 | 冷 | 治 | 底 |

（　　）（　　）（　　）（　　）（　　）

**2** 次の漢字の画数を数字で答えなさい。（2点×5）

① 包（　　）　② 喜（　　）
③ 毒（　　）　④ 街（　　）
⑤ 臣（　　）

**3** 次の漢字の赤字部分は、何画で書きますか。正しい画数のところに、記号を書きなさい。（1点×10）

ア 郡　イ 置　ウ 伝　エ 印　オ 連
カ 折　キ 氷　ク 毎　ケ 終　コ 強

① 一画（　　　）
② 二画（　　　）
③ 三画（　　　）
④ 四画（　　　）

**4** 次の□の漢字の中から、画数が同じものを五組さがし、それぞれ書きなさい。（2点×5）

| 続 | 官 | 卒 | 兆 | 結 | 観 | 月 |
|---|---|---|---|---|---|---|
| 日 | 残 | 験 | 型 | 軍 | 借 | 極 |

（例）（月・日）（　・　）
（　・　）（　・　）
（　・　）（　・　）

**5** 次の三つの漢字のうち、画数が最も多いものと最も少ないものをそれぞれ選び、記号で答えなさい。（1点×10）

① ア 各　イ 欠　ウ 以
多いもの（　　）少ないもの（　　）

② ア 億　イ 録　ウ 塩
多いもの（　　）少ないもの（　　）

③ ア 案　イ 敗　ウ 単
多いもの（　　）少ないもの（　　）

④ ア 唱　イ 航　ウ 順
多いもの（　　）少ないもの（　　）

⑤ ア 鏡　イ 養　ウ 類
多いもの（　　）少ないもの（　　）

# 上級レベル 14 画数

時間 15分　合格 40点　得点 ／50点

学習日〔　月　日〕

**1** 次の□の中の漢字を、画数の少ないものから順番(じゅんばん)に書きなさい。（1点×10）

| | | | | | |
|---|---|---|---|---|---|
| 兵 | 辺 | 孫 | 側 | 標 | 試 |
| 浅 | 泣 | 衣 | 夫 | 士 | 歴 |

（士）→（　）→（　）→
（　）→（　）→（　）→
（　）→（　）→（側）→
（　）→（　）→（　）

**2** 次の漢字の画数を数字で答えなさい。（2点×5）

① 求（　）　② 達（　）
③ 帯（　）　④ 費（　）
⑤ 脈（　）

**3** 次の――線のカタカナを漢字に直したとき、二つの漢字の合計で画数が多いのはどちらですか。記号に○をつけなさい。（2点×5）

①
ア しっかりとコテイする。
イ 日本上空をヒコウする。

②
ア ヒツヨウなものをそろえる。
イ 学校でコテンを学ぶ。

③
ア 食前にイグスリを飲む。
イ ねこにクビワをつける。

④
ア 種子がハツガする。
イ キョウツウの友人がいる。

⑤
ア かれはハクガクで知られる。
イ セイリュウで川遊びをする。

**4** 次の三つの漢字のうち、画数がほかの二つとちがっているものを選(えら)び、記号で答えなさい。（2点×10）

① ア 末　イ 令　ウ 灯（　）
② ア 最　イ 節　ウ 戦（　）
③ ア 倉　イ 席　ウ 祝（　）
④ ア 差　イ 訓　ウ 昨（　）
⑤ ア 静　イ 辞　ウ 愛（　）
⑥ ア 仲　イ 功　ウ 民（　）
⑦ ア 梅　イ 救　ウ 候（　）
⑧ ア 議　イ 競　ウ 願（　）
⑨ ア 管　イ 熱　ウ 選（　）
⑩ ア 象　イ 然　ウ 腸（　）

標準レベル 15

# 漢字の組み合わせ

1〜120（回）

学習日〔　月　日〕

時間 15分　合格 40点　得点　/50点

**1** 漢字を組み合わせて言葉を作るには、

> ア　反対の意味の字を組み合わせる
> イ　同じような意味の字を組み合わせる
> ウ　上の字が下の字を説明(せつめい)する

などの方法(ほうほう)があります。次の熟語(じゅくご)は、それぞれどの方法で作られていますか。記号で答えなさい。（1点×10）

① 通行（　　）　② 投球（　　）

③ 土地（　　）　④ 大小（　　）

⑤ 売買（　　）　⑥ 読書（　　）

⑦ 消火（　　）　⑧ 問答（　　）

⑨ 返品（　　）　⑩ 平和（　　）

**2** 次の□に漢字を入れて熟語を作ります。□の中から読み方を選(えら)び、それを漢字にして書きなさい。（2点×10）

（例(れい)）写 ― 真 ― 実（写真・真実）

① 駅 ― □ ― 記

② 食 ― □ ― 木

③ 四 ― □ ― 節

④ 残 ― □ ― 願

⑤ 未 ― □ ― 足

⑥ 持 ― □ ― 考

⑦ 光 ― □ ― 養

⑧ 金 ― □ ― 物

⑨ 入 ― □ ― 場

⑩ 兵 ― □ ― 列

> サン　ヨク　カ　エイ　デン　シン
> ネン　キ　タイ　ザイ　マン

**3** 次の□に漢字を入れて、熟語を作りなさい。①〜⑤は反対の意味の字を組み合わせた熟語、⑥〜⑩は同じような意味の字を組み合わせた熟語です。（2点×10）

① 出(しゅつ)□(けつ)　② 勝(しょう)□(はい)

③ 高(こう)□(てい)　④ □(とく)失(しつ)

⑤ 利(り)□(がい)　⑥ 競(きょう)□(そう)

⑦ □(てい)止(し)　⑧ □(れん)続(ぞく)

⑨ 計(けい)□(りょう)　⑩ □(たん)一(いつ)

上級レベル 16

# 漢字の組み合わせ

時間 15分　合格 40点　得点 ／50点

学習日〔　月　日〕

**1** 次の□に漢字を入れて、熟語を作ります。□の中から読み方を選び、それを漢字で書きなさい。（2点×10）

（例）写―真―実（写真・真実）

① 初―□―人　② 公―□―束

③ 放―□―場　④ 選―□―手

⑤ 分―□―歩　⑥ 配―□―食

⑦ 送―□―近　⑧ 不―□―化

⑨ 勝―□―戦　⑩ 必―□―求

ハイ　サン　ヨウ　ボク　ヤク
ロウ　ヘン　キョ　フ　キュウ

**2** 次の意味になるように、熟語を作ります。後の□の中から漢字を選んで組み合わせ、熟語にして書きなさい。（2点×10）

① 体の状態・いい状態のこと

② かなえたいのぞみ

③ 他とはっきりくべつすること

④ すっかりできあがること

⑤ 物を注意深く見ること

⑥ 物事の最終の状態

⑦ 食べのこした料理

⑧ 都合が良く、役立つこと

⑨ まと・目印

⑩ 体を使ってはたらくこと

標　便　働　察　飯　完
健　果　的　観　利　特
希　結　残　康　望　労
別　成

**3** 次の漢字と（　）内の漢字を組み合わせたとき、熟語を作れないものを一つ選び、漢字に○をつけなさい。（1点×10）

① 囲（包・上・周）　② 置（位・放・台）

③ 無（里・休・料）　④ 漁（大・金・船）

⑤ 関（連・係・民）　⑥ 械（機・紀・器）

⑦ 未（期・来・然）　⑧ 紀（行・世・暗）

⑨ 省（反・帰・天）　⑩ 賞（副・必・品）

標準レベル 17

# 対義語・類義語

学習日〔　月　日〕
時間 15分
合格 40点
得点　　　／50点

**1** 次の言葉の対義語（反対の意味の言葉）を、漢字を使って書きなさい。（1点×20）

① 安い（　　）　② 和服（　　）
③ 姉妹（　　）　④ 悪い（　　）
⑤ 貸す（　　）　⑥ 右折（　　）
⑦ 熱い（　　）　⑧ 暑い（　　）
⑨ 押す（　　）　⑩ 平和（　　）
⑪ 少ない（　　）　⑫ 買う（　　）
⑬ 午前（　　）　⑭ 生きる（　　）
⑮ 消費（　　）　⑯ 入学（　　）
⑰ 下流（　　）　⑱ 最後（　　）
⑲ 古い（　　）　⑳ 深い（　　）

**2** 次の言葉の類義語（同じような意味の言葉）は、ア・イのどちらですか。記号で答えなさい。（2点×10）

① 願望　ア 失望　イ 希望（　　）
② 自然　ア 当然　イ 天然（　　）
③ 注意　ア 用心　イ 用意（　　）
④ 重要　ア 必要　イ 大切（　　）
⑤ 安全　ア 安静　イ 無事（　　）
⑥ 意外　ア 案外　イ 言外（　　）
⑦ 進歩　ア 進出　イ 向上（　　）
⑧ 不安　ア 不信　イ 心配（　　）
⑨ 区別　ア 差別　イ 区画（　　）
⑩ 長所　ア 美点　イ 便利（　　）

**3** 次の言葉の対義語に、「不」の字を使う場合は○、使わない場合は×を書きなさい。（1点×10）

① 幸福（　　）　② 運動（　　）
③ 出席（　　）　④ 美点（　　）
⑤ 満足（　　）　⑥ 便利（　　）
⑦ 好調（　　）　⑧ 最高（　　）
⑨ 登校（　　）　⑩ 明白（　　）

# 上級レベル 18 対義語・類義語

**1** 次の言葉の類義語を、□の中の漢字を組み合わせて書きなさい。（2点×10）

① 本屋（　　　）　② 目的（　　　）
③ 指図（　　　）　④ 短所（　　　）
⑤ 所持（　　　）　⑥ 当人（　　　）
⑦ 原料（　　　）　⑧ 意図（　　　）
⑨ 必然（　　　）　⑩ 不服（　　　）

| 点 | 料 | 不 | 書 | 平 | 本 | 目 |
|---|---|---|---|---|---|---|
| 令 | 然 | 計 | 欠 | 人 | 標 | 命 |
| 店 | 当 | 所 | 有 | 材 | 画 | |

**2** 次の言葉の対義語を、□の中の漢字を組み合わせて書きなさい。（2点×10）

① 全体（　　　）　② 向上（　　　）
③ 有名（　　　）　④ 送信（　　　）
⑤ 以後（　　　）　⑥ 幸運（　　　）
⑦ 流動（　　　）　⑧ 病弱（　　　）
⑨ 成功（　　　）　⑩ 人工（　　　）

| 信 | 健 | 自 | 低 | 部 | 失 | 康 |
|---|---|---|---|---|---|---|
| 下 | 不 | 運 | 受 | 以 | 敗 | 無 |
| 前 | 分 | 固 | 名 | 然 | 定 | |

**3** 次の文は、「対義語」について説明したものです。（　）に当てはまる言葉をア～テから選びなさい。（1点×10）

対義語とは、意味が（ ① ）言葉のことである。たとえば、「重い」と「（ ② ）」・「教える」と「（ ③ ）」などである。

二字の熟語になっている対義語が多いが、その作られ方には、以下の三つがある。

・一字が反対の意味でもう一字は同じもの
・一字目に「（ ④ ）」などの打ち消しの漢字を使うもの
・二字全体で反対の意味になっているもの

一つ目の例としては「（ ⑤ ）」と「（ ⑥ ）」、二つ目の例としては「（ ⑦ ）」と「（ ⑧ ）」、三つ目の例としては「（ ⑨ ）」と「（ ⑩ ）」などが挙げられる。

ア にている　イ 反対になっている
ウ 軽い　エ 大きい　オ 重ねる
カ 学ぶ　キ 習う　ク 先生　ケ 安全
コ 敗北　サ 安心　シ 登校　ス 不安
セ 勝利　ソ 勝負　タ 学校　チ 下校
ツ 不・無　テ 反・消

①（　　）②（　　）③（　　）
④（　　）⑤（　　）⑥（　　）
⑦（　　）⑧（　　）⑨（　　）
⑩（　　）

時間 15分　合格 40点　得点　　／50点

学習日〔　月　日〕

標準レベル 19

# 三字・四字熟語

時間 15分　合格 40点　得点 ／50点

学習日〔　月　日〕

**1** 次の――線の漢字に読みがなをつけなさい。（1点×20）

① 商店街を歩く。（　）
② 静電気が発生する。（　）
③ 街路樹が続く道。（　）
④ 博物館に出かける。（　）
⑤ 改札口に向かう。（　）
⑥ 典型的な例。（　）
⑦ 胃腸薬を飲む。（　）
⑧ 地方の特産物。（　）
⑨ 百貨店で買い物をする。（　）
⑩ 日光浴をする。（　）
⑪ 一石二鳥（　）
⑫ 花鳥風月（　）
⑬ 牛飲馬食（　）
⑭ 急転直下（　）
⑮ 三寒四温（　）
⑯ 四苦八苦（　）
⑰ 八方美人（　）
⑱ 立身出世（　）
⑲ 理路整然（　）
⑳ 単刀直入（　）

**2** 次の三字熟語を例のように／で区切りなさい。（2点×8）

（例）一時／的

① 大成功　② 今世紀
③ 衣食住　④ 健康的
⑤ 不自由　⑥ 飛行船
⑦ 副作用　⑧ 貨物便

**3** 次の説明のうち、正しいものには○、まちがっているものには×を書きなさい。（2点×7）

① 「一朝一夕」とは、朝から夕方までの長い時間のことである。（　）
② 「一部始終」とは、始めから終わりまですべてのことである。（　）
③ 「有名無実」とは、名前だけ有名で中身がないことである。（　）
④ 「門外不出」とは、だれとも会わず一人ですごしていることである。（　）
⑤ 「二束三文」とは、少ない量でも高く売れることである。（　）
⑥ 「一世一代」とは、一生に一度あるかないかのチャンスのことである。（　）
⑦ 「品行方正」とは、行いが正しく、きちんとしていることである。（　）

上級レベル 20

# 三字・四字熟語

学習日〔　月　日〕

時間 15分　合格 40点　得点 ／50点

**1** 次の説明に合う三字熟語になるように、□に漢字を書きなさい。（2点×10）

① 家や国の中心になる人。　大□柱

② わき目もふらず走ること。　一目□

③ すぐ見やぶられるくふう。　小□工

④ 最も重要な場面。　正□場

⑤ 苦手であること。　不□手

⑥ 礼儀に欠けていること。　不□法

⑦ 良くない行い。　不始□

⑧ 専門ではない人。　□外漢

⑨ 似ているもののこと。　□似品

⑩ ありふれたこと。　茶□事

**2** 次の四字熟語の漢字のまちがいを、例のように正しく直しなさい。（2点×7）

（例）一問一等（等→答）

① 一長一単（　→　）

② 前大未聞（　→　）

③ 完全無決（　→　）

④ 九転直下（　→　）

⑤ 広大無変（　→　）

⑥ 伝光石火（　→　）

⑦ 千左万別（　→　）

**3** 次の――線の三字・四字熟語の使い方が正しいものには○、まちがっているものには×を書きなさい。（2点×8）

① 田中さんは一度やると決めたらあきらめずに最後までやり通す、一本気なところがある。（　）

② 先生が使っているコンピュータはすべてが最新式で、いかにも大時代という感じがする。（　）

③ きみの計画は本当にすばらしいものなので、何度聞いてもまるで絵空事のようだと思う。（　）

④ 先月、不世出とさえ言われている作家の作品を読み、今までに読んだどの本よりも感動した。（　）

⑤ プレゼントがとどくのが待ち遠しくて、今日の朝からずっと一日千秋の思いだった。（　）

⑥ 友達と遊びに行くかわりに好きなテレビ番組が見られないのは、まさに一得一失だ。（　）

⑦ 鉄棒の練習をずっと続けているが、日進月歩でなかなかうまくできるようにならない。（　）

⑧ 山田君のようなしっかりした人に大事な仕事をお願いするのは、大器小用でぴったりだと思う。（　）

# 21 最上級レベル ①

学習日〔　月　日〕

| 時間 | 合格 | 得点 |
|---|---|---|
| 15分 | 40点 | ／50点 |

**1** 次の——線の漢字に読みがなをつけなさい。（1点×5）

① 殺風景（　　）な部屋。
② 放課後（　　）に校庭で遊ぶ。
③ 府立（　　）の高校に進学する。
④ 良薬（　　）は口に苦し。
⑤ 積極的（　　）に発言する。

**2** 次の——線の部分を、漢字と送りがなで書きなさい。（2点×10）

① 新メンバーがくわわる。（　　）
② 町がますますさかえる。（　　）
③ 助けをもとめる。（　　）
④ 受付で名前をつげる。（　　）
⑤ わらう門には福来たる。（　　）
⑥ カエルがたまごをうむ。（　　）
⑦ 考え方をあらためる。（　　）
⑧ 学力の向上につとめる。（　　）
⑨ はじめての出来事。（　　）
⑩ いさましいかけ声。（　　）

**3** 次の部首のうち、画数が多いほうの記号と画数を答えなさい。（2点×5）

(例) ア くさかんむり　イ たけかんむり
① ア いとへん　イ ごんべん
② ア こざとへん　イ にんべん
③ ア まだれ　イ がんだれ
④ ア えんにょう　イ そうにょう
⑤ ア つきへん　イ ゆみへん

(例)（イ・6）　①（　・　）
②（　・　）　③（　・　）
④（　・　）　⑤（　・　）

**4** 次のうち、横画から書き始める漢字を五つ選んで、○をつけなさい。（1点×5）

| 囲 | 共 | 協 | 士 | 臣 |
|---|---|---|---|---|
| 成 | 帯 | 民 | 験 | 児 |

**5** 次の□に入る漢字を、後の読みから選んで漢字で書きなさい。（2点×5）

① 国□　□手　校□（　　）
② 入□　新□　表□（　　）
③ 手□　□事　方□（　　）
④ □教　学□　□明（　　）
⑤ 持□　□行　□出（　　）

セツ（セッ）　サツ
ゾク（ゾッ）　キ　ホウ

# 22 最上級レベル ②

時間 15分　合格 40点　得点 ／50点

学習日〔　月　日〕

**1** 次の——線の漢字に読みがなをつけなさい。（1点×5）

① 原文と<u>照合</u>（　　）する。

② 畑で<u>野菜</u>（　　）を育てる。

③ この先は<u>陸路</u>（　　）を取る。

④ <u>児童会</u>（　　）の役員をする。

⑤ 火事で絵画が<u>焼失</u>（　　）した。

**2** 次の——線のカタカナを漢字に直しなさい。（2点×5）

① <u>トキョウソウ</u>に出場する。（　　）

② <u>マツバヤシ</u>が広がる。（　　）

③ テレビで人気の<u>シカイシャ</u>。（　　）

④ <u>フンマツ</u>の薬を飲む。（　　）

⑤ 円の<u>チョッケイ</u>をはかる。（　　）

**3** 次の漢字のうち、音読みしか持たないものを五つ選び、○をつけなさい。（1点×5）

巣　軍　固　折　堂
欠　脈　包　芸　特

**4** 次の文中には、漢字のまちがいがあります。まちがっている漢字を書きぬき、正しい漢字を書きなさい。（2点×5）

① 今年の目票を、大きく半紙に書く。（　）→（　）

② 大形の台風が本州に近づく。（　）→（　）

③ 特等の勝品を両手で受け取る。（　）→（　）

④ 週末は静流で川下りを楽しむ。（　）→（　）

⑤ 歴止上の人物を事典で調べる。（　）→（　）

**5** 次の熟語の類義語と対義語を、それぞれ□の中の漢字を組み合わせて書きなさい。（2点×10）

① 短所　類［　　］　対［　　］

② 自然　類［　　］　対［　　］

③ 心配　類［　　］　対［　　］

④ 原因　類［　　］　対［　　］

⑤ 平等　類［　　］　対［　　］

然　平　欠　果　人　差　点
由　工　心　長　不　安　理
公　別　天　結　所　安

## 標準レベル 23 詩（1）

学習日〔　月　日〕

時間 20分　合格 40点　得点　　／50点

**1** 次の詩を読んで、後の問いに答えなさい。

いのち

けやき　だいさく

①わしの　しんぞうは
②たくさんの
③ことりたちである
④ふところに　だいて
⑤とても　あたたかいのである
⑥だから　わしは
⑦いつまでも
⑧いきていくのである
⑨だから　わしは
⑩いつまでも
⑪いきていて　よいのである

（工藤直子）

(1) この詩は、どのような様子をえがいていますか。後から選んで、記号で答えなさい。（10点）

ア　木の根元に小鳥がたくさんいる。
イ　木に小鳥がたくさんとまっている。
ウ　小鳥たちが木から飛び立っている。
エ　小鳥がえだにとまってだまっている。

（　　）

(2) この詩を前半と後半に分けるとき、後半はどこからですか。後半のはじめの行番号を答えなさい。（10点）

（　　）

(3) この詩の主題を説明するとき、（　）に当てはまる言葉を詩の中からぬき出して書きなさい。（10点）

（　　　　）ことの静かな喜び。

**2** 次の詩を読んで、後の問いに答えなさい。

りんご

山村暮鳥

りんごはどこにおかれても
①うれしそうにまっ赤で
ころころと
ころがされても
怒りもせず
うれしさに
いよいよ
まっ赤に光りだす
②それがさびしい

(1) ――線①のように感じられるのはなぜですか。後から選んで、記号で答えなさい。（10点）

ア　作者自身がうれしい気持ちだから。
イ　りんごのあまい味を思い出すから。
ウ　顔を赤くしているように見えるから。
エ　転がる様子が楽しそうだから。

（　　）

(2) ――線②は、どのような気持ちですか。後から選んで、記号で答えなさい。（10点）

ア　りんごにも怒ったり悲しんだりするときがあってもいいと感じる気持ち。
イ　りんごが本当は怒っていることにだれも気づいていないと感じる気持ち。
ウ　今から作者に食べられてしまうりんごをかわいそうに感じる気持ち。
エ　同じ場所にばかり置かれているりんごを気の毒に思う気持ち。

（　　）

上級レベル 24

# 詩（1）

時間 20分　合格 40点　得点 　/50点

学習日〔　月　日〕

## 1 次の詩を読んで、後の問いに答えなさい。

虹
石垣りん

虹が出ると
みんなおしえたがるよ
とても大きくて
とても美しくて
すぐに消えてしまうから
ためておけないから
①虹をとりこにして
ひとつ金もうけしようなんて
だれも考えないから
知らない人にまで
大急ぎで教えたがるよ
虹だ！
虹が出ているよ
②にんげんて
そういうものなんだ
虹が出ないかな
まいにち
③虹のようなものが
出ないかな
空に。

(1) ——線①はどういうことを表していますか。後から選んで、記号で答えなさい。（10点）
ア 多くの人に分けあたえること。
イ 人とはちがう発想をもつこと。
ウ 人よりも良い思いをしたがること。
エ よりきれいなものを求めること。
（　　）

(2) ——線②とありますが、人間はどういうものなのですか。後から選んで、記号で答えなさい。（10点）
ア すぐに人のまねをしたがるもの。
イ 美しいものを求める心をもつもの。
ウ 時間に追われてせかされるもの。
エ 人のおせっかいを焼きたがるもの。
（　　）

(3) ——線③はどのようなもののことですか。考えて書きなさい。（10点）
（　　）

## 2 次の詩を読んで、後の問いに答えなさい。

胸にいる
立原道造

胸にいる
くすぐったいぼくのこおろぎよ
冬が来たのに　まだ
おまえははねをふるわす

(1) ——線とありますが、なぜですか。考えて書きなさい。（10点）
（　　）

(2) この詩における「こおろぎ」とは何を表していますか。後から選んで、記号で答えなさい。（10点）
ア 果たしきれていない思い。
イ すっかり満たされた気持ち。
ウ 昔にもどりたい気持ち。
エ 未来への大きな希望。
（　　）

標準レベル 25

# 詩 (2)



学習日〔　月　日〕

| 時間 | 合格 | 得点 |
|---|---|---|
| 20分 | 40点 | /50点 |

**1** 次の詩を読んで、後の問いに答えなさい。

ぞうの時間　　宮入黎子（みやいりれいこ）

①ぞうが　歩く
②のっし　のっし　のっしっしっ

③わらと　やさいと　くだものと
④太陽が　におう　ほしぐさと
⑤ゆっくり　食べた　そのあとは
⑥水を　ふきあげ
⑦虹（にじ）を　とばして　あそんでる

⑧ぞうが　歩く
⑨のっし　のっし　のっしっしっ

（「虹（にじ）のむこうのすてきなお話３」所収〈くもん出版〉）

(1) ②行目は、「ぞう」のどのような様子を表していますか。後から選（えら）んで、記号で答えなさい。(10点)

ア　せかせかと落ち着きがない様子。
イ　はずむように軽（かろ）やかに歩く様子。
ウ　ぐったりして元気がない様子。
エ　大きな体でゆっくりと歩く様子。

（　　）

(2) ③・④行目は何を表していますか。(10点)

（　　　　）

(3) この詩の「ぞう」を表す言葉としてふさわしいものを後から選んで、記号で答えなさい。(10点)

ア　いらいらしていて、おこりっぽい。
イ　のんびりしていて、無邪気（むじゃき）。
ウ　もの静かで、おとなしい。
エ　落ちこんでいて、悲しそう。（　　）

**2** 次の詩を読んで、後の問いに答えなさい。

＊炎天（えんてん）　　高階杞一（たかしなきいち）

からからに乾（かわ）いた土の上を
アリが
動き回っている
さっきから
同じ所を
行ったり来たり

何をしているのだろう

この地球の上で
ぼくも
行ったり来たり

＊炎天…夏の焼（や）けつくような空。

(1) この詩は何連（なんれん）からできていますか。漢数字で答えなさい。(10点)

（　　）連

(2) この詩の内容（ないよう）に合うものを後から選んで、記号で答えなさい。(10点)

ア　せかせかと歩いている作者は、地面をはうアリをじゃまに感じている。
イ　アリが動き回る理由がわかったときのおどろきを、作者は伝（つた）えようとしている。
ウ　意味もなく動き回るようなアリのすがたを、作者は自分に重ね合わせている。
エ　このままでは地球がからからに乾いてしまうと、作者はうったえている。

（　　）

上級レベル 26

# 詩 (2)

時間 20分 合格 40点 得点 ／50点

学習日〔　月　日〕

**1** 次の詩を読んで、後の問いに答えなさい。

こんこんこな雪ふる朝に　三好達治

①こんこんこな雪ふる朝に
②梅が一りんさきました
③また水仙もさきました
④海にむかってさきました
⑤海はどんどと冬のこえ
⑥空より青い沖のいろ
⑦沖にうかんだはなれ島
⑧島では梅がさきました
⑨また水仙もさきました
⑩赤いつばきもさきました
⑪三つの花は三つのいろ
⑫三つの顔でさきました
⑬一つ小島にさきました
⑭一つ畑にさきました
⑮れんれんれんげはまだおきぬ
⑯たんたんたんぽぽねむってる
⑰島いちばんにさきました
⑱ひよどり小鳥のよぶこえに
⑲こんこんこな雪ふる朝に
⑳島いちばんにさきました

(1) ――線は海のどのような様子を表していますか。後から選んで、記号で答えなさい。(10点)

ア にぎやかで楽しい様子。
イ 温かくすきとおった様子。
ウ 冷たく重苦しい様子。
エ にごりがなく美しい様子。
（　　）

(2) この詩の内容に当てはまるものを後から選んで、記号で答えなさい。(10点)

ア 春がおとずれた島に、春の花がさきはじめている。
イ すっかり春になり、花がつぎつぎと開いている。
ウ 冬のきびしい寒さの中、季節はずれの花がさいている。
エ 春はまだ来ていないが、初春にさく花がさきはじめている。
（　　）

(3) 人ではないものを人にたとえている部分を、行番号で三つ書きなさい。(10点)

（　　）

(4) この詩の表現の工夫として、ふさわしくないものを後から選んで、記号で答えなさい。(10点)

ア 一行ごとに同じような音数にし、詩全体のリズムを整えている。
イ 言葉の順番を入れかえて、いくつかの言葉を強調している。
ウ 同じ言葉をくり返し、伝えたいことを印象づけている。
エ 場面の説明を少しずつつけくわえ、読者にイメージさせている。
（　　）

(5) この詩の作者が最も伝えたいのは、どのようなことですか。二十字以内で書きなさい。(10点)

1 20 40 60 80 100 120(回)

学習日〔　月　日〕

| 時間 | 合格 | 得点 |
|---|---|---|
| 20分 | 40点 | 50点 |

# 標準レベル 27 物語文(1)

**1** 次の文章を読んで、後の問いに答えなさい。

用務員のおじさんは、①こわい顔で、

「もう、下校の時間もすぎたじゃないか」

「あの、落としものをしたんです。教室かもしれないから、教室へいってもいいですか？」

「落としもの？　ものはなんだね？」

「かぎです。うちのかぎ……」

「かぎなら、一つ、ひろったのがあるが……」

「え、ひろっておいてくれたんですか！　ああ、たすかった」

広一は、おもわず、②はっとしました。

「ぼく、うちにはいれなくて、こまっていたんです」

「きみは、かぎっ子か」

用務員のおじさんは、ことばをつづけました。

「わたしにも、かぎっ子のまごがいる。はなれてくらしているがね」

「おじさん、そのかぎ、どこにあるんですか」

「用務員室においてあるが、ざんねんだが、③きみのかぎではないようだね」

「ど、どうしてですか？」

びっくりして、広一は、たずねました。

「あのかぎは、さきおととい、ひろったものだ。きみは、かぎを、きょう落としたんだろう。きょう落としたかぎを、さきおとといひろうことなんか、できっこないからね」

広一は、④がっかりしてしまいました。

（手島悠介「ふしぎなかぎばあさん」）

(1) この文章は、広一が用務員のおじさんと何について話している場面ですか。(10点)

（　　　　）について。

(2) ――線①の理由として、ふさわしいものを次から選びなさい。(10点)

ア 学校にいるはずの時間ではないから。
イ 教室へ行く理由がわからないから。
ウ 広一がうそをついているから。
エ だまって用務員室に入ってきたから。

（　　）

(3) ――線②のように広一が感じたのはなぜですか。(10点)

（　　　　）

(4) ――線③のように用務員のおじさんが言ったのはなぜですか。次から選びなさい。(10点)

ア 広一の家のかぎとは、形がちがうことがわかっていたから。
イ ひろったかぎは、用務員のおじさんのまごのものだったから。
ウ 広一の家のかぎを、ぐうぜんひろうとは思えなかったから。
エ かぎをひろったのは、きょうのことではなかったから。

（　　）

(5) ――線④から読み取れる広一の考えに合うものを次から選びなさい。(10点)

ア 用務員のおじさんには、わかってもらえない。
イ 用務員のおじさんは、いじわるだ。
ウ たしかに、うちのかぎではない。
エ かぎを見てみないとわからない。

（　　）

# 上級レベル 28 物語文 (1)

時間 20分　合格 40点　得点 ／50点

学習日〔　月　日〕

**1** 次の文章を読んで、後の問いに答えなさい。

ところがあるときのことでございます。なにげなく*犍陀多が頭をあげて、血の池の空をながめますと、そのひっそりとした暗の中を、①遠い遠い天上から、銀色のくもの糸が、まるで人目にかかるのをおそれるように、ひとすじ細く光りながら、するすると自分の上へたれて参るのではございませんか。犍陀多はこれを見ると、②思わず手をうって喜びました。この糸にすがりついて、どこまでものぼって行けば、きっと地獄からぬけ出せるのに*相違ございません。いや、うまく行くと、極楽へはいることさえもできましょう。そうすれば、もう針の山へ追い上げられることもなくなれば、血の池にしずめられることもあるはずはございません。

こう思いましたから犍陀多は、さっそくそのくもの糸を両手でしっかりとつかみながら、一生けんめいに上へ上へとたぐりのぼり始めました。③元より大どろぼうのことでございますから、こういうことには昔から、慣れ切っているのでございます。

（芥川龍之介「くもの糸」）

*犍陀多…男の名前。
*相違ございません…ちがいありません。

(1) 「犍陀多」は、この文章の場面ではどこにいるのですか。漢字二字でぬき出しなさい。(10点)

□□

(2) ——線①から、どのような様子がわかりますか。後から選んで、記号で答えなさい。(10点)

ア くもの糸がたれてきたことに、犍陀多が気づいていない様子。
イ くもの糸が今にも切れそうで、たよりない様子。
ウ このくもの糸にはだれもふれてはいけないという様子。
エ 犍陀多のためだけに、くもの糸がたれてきたような様子。

（　　）

(3) ——線②の行動をとったのは、なぜですか。三十字以内で書きなさい。(10点)

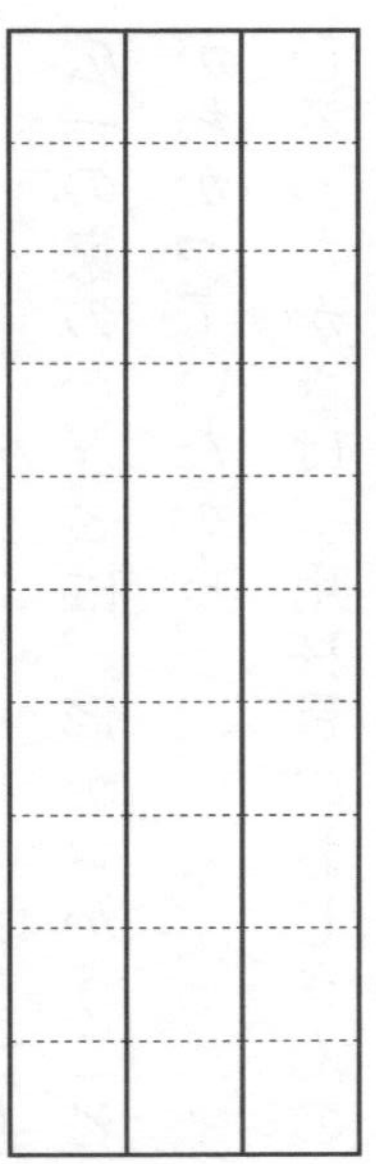

(4) ——線③の部分は、どのような効果をもたらしていますか。次から選びなさい。(10点)

ア 犍陀多が大どろぼうであることを強調している。
イ 犍陀多は悪いことをした罰を必ず受けると予感させている。
ウ 犍陀多がとくに問題なくのぼっていけると感じさせている。
エ 犍陀多は極楽へ行けないことが決まっていると伝えている。

（　　）

(5) この文章の語り手は、どのような立場ですか。次から選びなさい。(10点)

ア 犍陀多の味方をし、応援している。
イ 犍陀多をおそれ、こわがっている。
ウ 犍陀多をきびしく批判している。
エ 犍陀多の行動を冷静に見ている。

（　　）

# 標準レベル 29 物語文(2)

時間 20分　合格 40点　得点 ／50点

学習日〔　月　日〕

**1** 次の文章を読んで、後の問いに答えなさい。

やっとのことで、校門のまえにたどりついた。

校門のそばからグラウンドにかけて、おおぜいの子どもたちが、まちかまえている。女子もいれば、もう完走(かんそう)し終えた男の子たちも立っている。

「がんばれー」

「がんばれー」

「がんばれー」

拍手(はくしゅ)といっしょに、声援(せいえん)が校庭にこだましている。

ヨースケくんは、①目の前の地面だけを見つめながら走った。

ふいに、ヨースケくんの耳に、

「がんばらなくてもいいよ」

と、いう声がきこえた。

思わず顔をあげた。両側(りょうがわ)に女の子が立って、口をぱくぱくさせているのが見えた。

「がんばらなくてもいいよ」

また、きこえた。

それをきいたとたん、ヨースケくんは、②きゅうにからだがかるくなってきた。いままで③いたくてしようがなかった足も、いまのいままでいたくてしようがなかった足も、それほど気にならなくなってきた。ヨースケくんは、④両側の子どもたちに、手をあげてこたえると、ゆっくりとゴールを目ざした。

（那須正幹(なすまさもと)「ヨースケくん」）

(1) この文章は、どのような場面をえがいていますか。（10点）

（　　　　　）をしている場面。

(2) ——線①のとき、「ヨースケくん」はどのような気持ちでしたか。後から選(えら)んで、記号で答えなさい。（10点）

ア 一位になれなくて、くやしい。

イ 早くゴールして応援(おうえん)したい。

ウ もっと足が速くなりたい。

エ もう十分がんばっている。

（　　）

(3) ——線②のように感じたのはなぜですか。（10点）

（　　　　　）

(4) ——線③と同じように、「ヨースケくん」がとてもつかれていることがわかる表現(ひょうげん)をぬき出しなさい。（10点）

（　　　　　）

(5) ——線④の行動から「ヨースケくん」のどのような気持ちがわかりますか。後から選んで、記号で答えなさい。（10点）

ア 少しでも早くゴールを目指そうとは考えなくなり、気持ちによゆうが生まれている。

イ 順位(じゅんい)が良(よ)くないことはわかっているので、がんばっても仕方がないと思い、やけになっている。

ウ わざと明るくふるまい、順位が良くないことをはずかしく感じているのをかくそうとしている。

エ 自分はもっとがんばれるということを、みんなにわかってもらいたいと感じている。

（　　）

# 物語文 (2)

時間 20分　合格 40点　得点　　/50点

学習日〔　月　日〕

**1** 次の文章を読んで、後の問いに答えなさい。

池の面にうかんでいる鯉でさえも、①じぶんが岸に立つと、がばッと体をひるがえしてしずんでいくのでありました。あるとき猿廻しの背中に負われている猿に、柿の実をくれてやったら、一口もたべずに地べたにすててしまいました。みんながじぶんをきらっていたのです。みんながじぶんを信用してはくれなかったのです。ところが、この草鞋をはいた子供は、盗人であるじぶんに牛の仔をあずけてくれました。②じぶんをいい人間であると思ってくれたのでした。またこの仔牛も、じぶんをちっともいやがらず、おとなしくしております。じぶんが母牛ででもあるかのように、そばにすりよっています。子供も仔牛も、じぶんを信用しているのです。こんなことは、盗人のじぶんには、はじめてのことであります。人に信用されるというのは、何というれしいことでありましょう。……

そこで、かしらはいま、美しい心になっているのでありました。子供のころにはそういう心になったことがありましたが、あれから長い間、③わるい汚い心でずっといたのです。久しぶりでかしらは美しい心になりました。これはちょうど、垢まみれの汚い着物を、きゅうに晴れ着にきせかえられたように、奇妙なぐあいでありました。

――かしらの眼から④涙が流れてとまらないのはそういうわけなのでした。

（新美南吉「花のき村と盗人たち」）

(1) ――線①から、どのようなことがわかりますか。(10点)

かしらは鯉に（　　　　）ということ。

(2) ――線②のように「かしら」が考えたのはなぜですか。後から選んで、記号で答えなさい。(10点)

ア 草鞋をはいた子どもは、かしらが盗人だと知りながら、牛の仔をわざとあずけたことがわかったから。

イ 草鞋をはいた子どもは、かしらに牛の仔をぬすまれると思っていないことがわかったから。

ウ 仔牛がかしらのことを母牛のように思ってくれると、草鞋をはいた子どもが考えていることがわかったから。

エ かしらが本当は美しい心を持っていることを、草鞋をはいた子どもは知っていたことに気づいたから。

（　　　）

(3) ――線③を別の言い方で表した言葉をぬき出しなさい。(10点)

（　　　　）

(4) ――線④になったのはなぜですか。(10点)

（　　　　）を知ったから。

(5) 「かしら」はどのような人物でしょう。後から選んで、記号で答えなさい。(10点)

ア わるい心しか持っていない人物。

イ よい行いをしたことがない人物。

ウ きれいな心も持っている人物。

エ 親切な心を大切にする人物。

（　　　）

学習日〔　　月　　日〕

| 時間 | 合格 | 得点 |
| --- | --- | --- |
| 20分 | 40点 | 　／50点 |

# 標準レベル 31 物語文 (3)

**1** 次の文章を読んで、後の問いに答えなさい。

「なあ、そんなに①びくつかなくたっていい。でもな、たいていのやつは、おれを見ただけでにげだす。おまえみたいに、でかい口をきくやつは、ここいらじゃいない。そこはほめてやってもいい。おれはいままでいぬにだって、負けたことはない。だからな、おまえみたいな子どもをやっつけたって、じまんにゃならねえ。ししゃもは返してやらあ。」

ことの意外さに、ぼくはかえってびっくりした。それにしても、ずいぶん②態度（たいど）の大きいねこだ。返すくらいなら、はじめから取らなければいいじゃないか。でも、どうやらおそいかかってくるようすもないので、ぼくは半分意地になった。

「一度やるっていったんだから、ししゃもはあんたにあげるよ。返してくれなくてもいい。」

「おい、そうむきになるなよ。おもしれえやつだなあ。よこせっていうと、もんくをいう。返すっていやあ、いらないっていう。へんなやつだ。」

「へんなのはそっちじゃないか。よこせっていうからあげれば、こんどはいらないっていう。へんなやつだ。」

ぼくは、「へんなやつだ」というところを、あいてのいい方をまねして、いってみた。それがあんまり似ていたので、③自分でもおかしくなって、わらいだしてしまった。見れば、トラねこもわらっている。

（斉藤（さいとう）洋（ひろし）「ルドルフとイッパイアッテナ」）

(1) ——線①とありますが、何をおそれていたのですか。（10点）

あいてが（　　　　）こと。

(2) ——線②について、

① どのようなねこですか。四字でぬき出しなさい。（10点）

□□□□

② 「ぼく」は、問①のねこと何について話しているのですか。（10点）

（　　　　）

(3) ——線③からどんなことがわかりますか。後から選（えら）んで、記号で答えなさい。（10点）

ア あいてのねこをおそれていること。
イ あいてのねこと心が通いはじめたこと。
ウ いまにもけんかになりそうなこと。
エ あいてのねこと立場がぎゃくになりはじめたこと。

（　　）

(4) この文章で、「ぼく」の気持ちはどのように変化（へんか）していますか。後から選んで、記号で答えなさい。（10点）

ア はじめはあいてのねこの発言にびっくりしたが、しだいにあいての弱さがわかり、さいごは強気になった。
イ はじめは意地になっていたが、しだいにあいてのことがこわくなった。
ウ はじめは楽しく話していたが、しだいにむきになってきた。
エ はじめはあいてのねこがこわかったが、しだいに意地になり、さいごはあいてのねこを少しからかうよゆうも生まれた。

（　　）

上級レベル 32

# 物語文(3)

時間 20分　合格 40点　得点　　／50点

学習日〔　月　日〕

**1** 次の文章を読んで、後の問いに答えなさい。

「それでは、さっそく仕事の話に入りましょうか。」

わたしはそれをきいて、思わず背筋をのばしました。やっぱり、こんなに美しく高価なものを買いつける自信なんて、ありません。

わたしは身のほど知らずにも、買いつけの仕事に応募しようとしたことを恥じました。すると、老人がわたしの心を見透かしたようにいったのです。

「買いつけといっても、おおげさに考えることはないんですよ。ある絨毯を探してきてほしいだけなんですから。」

（ある絨毯を探す？）

首をかしげたわたしに、老人はいいました。

「若草のなかにひなげし*を織りこんだ、春の絨毯を探してきてほしいのです。」

「えっ……。」

わたしの身体を、一瞬、激しい電流のようなものが走りぬけました。と同時に、シャーリマール*の店先で、あの野の花の絨毯に出あった日のことがよみがえりました。

（あのとき、ほかにやることがあったはずだと思ったけど、ほかにやることって、ひなげしの絨毯、そう、それを探すことだったんじゃないかしら……。）

まるで、あの日思ったことの答えにあったような、なんとも妙な気分でした。

（茂市久美子「風の誘い」）

*ひなげし…花の名前。
*シャーリマール…インド産の高級絨毯の店。

(1) ――線①とは、具体的にどのような仕事ですか。十字以内で書きなさい。（10点）

(2) ――線②から、「わたし」のどのような気持ちが読み取れますか。後から選んで、記号で答えなさい。（10点）

ア とまどっている。
イ きんちょうしている。
ウ つまらないと思っている。
（　　）

(3) ――線③とは、どのような心ですか。（10点）

（　　）

(4) ――線④には、「わたし」のどのような気持ちが表れていますか。後から選んで、記号で答えなさい。（10点）

ア 老人の言葉があまりにも思っていたものとちがい、がっかりする気持ち。
イ 老人の言葉が意外なものでおどろいたが、ぜひやってみたいという気持ち。
ウ 老人の話している意味がわからず、うろたえる気持ち。
（　　）

(5) 「わたし」の気持ちの変化とその理由として、ふさわしいものを後から選んで、記号で答えなさい。（10点）

ア 応募したことを後悔したが、やはり自分には無理だと自信をなくした。
イ 仕事の内容にきょうみがあったが、老人の話をきいてとまどっている。
ウ はじめは不安な気持ちだったが、自分がぜひやりたいと思える仕事に出あってうれしくなった。
（　　）

標準レベル 33

# 物語文 (4)

時間 20分　合格 40点　得点 ＿＿ 50点

学習日〔　月　日〕

**1** 次の文章を読んで、後の問いに答えなさい。

「ほらな。だからおれが最初から、『見られっこない』って何回も言ったじゃんか。こいつ、きっと①一平さんと相談してやったんだ。あー、やなやつ〜！　こんなことなら、まだ前の乱暴なだけの亮介の方がよかったよ。こういうのを〝陰険〟*っていうんだぞ」

②グイッと足を踏み出すあたしたちを、亮介が両手で制止した。

「まあ、おれの話も聞いてくれよ」

③ちょっと困った顔の亮介。その向こうで一平さんがのんきにお茶をゴクゴク飲んでる。

「『虹を近くで見てみたい』って思った小さいころは、本当に見られると思ってた。でもいろんな大人に聞いたり、自分でも調べたりしているうちに、そんなことはできないんだってわかった」

だったらなぜ…と、詰め寄ろうとするのを手で止めたのは、一平さんだった。最後まで聞けというサインだ。

「でも、みんなが一所懸命になって計画を立てたり、実行してくれたりしているのを見てるうちに、④それを言い出せなくなったんだ。それよりもこのままでいれば、転校するまでみんなといっしょに、同じ夢をおいかけて過ごせる、すごくいい思い出ができる…。そんな気がして、うれしかったんだ。ごめんな、みんなをだましたみたいになっちゃって」

（山口　理「虹を下から見上げたら」）

＊陰険…心の中に悪意をかくしている様子。

(1) ——線①とありますが、だれが何をしたのですか。(10点)

（　　　）が、（　　　）。

(2) ——線②には、どのような気持ちが表れていますか。次から選びなさい。(10点)

**ア** なぜ「見られっこない」などと言うのか知りたい気持ち。

**イ** みんなをだましていた亮介のことがゆるせないという気持ち。

**ウ** みんなで今すぐに虹を見に行こうと急ぐ気持ち。

（　　）

(3) ——線③には、亮介のどんな気持ちが表れていますか。次から選びなさい。(10点)

**ア** 自分のうそがばれてしまい、ごまかそうとする気持ち。

**イ** みんながおこり出しているので、おそろしいと感じる気持ち。

**ウ** みんなをだましたようになってしまい、もうしわけなく思う気持ち。

（　　）

(4) ——線④は何を指しますか。(10点)

（　　　）

(5) この文章の主題となっている気持ちを次から選びなさい。(10点)

**ア** 亮介は一平さんに命令されるまま、みんなをだまし続けていた。

**イ** 亮介は転校することをだまっていたために、みんなをおこらせてしまった。

**ウ** 亮介は転校する前に、みんなとの思い出を作っておきたかった。

（　　）

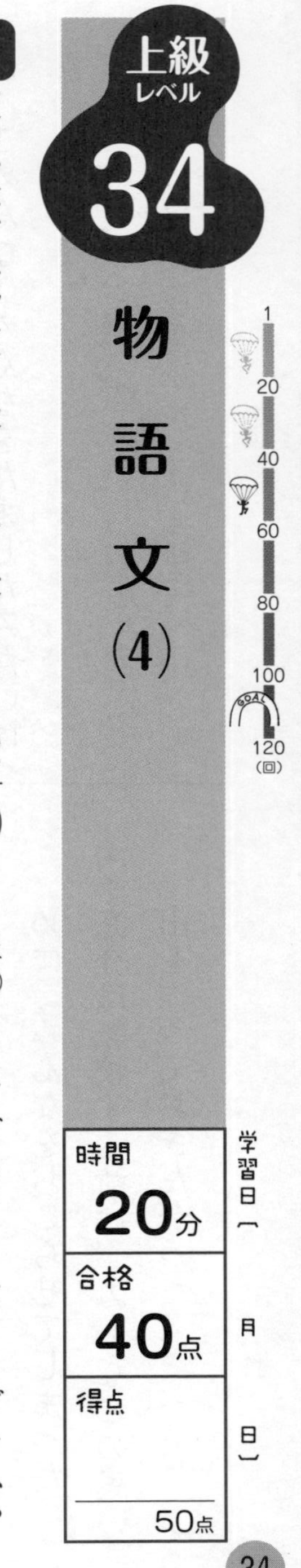

# 上級レベル 34 物語文 (4)

時間 20分　合格 40点　得点　　／50点

学習日（　月　日）

**1** 次の文章を読んで、後の問いに答えなさい。

兄ちゃんがカメラにこりはじめたのはいつごろだったかなあ……と、さなえは何度も思いかえした。それはきまって、兄ちゃんが、さなえにいじわるをするときだった。

いじわる——といっても、さなえがそう思っているだけで、兄ちゃんのほうは、いじわるなんかしているつもりはなかった。むしろ、さなえのことを心配してすることが、さなえには、①そうとられているだけなのだ。兄ちゃんは、②山へこもるとき、さなえをつれていかないだけなのだ。

兄ちゃんは鳥の、それもモウキンルイと呼（よ）ばれる鳥の写真をとることにこっている。そのために七つ道具をかついで、ときどき、山にこもる。ブラインドからカメラ一式は、かなりかさばり重くもあるので、たとえ少しでももちはこびできる「助手」として、さなえをつれていってくれたら——と、さなえのほうは思っているのに、兄ちゃんは③さなえをおいてきぼりにしてしまうのだ。

——けものみちにだってもぐりこむんだから、さなえにはとてもとても……。

なんて、うまいこと言って（と、さなえには思える）、兄ちゃんは、さっさとひとりででかけてしまう。

④そんなあと、とりのこされた気もちで、さなえは、兄ちゃんがカメラにこりはじめたのは、いつごろだったかなあ……と、思いかえすのだった……。

（今江祥智（いまえよしとも）「今江祥智ファンタジーランド」）

(1) ——線①とは、どのようなことですか。二十字以内（いない）で書きなさい。（10点）

(2) ——線②とありますが、何のために山へこもるのですか。「……ため。」に続（つづ）くようにぬき出しなさい。（10点）

（　　　　　　　　）

(3) ——線③のように「兄ちゃん」がするのはなぜですか。二十五字前後で説明（せつめい）しなさい。（10点）

(4) ——線④とありますが、このとき「兄ちゃん」は何をしていると考えられますか。なぜそう言えるのかも書きなさい。（10点）

（　　　　　　　　）

(5) この文章の主題としてふさわしいものを次から選（えら）んで、記号で答えなさい。（10点）

ア 兄ちゃんの、カメラに対する熱意（ねつい）。
イ 鳥の写真をとるための道具の多さ。
ウ 兄ちゃんの言いわけのうまさ。
エ とりのこされた、さなえのさびしさ。

（　　）

# 35 最上級レベル ③

時間 20分　合格 40点　得点　／50点

学習日〔　月　日〕

**1** 次の文章を読んで、後の問いに答えなさい。

娘は、赤い絵具で、白いろうそくに、魚や、貝や、また海草のようなものを産れつき誰にも習ったのでないが上手に描きました。①おじいさんは、それを見るとびっくりいたしました。誰でも、その絵を見ると、ろうそくがほしくなるように、その絵には、不思議な力と美しさとがこもっていたのであります。

「②うまいはずだ、人間ではない人魚が描いたのだもの」と、おじいさんは感嘆して、おばあさんと話合いました。

（中略）

するとここに③不思議な話がありました。この絵を描いたろうそくを山の上のお宮にあげてその燃えさしを身に付けて、海に出ると、どんな大暴風雨の日でも決して船がてんぷくしたりおぼれて死ぬような災難がないということが、いつからともなくみんなの口々にうわさとなって上りました。

（中略）

ろうそく屋では、絵を描いたろうそくが売れるのでおじいさんは、一生懸命に朝から晩までろうそくをつくりますと、かたわらで娘は、④手の痛くなるのもがまんして赤い絵具で絵を描いたのであります。

「こんな人間並でない自分をも、よく育てかわいがって下すったご恩を忘れてはならない」と、娘はやさしい心に感じて、大きな黒い瞳をうるませたこともあります。

（小川未明「赤いろうそくと人魚」）

＊感嘆…感心してほめたたえること。

(1) ――線①の理由として当てはまらないものを次から選びなさい。（10点）

ア 娘が誰に習ったわけでもなく、美しい絵を描いたから。

イ 娘が描いた絵には不思議な力がこもっていると感じたから。

ウ 人間が描いたとは思えない、すばらしい絵だったから。

エ 娘が絵を描いたろうそくが、売れるとは思っていなかったから。

（　　）

(2) ――線②にこめられたおじいさんの気持ちとして、ふさわしいものを次から選びなさい。（10点）

ア うまくて当然だとあきれる気持ち。

イ 心からすごいと思う気持ち。

ウ もっとうまく描けると思う気持ち。

エ これほどうまいはずがないとうたがう気持ち。

（　　）

(3) ――線③とはどんな話ですか。まとめなさい。（10点）

（　　　　　　　　）

(4) ――線④に表れている娘の気持ちを、二十字以内で書きなさい。（10点）

| | | | | | | | | | |
|---|---|---|---|---|---|---|---|---|---|
| | | | | | | | | | |
| | | | | | | | | | |

(5) この物語から読み取れる娘の特徴を、次からすべて選びなさい。（10点）

ア やさしさ　イ ぶきみさ

ウ 不思議さ　エ おそろしさ

（　　）

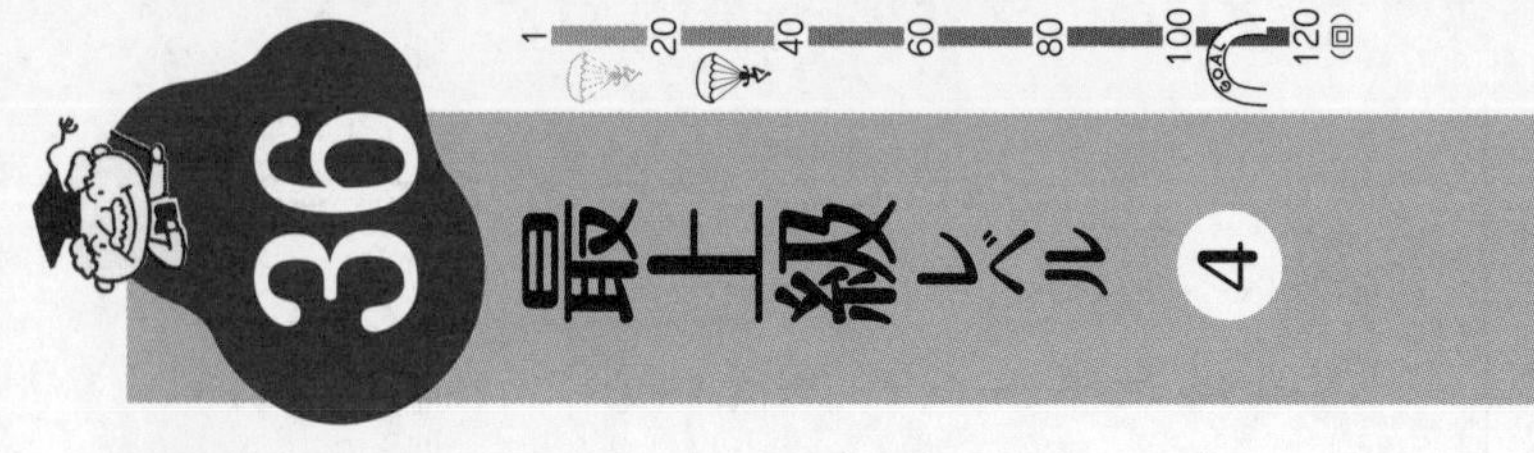


**1** 次の文章を読んで、後の問いに答えなさい。

「ずいぶんつらかったんでしょう。」①

いきなりほんとのことを、ずばりといわれた。びっくりして、ぼくは小島先生の顔を見た。黒ぶちのまるいメガネのおくで、目がやさしかった。

「どうしてわかるの。②いや、わかるんですか。」

ぼくが光陽学園に来て、はじめて先生に質問したことばだった。

「顔も成長するんです。運動をすると、筋肉がついたり骨がじょうぶになってくるでしょ。心で深く考えたり悩んだり、のりこえたりしていくと、顔もかわっていくんです。入学したてのころとはかわりましたよ。」

小島先生は担任でもないのに、ぼくの顔をおぼえていてくれたんだ。

③「のりこえたんですか。」

「ハードルはいくつもありますけど、きみがここへ来たのは、ひとつのりこえたからでしょう。」

うれしかった。うまくいえないけど、小島先生は、ぼくをばかにしないではげましてくれた。

「ハードルはいくつあるんですか。」

それほど緊張せずにきくことができた。

「いくつあるのかを知っておられるのは神さまだけです。でも、④いくつのハードルをこえるかは、その人が決めるんです。こえていった地平線のむこうに、いったいなにがあるのかは、こえた人にしかわかりません。」

（横山充男「星空のシグナル」）

(1) ——線①とありますが、小島先生はなぜ「ぼく」がつらかったとわかったのですか。二十字以内で答えなさい。（10点）

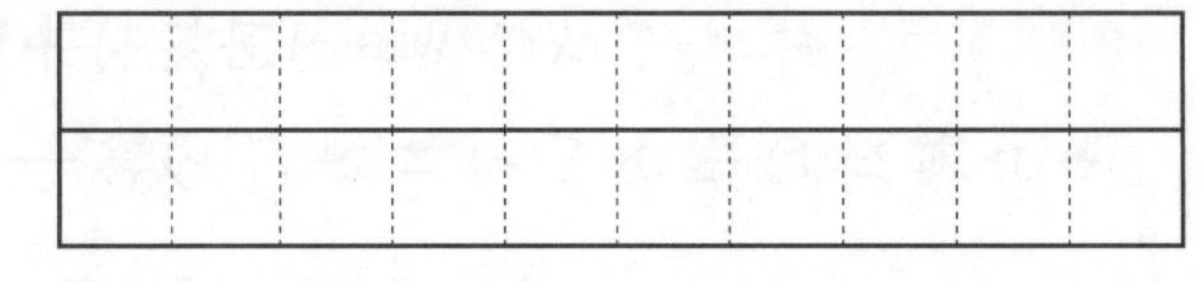

(2) ——線②に表れている「ぼく」の気持ちを後から選んで、記号で答えなさい。（10点）

ア　小島先生のことをこわいと思いはじめている。

イ　小島先生に反感を持ち、よそよそしくしている。

ウ　小島先生ときちんとむき合って話す気になっている。

エ　小島先生にわかるはずがないと言いたくなっている。

（　　）

(3) ——線③は、だれが何をのりこえたということですか。（10点）

（　　）

(4) ——線④とありますが、なぜですか。「心」という言葉を使って説明しなさい。（10点）

（　　）

(5) 文章の内容に合うものを選びなさい。（10点）

ア　小島先生のやさしさと、先生にたよる「ぼく」のあまえ。

イ　小島先生の熱心さと、わかってもらえない「ぼく」の悲しみ。

ウ　小島先生のきびしさと、多くを学びたい「ぼく」の熱心さ。

エ　小島先生の深い愛情と、「ぼく」の人間としての成長。

（　　）

標準レベル 37

# 主語・述語

時間 15分　合格 40点　得点 ／50点

学習日〔　月　日〕

**1** 次の文の主語に当たる言葉に――線を引きなさい。（4点×5）

① おじいちゃんにもらったプレゼントを、ぼくは今でも大切に使っている。

② お店には、わたしのほかにだれもいなかったので、母はすぐにわたしを見つけた。

③ ぼくを見た中村くんは、「すごく日に焼けたね」と言っておどろいた。

④ これからはわたしたちが川のそうじをし、きれいにしていきたい。

⑤ 今週は月曜日からずっと雨がふりつづいている。

**2** 次の文の述語に当たる言葉に〰〰線を引きなさい。（4点×5）

① カモノハシはほにゅう類ですが、たまごを産みます。

② ぼくの目には、空にひとすじの飛行機雲がのびていくのが見えた。

③ 困っているぼくを見て、「えんぴつなら、ここにあるよ」と山中くんが言った。

④ わたしは、人がおたがいに助け合うのは良いことだと思う。

⑤ ようやく見つけた、今朝からずっとさがしていた本を。

**3** 次の文について、正しいものを後から二つ選び、記号で答えなさい。（5点×2）

象は鼻が長い。

意見①「『象は』がこの文の主語です。主語はどんな場合でも、必ず文のはじめにあります。」

意見②「『長い』がこの文の述語です。述語はどんな場合でも、必ず文の終わりにあります。」

意見③「わたしも『長い』がこの文の述語だと思います。でも、述語は文の終わりにあるとはかぎらないと思います。」

意見④「『長い』が述語なら、『象は』が主語ではおかしいと思います。象の体が長いことになってしまいます。だから、この文の主語は『鼻が』です。」

意見⑤「主語と述語を続けて読んだとき、意味が通じないのはおかしいと思います。だから、主語が『象は』で述語が『長い』ではまちがいです。」

意見⑥「『は』や『が』がつくものは必ず主語になるので、この文では『象は』と『鼻が』の二つがどちらも主語と考えてよいと思います。」

ア 意見①と意見②は正しい。

イ 意見③と意見④は正しい。

ウ 意見⑤が正しく、意見⑥はまちがい。

エ 意見⑥が正しく、意見⑤はまちがい。

（　　）（　　）

上級レベル 38

# 主語・述語



時間 15分　合格 40点　得点　/50点

**1** 次の文の主語に当たる言葉に――線、述語に当たる言葉に～～線を引きなさい。（4点×10）

① お年よりには親切にしなさいと、先生はいつも私たちにおっしゃる。

② 中島くんが大きな声で名前をよんだので、ぼくはおどろいた。

③ すぐにはわからなくても、「なぜ」とぎもんを持ち続ける心がけが大切だ。

④ 店員さんが運んできたハンバーグは、今までぼくが見たこともないような大きさだった。

⑤ 家に上がるときくつをぬぐのは、日本ではだれもが当たり前だと考えている。

⑥ 台所からは、ぼくが大好きなカレーライスのいいにおいがただよっている。

⑦ 人間は時間のゆとりを作るために、車や電車や飛行機を作った。

⑧ 寒い朝には、通学路の水たまりがこおっていることもある。

⑨ とても静かだった、早起きした朝にまどからながめた町は。

⑩ 知らない言葉について調べるには、辞書を使うのがいちばん良い方法だとお父さんが言った。

**2** 次の文章についての説明のうち、正しいものには○、まちがっているものには×を書きなさい。（2点×5）

夏には[①]、いろいろなところでセミの鳴き声が聞こえます[②]。まるで、ある日とつぜんセミが大量にあらわれたのではないかという気さえしてしまいます。しかし、セミはセミのすがたになるまで、何年間も土の中ですごしているのです。

わたしたち[③]人間から見ると、「暗い地面の中で何年間もすごすなんて、かわいそう」と思うかもしれません。でも、地下は地上にくらべて天てきが[④]少なく、子孫を残すために生き残るにはとても良いかんきょうなのです[⑤]。

① ――線①「夏には」は、この文の主語である。（　）

② ――線②「聞こえます」は、この文の述語である。（　）

③ ――線③「わたしたち」は、この文の主語である。（　）

④ ――線④「天てきが」は、この文の主語である。（　）

⑤ ――線⑤「かんきょうなのです」につながる主語は、「地下は」である。（　）

# 標準レベル 39 文の型（かた）

学習日〔　月　日〕

| 時間 | 合格 | 得点 |
| --- | --- | --- |
| 15分 | 40点 | 50点 |

**1** 次の文は、ア「何が（は）どうする」イ「何が（は）どんなだ」ウ「何が（は）何だ」のどの形ですか。記号で答えなさい。（3点×10）

① 犬がねこを追いかける。
② この人は、わたしの姉だ。
③ 日本の冬はとても寒い。
④ 昨日（きのう）は一日中雨がふっていた。
⑤ 昨日は一日中、雨だった。
⑥ わたしの母は、いつも元気です。
⑦ 作文のテーマは「元気」です。
⑧ とても大きいね、このカボチャは。
⑨ これはわたしが去年買った時計です。
⑩ わたしは去年この時計を買いました。

①（　　）②（　　）③（　　）
④（　　）⑤（　　）⑥（　　）
⑦（　　）⑧（　　）⑨（　　）
⑩（　　）

**2** 次の三つの文のうち、文の型（かた）がほかとちがっているのはどれですか。記号で答えなさい。（2点×5）

① ア いよいよ明日は運動会だ。
イ 待ちに待った運動会は、明日だ。
ウ やっと運動会の日がやって来た。
（　　）

② ア この問題は、ぼくにはむずかしい。
イ むずかしい問題がたくさんある。
ウ ぼくはむずかしい問題にはげんだ。
（　　）

③ ア わたしが見つけたのはこの本です。
イ わたしがこの本を見つけました。
ウ この本を見つけたのはわたしです。
（　　）

④ ア 犬小屋の中に大きな犬がいる。
イ 大きい犬が小屋の中でねている。
ウ 犬小屋の中でねている犬は大きい。
（　　）

⑤ ア 好（す）きなスポーツは、野球だ。
イ 野球は、楽しいスポーツだ。
ウ ぼくは野球チームに入っている。
（　　）

**3** 次の文を「何が（は）どうする」の形にするには、□の中にどの言葉を当てはめればいいですか。記号で答えなさい。（2点×5）

① わたしの学校は□。
ア ここから近い　イ とても古い
ウ 石でできている
（　　）

② 金魚は□。
ア 水草を食べる　イ ひれが大きい
ウ 小さな生き物だ
（　　）

③ このおもちゃは□。
ア ネジで動く　イ こわれやすい
ウ 弟のお気に入りです
（　　）

④ 動物の赤ちゃんは□。
ア ぬいぐるみのようだ　イ 目がかわいい
ウ かわいい目をしている
（　　）

⑤ テレビが□。
ア こわれた　イ あるのはリビングだ
ウ つまらない
（　　）

上級レベル 40

# 文の型



時間 15分　合格 40点　得点 　/50点

**1** 次の中から、①「何が（は）どうする」の形の文を五つ、②「何が（は）何だ」の形の文を五つ、それぞれ選びなさい。（1点×10）

ア　きれいな花がさいている。
イ　この花はとてもきれいだ。
ウ　わたしの姉は生け花を習っている。
エ　わたしの母は生け花の先生だ。
オ　ひまわりの花言葉は「あこがれ」だ。
カ　花に集まっているのはチョウだ。
キ　春にはたくさんのきれいな花がさく。
ク　冬にさく花もある。
ケ　花屋にある花の種類はとても多い。
コ　キリンの首はとても長いのだ。
サ　キリンは首が長い動物だ。
シ　キリンは黄色い。
ス　キリンは英語で「ジラフ」だ。
セ　キリンの首は、長いし太い。
ソ　キリンの親子が仲良く歩いている。

①（　）（　）（　）（　）（　）
②（　）（　）（　）（　）（　）

**2** 次の言葉をならべかえて「何が（は）何だ」の文を作るとき、使わない言葉を○で囲みなさい。（2点×5）

①　さくらんぼの　実だ　飲む　これは
②　中止だ　雨なので　遠足は　休む
③　これは　書いたのは　これを　姉です
④　とても　その　めずらしい　ものだ　葉書に　切手は
⑤　かおりが　いい　バラだ　バラは　花だ　する　たいへん

**3** 次の文の主語・述語を（　）に書き、文の型を後から選んで［　］に記号を書きなさい。（1点×30）

(例) 雨がどんどん強くなってきた。

①　今日は日曜日です。
②　今日は日曜なので、学校は休みです。
③　トランプのカードがなくなった。
④　トランプは、曲がりやすい。
⑤　ねこが犬に追いかけられる。
⑥　犬は追いかけるのをやめた。
⑦　朝、自分で起きられない日もある。
⑧　ぼくが好きなのは、犬ではなくねこだ。
⑨　木の上で、鳥が鳴いている。
⑩　わたしは、鳥が鳴いているのを家の中で聞いた。

ア　何が(は)どんなだ　イ　何が(は)何だ
ウ　何が(は)どうする

(例)（　雨が　）（なってきた）［ ウ ］
①（　）（　）［　］
②（　）（　）［　］
③（　）（　）［　］
④（　）（　）［　］
⑤（　）（　）［　］
⑥（　）（　）［　］
⑦（　）（　）［　］
⑧（　）（　）［　］
⑨（　）（　）［　］
⑩（　）（　）［　］

標準レベル 41

# 指示語(しじご)

時間 15分　合格 40点　得点 ／50点

学習日〔　月　日〕

**1** 次の表の①～⑪に当てはまる「こそあど言葉」を書き入れなさい。（2点×11）

| | | | | | |
|---|---|---|---|---|---|
| これ | ここ | ③ | この | こう | ⑨ |
| それ | そこ | ④ | ⑤ | そう | ⑩ |
| あれ | ② | あんな | ⑥ | ⑦ | ⑪ |
| ① | どこ | どんな | どの | ⑧ | どっち |

**2** 文中の「それ」が指しているものを、後から選(えら)んで記号で答えなさい。（2点×5）

① 今日は、学校でうれしいことがあった。それは、みんなの前でほめられたことだ。

ア みんなの前でほめられたこと
イ 学校であったうれしいこと
ウ 学校でうれしいことがあったこと
エ 今日の学校　（　　）

② 星かざりのついたペンダントをもらった。それは母が大切にしていたものだ。

ア 母　イ 星かざり
ウ 星かざりのついたペンダント
エ ペンダントをもらったこと　（　　）

③ 道を歩いていて、スーパーの前で、ビニルに入った十円玉を見つけた。それは、スーパーの客が落としたもののようだ。

ア 道　イ スーパー
ウ ビニルに入った十円玉
エ スーパーの客　（　　）

④ 昨日(きのう)公園で遊んでいるときに、大切なかばんをなくした。家に帰って、母に泣(な)きながらそれを報告(ほうこく)した。

ア 公園　イ 公園で遊んだこと
ウ かばん　エ かばんをなくしたこと　（　　）

⑤ 昨日公園で遊んでいるときに、大切なかばんをなくした。それはたん生日に買ってもらった、いちばんのたからものなのだ。

ア 公園　イ 公園で遊んだこと
ウ かばん　エ かばんをなくしたこと　（　　）

**3** 絵を見て、次の場合に使う言葉はどれになるか、後から選んで記号で答えなさい。（2点×9）

① 男の子がAの本を指して言う（　　）
② 女の子がAの本を指して言う（　　）
③ 男の子がBの本を指して言う（　　）
④ 女の子がBの本を指して言う（　　）
⑤ 男の子がCの本を指して言う（　　）
⑥ 女の子がCの本を指して言う（　　）
⑦ 男の子がDの本を指して言う（　　）
⑧ 女の子がDの本を指して言う（　　）
⑨ 男の子の言う本がどれか、女の子がわからないときに言う（　　）

ア この本　イ その本
ウ あの本　エ どの本

# 上級レベル 42 指示語(しじご)

学習日〔　月　日〕

| 時間 | 合格 | 得点 |
|---|---|---|
| 15分 | 40点 | /50点 |

**1** 次の文は、転校生との会話です。文中の①〜⑬には、どの言葉が入りますか。後から選(えら)んで記号で答えなさい。（同じ記号を何度も使います）（2点×13）

「[①]に来る前は、[②]にいたの？」

「[③]の前は東京で、[④]前は青森に住んでいたよ。[⑤]は、[⑥]に比(くら)べるととても寒くて、冬には雪が二メートルくらい積(つ)もるんだ。」

「[⑦]に？　[⑧]では雪はめったにふらないから、うらやましいな。[⑨]に山が見えるでしょう？　[⑩]山の上のほうには、雪が積もることもあるようだけど…。」

「へえ、[⑪]山には雪が積もるんだね。ここから[⑫]やっていくの？」

「山のふもとまではバスが走っているけれど、[⑬]からは歩いて登らないといけないんだ。」

ア　ここ　　イ　そこ　　ウ　あそこ
エ　どこ　　オ　こう　　カ　そう
キ　ああ　　ク　どう　　ケ　こんな
コ　そんな　サ　あんな　シ　どんな
ス　この　　セ　その　　ソ　あの
タ　どの

①（　）②（　）③（　）
④（　）⑤（　）⑥（　）
⑦（　）⑧（　）⑨（　）
⑩（　）⑪（　）⑫（　）
⑬（　）

**2** 次の文章を読んで、後の問いに答えなさい。

時計のはりは午後九時を指していた。「もう①こんな時間か」カケルは急いで日記を書き始めた。毎日③これだけは欠(か)かしたことがない。書きながら、「今日は[④]ことがあったなあ」と、一日をふり返るのが好(す)きなのだ。⑤そうすることで、明日もがんばろうという気持ちになれる。

日記を書き終わり、カケルはベランダに出た。⑥そこから、夜の町がよく見える。⑦それを見るのも、カケルは大好きだ。昼間[⑧]ににぎやかだった町が、夜はひっそりしている。その町の様子を見た後、カケルはベッドに入った。

(1) ――線①③⑤⑥⑦が指しているものを、文中から書きぬきなさい。（3点×5）

①（　）③（　）
⑤（　）
⑥（　）⑦（　）

(2) [　]②④⑧に当てはまる言葉を、次から選んで記号で答えなさい。同じ記号は使いません。（3点×3）

ア　こんな　イ　そんな
ウ　あんな　エ　どんな

②（　）④（　）⑧（　）

標準レベル 43

# つなぎ言葉

時間 15分　合格 40点　得点 ／50点

学習日〔　月　日〕

## 1 次の文中の（　）に当てはまるつなぎ言葉を後から選んで、記号で答えなさい。（同じ記号を何度も使います）（2点×9）

① 電話が鳴った。
（　　）、出る前に切れた。

② 電話が鳴った。
（　　）、げんかんのチャイムも鳴った。

③ 電話が鳴った。
（　　）、いそいで出た。

④ 明日は遠足だ。
（　　）、今日のうちに用意をしよう。

⑤ 明日は遠足だ。
（　　）、雨なら来週にふりかえられる。

⑥ 明日は遠足だ。
（　　）、熱があるので参加できない。

⑦ わたしはいちごが好きです。（　　）、あまずっぱくておいしいからです。

⑧ わたしはいちごが好きです。（　　）、みかんも好きです。

⑨ わたしはいちごが好きです。（　　）、妹はいちごがきらいです。

ア だから　イ ところが　ウ ただし
エ そのうえ　オ なぜなら

## 2 次の二文を、意味を変えずに一文にします。□に当てはまる語を、□内のひらがなを組み合わせて書きなさい。（3点×4）

① 晴れている。でも、風が冷たく寒い。
→ 晴れている□、風が冷たく寒い。

② 計算が苦手だ。だから、練習問題を多くやろう。
→ 計算が苦手な□、練習問題を多くやろう。

③ 外は雨だ。そこで、家で遊ぶことにした。
→ 外は雨だ□、家で遊ぶことにした。

④ 九月になった。しかし、まだまだ暑い日が続く。
→ 九月になった□、まだまだ暑い日が続く。

| の | の | か | が |
|---|---|---|---|
| と | で | に | ら |

## 3 次の表はつなぎ言葉をグループ分けしたものです。（　）に当てはまる言葉を後から二つずつ選んで、記号で答えなさい。（2点×10）

| | | | |
|---|---|---|---|
| だから | それで | ①（　） | ②（　） |
| しかし | ところが | ③（　） | ④（　） |
| さらに | それから | ⑤（　） | ⑥（　） |
| つまり | もっとも | ⑦（　） | ⑧（　） |
| さて | ときに | ⑨（　） | ⑩（　） |

ア では　イ そこで　ウ しかも
エ でも　オ ところで　カ なぜなら
キ すると　ク そのうえ　ケ ただし
コ だが

# 上級レベル 44 つなぎ言葉

時間 15分　合格 40点　得点 ／50点　学習日〔　月　日〕

**1** 「つなぎ言葉」に注意して、次の（　）に当てはまる文を後から選び、記号で答えなさい。（2点×10）

① 図書係になった。だから、（　　）。
② 図書係になった。けれど、（　　）。
③ 図書係になった。また、（　　）。
④ 図書係になった。つまり、（　　）。
⑤ 図書係になった。ところで、（　　）。

ア 本の整理や貸し出しをする係だ。
イ 生き物係もやっている。
ウ 本はあまり読まない。
エ あなたは何係になったの？
オ 放課後、残って仕事をしている。

⑥ めがねがこわれた。ときに、（　　）。
⑦ めがねがこわれた。そこで、（　　）。
⑧ めがねがこわれた。さらに、（　　）。
⑨ めがねがこわれた。でも、（　　）。
⑩ めがねがこわれた。なぜなら、（　　）。

カ めがねケースもこわれた。
キ 弟にふまれてしまったからだ。
ク なんとか使える。
ケ めがね屋さんに行った。
コ 今日めがね屋は開いているかな。

**2** 次の文章の中から、つなぎ言葉を十個見つけて、○で囲みなさい。（2点×10）

さて、みなさんは、国語が好きですか。それともきらいですか。ぼくは小さいころはきらいでした。なぜなら、字がきたなく、書くことがきらいだったからです。だから、国語の勉強からにげていました。でもそんなとき、先生から助言をもらいました。そして、毎日宿題とはべつに、書き取りの練習を始めたのです。すると、字はきれいになり、また、書くことも好きになってきました。つまりぼくが言いたいのは、何事も、努力が大切で、しかもその努力をし続けることが大切だということです。

**3** 次の文の——線のうち、つなぎ言葉はどちらですか。記号で答えなさい。（2点×5）

① ア 小麦粉とたまごを用意した。夜、それでケーキを作った。
　 イ 夜、ケーキを作った。それで、朝に食べた。（　　）

② ア 新しいかばんを買ってもらった。それに、ぼうしも買ってもらった。
　 イ 新しいかばんを買ってもらった。それに、おべんとうを入れて出かけた。（　　）

③ ア コロッケでも買って帰ろうかな。
　 イ コロッケは売り切れていた。でもメンチカツはあった。（　　）

④ ア 読書をすると、国語力が身につく。
　 イ 読書をした。すると、国語力が身についた。（　　）

⑤ ア 弟の自転車がこわれた。そのうえに乗って遊んでいたからだ。
　 イ 弟の自転車がこわれた。そのうえ、ぼくの自転車もこわれた。（　　）

標準レベル 45

# 修飾語・係り受け（呼応）

時間 15分　合格 40点　得点 ／50点

学習日〔　月　日〕

**1** 次の文の中から、修飾語を一つ見つけて○で囲みなさい。（1点×10）

① 花が　きれいに　さいた。
② 今日の　ばんごはんは　ハンバーグだ。
③ 空に　月が　出ている。
④ おもしろいね、この　本は。
⑤ 音楽の　時間は　楽しいです。
⑥ あなたは　ここに　残りなさい。
⑦ めずらしい　鳥が　いるよ。
⑧ ぼくたちは　ずっと　親友だよね。
⑨ 父も　母も　学校の　先生だ。
⑩ 次の　日曜は　運動会だね。

**2** 次のうち、ふさわしいほうの修飾語を○で囲みなさい。（2点×5）

① 大きな岩が｛ごろごろ／ころころ｝ころがる。
② ｛ぽかぽかの／ほかほかの｝やきいもを食べる。
③ 雪が｛しんしんと／じんじんと｝ふっている。
④ かたを｛どんどんと／とんとんと｝たたかれた。
⑤ 雨を気にせず｛すいすい／ずんずん｝進む。

**3** 次の（　）に当てはまる言葉を後から選び、記号で答えなさい。（2点×5）

① （　）明日も来てくださいね。
ア なぜ　イ ぜひ
ウ けっして　エ もし　（　　）

② もう夜おそいのに、（　）ねむくない。
ア どうか　イ ちっとも
ウ おそらく　エ もしも　（　　）

③ 一等だなんて、（　）ゆめのようだ。
ア きっと　イ 少しも
ウ どうやら　エ まるで　（　　）

④ （　）おくれたりしないだろう。
ア まさか　イ どうして
ウ ついに　エ いかにも　（　　）

⑤ （　）火事になったらどうしよう。
ア どうせ　イ 万一
ウ ぜんぜん　エ あたかも　（　　）

**4** ——線の修飾語は、どの言葉をくわしくしていますか。○で囲みなさい。（2点×10）

（例）まどの　(外に)　白い　ねこが　いる。
① まどの　外に　白い　ねこが　いる。
② まどの　外に　白い　ねこが　いる。
③ 花が　とても　きれいに　さいた。
④ 花が　とても　きれいに　さいた。
⑤ となりの　部屋では　兄が　ゲームをしている。
⑥ となりの　部屋では　兄が　ゲームをしている。
⑦ となりの　部屋では　兄が　ゲームをしている。
⑧ 電車に　乗って　となり町まで　行く。
⑨ 電車に　乗って　となり町まで　行く。
⑩ 電車に　乗って　となり町まで　行く。

# 上級レベル 46 修飾語・係り受け（呼応）

時間 15分　合格 40点　得点　／50点

学習日〔　月　日〕

**1** 次の（　）に当てはまる言葉を後から選んで、記号で答えなさい。（2点×10）

① もっと（　）発音しなさい。（　）
② お母さんが（　）笑う。（　）
③ 大きなクマが（　）と起き上がる。（　）
④ 妹だけに（　）教える。（　）
⑤ ミルクを（　）注ぐ。（　）
⑥ 穴の中に（　）はまる。（　）
⑦ 家の中で（　）すごす。（　）
⑧ こわさないように（　）さわる。（　）
⑨ 月が空に（　）見える。（　）
⑩ 毎日二時間（　）練習する。（　）

ア こっそり　イ ゆったり　ウ みっちり
エ にっこり　オ びっくり　カ のっそり
キ しっくり　ク くっきり　ケ たっぷり
コ すっぽり　サ そっと　シ はっきり

**2** 次の――線をくわしくしている言葉（修飾語）を、（　）にしめした数だけ見つけ、○で囲みなさい。（2点×10）

（例）雨の 日は、せっかくの 昼休みも 教室の 中で 遊ぶ。（三つ）

① わたしの 兄は、去年の 夏から、友達と いっしょに アメリカで 生活している。（一つ）

② わたしの 兄は、去年の 夏から、友達と いっしょに アメリカで 生活している。（三つ）

③ となりの おばさんが 入学祝いに、たくさんの 国語の ノートを くれた。（二つ）

④ となりの おばさんが 入学祝いに、たくさんの 国語の ノートを くれた。（二つ）

⑤ キリンの 長い 首は、高い 木の 葉っぱを 食べるのに たいへん 役立つらしい。（二つ）

**3** ――線の言葉に注意して、（　）に当てはまる言い方を記号で選び、文を完成させなさい。（2点×5）

① あなたはなぜ待ち合わせに（　）。
ア おくれたのですか
イ おくれないように来てください
ウ おくれたのではないですか（　）

② もしもまほうが（　）、何をしよう。
ア 使えるようになりたいので
イ 使えるけれど
ウ 使えたら（　）

③ まさかそんなことは（　）。
ア しているでしょう
イ するだろう
ウ しないだろう（　）

④ いい本なので、あなたもぜひ（　）。
ア 読まないほうがいいですよ
イ 読んでみますか
ウ 読んでください（　）

⑤ どうやら、（　）。
ア かぜをひくこともあります
イ かぜをひいたようです
ウ かぜをひきたくありません（　）

# 47 最上級レベル ⑤

時間 15分　合格 40点　得点 ／50点

学習日〔　月　日〕

**1** 二人の子どもが会話をしています。会話文中の——線が指しているのはどの切手か、絵を見て記号で答えなさい。(1点×10)

「めずらしい切手を持っているね。①これと交換(こうかん)しない？」

「どれのこと？　②これ？」

「いや、③それじゃないよ。もっとこっち側(がわ)のやつ」

「ああ、④これのこと？」

「そう、⑤それ。」

「うーん、⑥これは特別(とくべつ)大切にしているから、あげられないわ。」

「あ、そうなんだ。じゃあ…⑦あれはどう？」

「⑧あれはわたしのではないけれど、⑨あれだったら、⑩それのほうがめずらしいと思うわよ。」

①（　　）②（　　）
③（　　）④（　　）
⑤（　　）⑥（　　）
⑦（　　）⑧（　　）
⑨（　　）⑩（　　）

**2** 次の文の、主語に——線、述語(じゅつご)に═══線を引きなさい。また、「何が何だ」の形になっている文を二つ選(えら)んで、番号を書きなさい。(1点×10)

(例(れい))ばらの　花が　きれいに　さいた。

① 姉は　毎日　中学校に　出かける。
② 日本では　クリスマスは　冬に　ある。
③ キリンは　首が　長い。
④ キリンは　首が　長い　動物だ。
⑤ 今日の　昼には　この　雪も　雨に　かわるでしょう。
⑥ この　クラスで　ぼくより　せが　高いのは　たった　二人だけです。
⑦ 初(はじ)めて　見る　海は、わたしが　思っていたより　ずっと　大きかった。
⑧ 金メダルの　知らせに、ふだん　無口(むくち)な　父親まで　大声を　あげた。

「何が何だ」の文…（　　）（　　）

**3** 次の言葉の中に、（　）に当てはめると意味が通らない言葉が一つずつあります。一つ選んで、記号で答えなさい。(5点×6)

① 明日は（　）雨になるだろう。
ア たぶん　イ けっして　ウ おそらく
（　　）

② （　）その場にいたかのように話す。
ア よもや　イ まるで　ウ あたかも
（　　）

③ あなたは（　）練習をしないの？
ア なぜ　イ どうして　ウ ちょうど
（　　）

④ （　）わたしの話を聞いてください。
ア どうか　イ もしも　ウ ぜひ
（　　）

⑤ （　）みんなが反対しても、やります。
ア いくら　イ たとえ　ウ すこしも
（　　）

⑥ 朝から（　）食べようとしない。
ア きっと　イ ちっとも　ウ まったく
（　　）

# 48 最上級レベル ⑥

| 時間 | 15分 |
| --- | --- |
| 合格 | 40点 |
| 得点 | /50点 |

学習日〔　月　日〕

**1** 次の——線をくわしくしている言葉（修飾語）を、（　）にしめした数だけ見つけ、○で囲みなさい。（2点×8）

（例）雨の　(日は)、せっかくの　(昼休みも)　教室の　(中で)　遊ぶ。（三つ）

① 校庭では、明日の　運動会に　向けて　最後の　練習が　行われている。（二つ）

② 家の　前の　庭に、赤い　バラの　花が　とても　きれいに　さいた。（二つ）

③ 春に　なると、この　辺りの　土の　下から　つくしたちが　いっせいに　顔を　出す。（四つ）

**2** 次の文章を読んで、後の問いに答えなさい。

今日は二月四日、立春の日。［①］「暦の上では春」という日だ。［②］、まだまだ寒い。わたしは、外出のためにぶあついコートを着た。［③］、マフラーも（④）まいた。⑤これでだいじょうぶだろう。

［⑥］、⑦わたしが今から行くところは、花屋だ。明日は母の、四十才のたん生日だ。［⑧］、花をおくりたいと思ったのだ。でも、花屋について（⑨）した。［⑩］、母のすきなチューリップは（⑪）売り切れていたからだ。

［⑫］、ちょうど新しい花が運ばれてきた。⑬その中にチューリップもあった。わたしはよろこんで、⑭それを買い、（⑮）わらった。

(1) ［　］に当てはまるつなぎ言葉を後から選んで、記号で答えなさい。（2点×7）

ア なぜなら　イ しかし　ウ すると
エ だから　オ それとも　カ さて
キ つまり　ク さらに

①（　　）②（　　）③（　　）
⑥（　　）⑧（　　）⑩（　　）
⑫（　　）

(2)（　）に当てはまる言葉を後から選んで、記号で答えなさい。（2点×4）

ア さっぱり　イ にっこり　ウ すっかり
エ しっかり　オ あっさり　カ がっかり

④（　　）⑨（　　）⑪（　　）
⑮（　　）

(3) ——線⑤が指すものを、後から選んで記号で答えなさい。（2点）

ア「暦の上では春」という日
イ 外出のためのコートとマフラー
ウ 花屋に行くこと　（　　）

(4) ——線⑦の文は、ア「何がどうする」イ「何がどんなだ」ウ「何が何だ」の、どの形ですか。記号で答えなさい。また、主語と述語を書きぬきなさい。（2点×3）

記号（　　）
主語（　　）　述語（　　）

(5) ——線⑬⑭が指すものを、⑬は四字、⑭は六字で、それぞれ文中から書きぬきなさい。（2点×2）

⑬（　　）⑭（　　）

標準レベル 49

# 説明文(1)

時間 20分　合格 40点　得点 ／50点

学習日〔　月　日〕

**1** 次の文章を読んで、後の問いに答えなさい。

今から百五十年ほど前、インドは、イギリスの植民地でした。そのころ、インドでくらしたイギリス人たちが、自分の国にカレーを伝えました。

喜んだ人々は、同じ物を作ろうとしたのですが、スパイスになれていない人には、カレーを作ることはむずかしいことでした。

そこで、なれた人たちによって、あらかじめスパイスを合わせた物が考え出されました。それがカレー粉です。カレー粉が工場で作られ、商品として売り出されることになったのです。

料理の方法も、イギリス流に変えられました。昔からイギリスにあった、肉やいろいろな野菜を焼いたりにたりして、小麦粉でとろみをつける、シチューのような伝統的料理に、カレー粉を加えるというイギリス式カレーができあがったのです。

日本に伝わったのは、このイギリス式カレーなのです。

今から百年あまり前の明治の初めころ、ヨーロッパの食べ物がどんどん日本に入ってきました。そのなかにカレーもあったのです。ただし、じゃがいもやたまねぎは、そのころの日本ではまだ広まっておらず、しろねぎを入れたりしたようです。また、牛肉やぶた肉もあまり食べられていなかったので、魚やかき、かえるやうになどを入れてみたことが記録に残っています。

（森枝卓士「カレーの旅」平成14年度版大阪書籍小学国語4上）

(1) ――線「そのころ」とはいつですか。（5点）

（　　　　）

(2) カレーを作ることがむずかしいのはどのような人ですか。（10点）

（　　　　）

(3) ══線「あらかじめ」とはどういう意味ですか。次から選んで、記号で答えなさい。（5点）

ア 初めて　イ 前もって　ウ 新しく

（　　）

(4) 「カレー粉」とはどのようなものですか。文章中から十字でさがしなさい。（10点）

□□□□□□□□□□

(5) 「イギリス式カレー」を説明した次の（①）、（②）に当てはまる言葉を文章中からさがしなさい。（10点・完答）

昔からイギリスにあった（①）のような伝統的料理に、（②）を加えたもの。

①（　　　　）　②（　　　　）

(6) 日本にカレーが伝わったのはいつごろですか。文章中から七字でさがしなさい。（10点）

□□□□□□□

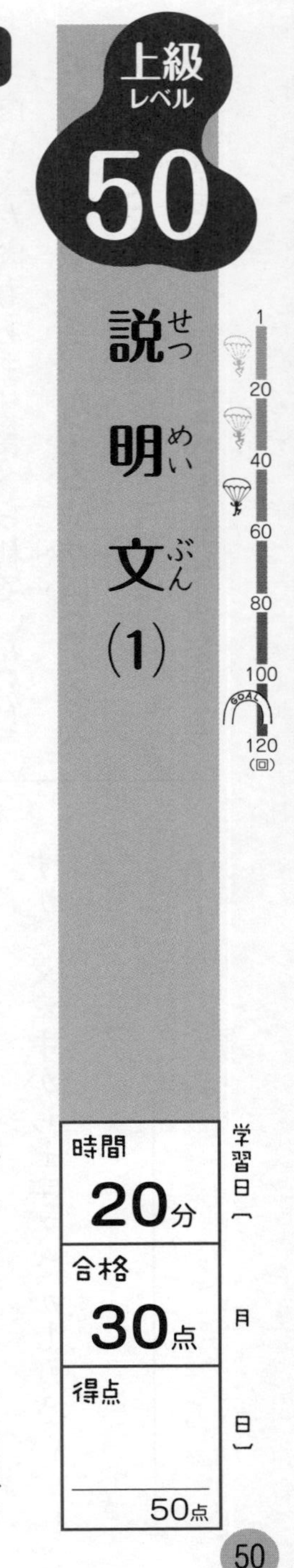

# 上級レベル 50 説明文（1）

時間 20分　合格 30点　得点　／50点

学習日〔　月　日〕

**1** 次の文章を読んで、後の問いに答えなさい。

　ゲンジボタルは、川岸の岩や木の根元に生えているコケの上に、たまごを産みます。コケのある場所は水分が多く、日光もほとんど当たらないので、たまごがかんそうしないのです。

　約一か月後、たまごからかえったよう虫は、体長一・五ミリメートルほどで、たまごから出るとすぐ、ジャンプするようにして水面に落ちていきます。よう虫の水中生活の始まりです。

　よう虫は、川底にすむまき貝、カワニナを食べて、だっぴを六回もくり返しながら、成長していきます。春がやってくるころには、よう虫は二・五センチメートルくらいになっています。

（中略）

　春のさかりに、川の水がぬるむころ、よう虫は真っ白なさなぎになり、さらに十日め、さなぎの皮をぬいで成虫になるのです。

　成虫になったホタルは、そのまま、地下の部屋で三日間ほど休んでから、夏の初めの暗い静かな夜に、いよいよ地上に出ていきます。

　このように、ゲンジボタルは、よう虫から□までの長い時間を、水の中と土の中ですごします。そして、地上に出てからは、約二週間の短い命をもやすようにして光り続けるのです。

（栗林　慧「ホタル」）

(1) コケの上のたまごがかんそうしない理由を三十字以内で説明しなさい。（10点）

(2) たまごからかえったよう虫はどれぐらいの大きさですか。（10点）
（　　　　）

(3) よう虫は何を食べて成長しますか。四字でぬき出しなさい。（10点）

(4) ――線「皮をぬいで」と同じ意味の言葉を、文章中から三字でさがしなさい。（5点）

(5) □に当てはまる言葉を、文章中から三字でさがしなさい。（5点）

(6) この文章に題をつけるとすれば、次のどれが良いですか。記号で答えなさい。（10点）

ア　ホタルの種類
イ　ホタルの一生
ウ　ホタルの食べ物
エ　ホタルのすみか

（　　）

標準レベル

# 51 説明文(2)

| 時間 | 合格 | 得点 |
|---|---|---|
| 20分 | 40点 | 50点 |

学習日〔　月　日〕

**1** 次の文章を読んで、後の問いに答えなさい。

みなさんのお母さんやおばあさん、となりのおじさん、おばさんで、どういうわけなのか、その人の育てる花や野菜だけはいきいきと育つ、という人はいませんか？

そういう人のことを、①「みどりの指をもつ人」といいます。〔ア〕

話しかけ、はげましてもらった花や木が、その気持ちにこたえているのかもわかりません。〔イ〕

実は最近、〈植物のコミュニケーション〉の研究が進んでいます。

コミュニケーションというのは、話しあうこと、伝えあうことによって、おたがいをより深く知るということです。

みなさんも、毎日、友だちといろいろのことを話しあっているでしょう？〔ウ〕

話しあったり伝えあったりすることに、その友だちのことがすきになったり、わかったりするでしょう。〔エ〕

②それとおなじようなことを、植物たちがやっているとしたら？

植物は、自分をとりまく環境からさまざまな情報を受けとり、自分のほうからも自分の考えを発信しているというのです。

「植物は考える生きもの」だというのです。

（野田道子「植物は考える生きもの!?」）

(1) この文章は、何について書かれたものですか。(10点)

植物の（　　　　）について。

(2) ——線①とは、どのような人のことですか。後から選んで、記号で答えなさい。(10点)

ア 自分の身近にいる、親しい人。
イ 花や野菜を育てるのがすきな人。
ウ 元気な花や野菜を育てられる人。
エ 植物についてよく知っている人。

（　　）

(3) ——線②とは、どのようなことですか。(10点)

（　　　　　　　　）

(4) 次の一文は、〔ア〕～〔エ〕のどこに入りますか。(10点)

・本当は、どうなのでしょうか。

（　　）

(5) 文章中の次の内容を、事実と主張に分けなさい。(5点×2)

ア 植物は、はげまそうとする人の気持ちにこたえようとしているのかもしれない。
イ コミュニケーションとは、伝えあうことでおたがいをより深く知ることである。
ウ 植物は周囲から情報を受けとっているだけでなく、情報を発信していることもある。

事実（　　　）　主張（　　　）

上級レベル 52

# 説明文 (2)

学習日〔　月　日〕

時間 20分　合格 40点　得点 ／50点

**1** 次の文章を読んで、後の問いに答えなさい。

①だれでも、自由に、かんたんに、たくさんの人に向けて情報を発信できるようになったことで、知らない人同士が結びついたり、協力し合ったりすることもできるようになりました。これは、とてもすばらしいことですが、一方で、注意しなければならないこともあります。

②インターネットから受け取る情報がすべて［A］かどうかはわかりません。個人が、正しくないことを、正しいと思いこんだまま発信しているケースもあります。あるいは、悪意を持ってわざとまちがった情報を発信することもないとはいえません。

③［B］、自分が発信した情報も、思いもよらない反応を受けてしまうこともあります。「おもしろい」と思って発信した情報でも、受け取る人にとっては、「つまらない」と感じたりするかもしれませんし、場合によっては人の気持ちを傷つけてしまうこともあるかもしれません。

④知らない人とつながっているのがインターネットです。受け取る情報は本当に正しいのか、自分が発信する情報にどんな価値があるのか、それを自分自身で見極める力が、インターネットと上手につき合うためには大切になってくるのです。

（池上　彰「池上彰と学ぶ　メディアのめ」）

(1) 文章中の［A］に当てはまる言葉を文章中からぬき出しなさい。（10点）

（　　　　）

(2) ［B］に当てはまる言葉を後から選んで、記号で答えなさい。（10点）

ア また　イ ところが

ウ では　エ なぜなら

（　　　　）

(3) インターネットのとくちょうを示した一文を文章中からぬき出しなさい。（10点）

（　　　　）

(4) この文章の組み立てについての説明として正しいものを後から選んで、記号で答えなさい。（10点）

ア ①段落で最も言いたいことを述べ、②・③段落で具体例を示し、④段落でもう一度まとめを述べている。

イ ①段落で具体例を示し、②・③段落で最も言いたいことを述べ、④段落でぎもんをなげかけている。

ウ ①段落で問題をなげかけ、②・③段落で具体例を示し、④段落でまとめを述べている。

エ ①段落で具体例を示し、②・③段落でぎもんをなげかけ、④段落で最も言いたいことを述べている。

（　　　　）

(5) 筆者の主張に当たるものを後から選んで、記号で答えなさい。（10点）

ア インターネットの便利な点。

イ まちがった情報が流れる例。

ウ 情報が人を傷つけてしまう例。

エ インターネットとのつき合い方。

（　　　　）

# 説明文(3)

学習日〔　月　日〕

時間 20分　合格 40点　得点　　/50点

**1** 次の文章を読んで、後の問いに答えなさい。

　今まで水の中でくらしていた魚が□でくらすには、呼吸と、体の乾燥を防ぐとか、移動手段など、だいじな問題がある。最初に上陸した魚はヒレを足に変化させたり、肺で空気呼吸ができるようにするなど、それらの問題を解決して両生類となるが、水辺から離れるわけにはいかなかった。体が長い時間乾燥してしまうと死んでしまう。そしてなによりタマゴは水の中に産まなければいけなかった。水の中でオタマジャクシになり、やがて陸上にあがってくるカエルの生活がそうだ。①おとなになっても比較的しめったところでくらすようにしている。

　そんな両生類の中から、体ももっと乾燥に対して強くなり、②水辺から離れることのできる動物が進化してきた。それが爬虫類だ。爬虫類は地上で本格的にタマゴを産んだ最初の脊椎動物になる。今から三億年くらい前のことだ。

　そのころの陸地には植物がおいしげり、脊椎動物より先に上陸し、乾いた場所でもタマゴを産める昆虫などの無脊椎動物がおおいに栄えていた。陸地でうまく生活できて、子孫を残せることができれば、草食でも肉食でも食べるものは豊富にあるわけだ。

（ヒサクニヒコ「恐竜のタマゴ」）

(1) 文章中の□に当てはまる言葉を漢字一字で書きなさい。(10点)

□

(2) ――線①のようにしているのは、どのようなことが原因ですか。(10点)

（　　　）

(3) ――線②の結果、どのような良いことがあるのですか。(10点)

ア 呼吸がしやすくなること。
イ 体が乾燥に強くなること。
ウ 食べるものがたくさんあること。
エ 子孫を残しやすくなること。

（　　）

(4) 文章の内容に合うものを後から選んで、記号で答えなさい。(10点)

ア 魚が両生類、爬虫類へと進化していくためには、多くの困難があった。
イ 爬虫類は陸地でくらすようになっても、タマゴは水辺に産んでいる。
ウ 乾いた場所にタマゴを産める生きものは、昆虫だけである。
エ 三億年前には陸地に植物がおいしげっていたので、草食動物が生活しやすい環境だった。

（　　）

(5) この文章に題をつけるとすれば、次のどれが良いですか。記号で答えなさい。(10点)

ア 両生類とタマゴ
イ 進化と生活場所
ウ 植物と動物の一生
エ 草食動物と肉食動物

（　　）

| 時間 | 合格 | 得点 |
|---|---|---|
| 20分 | 40点 | 50点 |

学習日〔　月　日〕

**1** 次の文章を読んで、後の問いに答えなさい。

「老い」というと、若い人にとってはどうもピンとこない、自分にはまだまだ関係のないことだとおもわれがちです。むしろ、今のままの状態で、これから十年後、二十年後の自分をイメージしている人も多いのではないでしょうか。

□、「老い」は、だれにでもかくじつにやってきます。外見が老けていくだけでなく、精神活動もおとろえていきます。それは、ひとつの生物としての人間がたどる、さけることのできない道すじです。しかも、ある意味では①「老い」は、すでに生まれたときからはじまっているともいえるのです。

一般に細胞は、分裂をくりかえしながら増殖していきます。そのようにして、人間も、成長していくわけです。ところが脳細胞の数は、持って生まれたままで、ふえたりはしません。そして、年をとるにしたがって脱落していきます。ようするに、脳細胞が減っていくということです。脳細胞数が減少し、脳が萎縮*していきます。

年をとった人の頭をCT*を使って写真にとってみると、②頭がい骨と脳のあいだにすきまができ、そこに水がたまっていたりします。

（黒岩卓夫「人はいくつまで生きられるか」）

*萎縮…ちぢんで小さくなること。
*CT…体の断面をさつえいできる機器。

(1) □に当てはまる言葉を、次から選びなさい。（8点）

ア やはり　イ しかし
ウ つまり　エ たとえば

（　　）

(2) ――線①のようにいえるのはなぜですか。次から選びなさい。（10点）

ア 生まれてすぐは話したり歩いたりすることができないから。
イ 若いうちは年を取ってからのことがイメージできないから。
ウ 「老い」は生物としてさけることができないものだから。
エ 生まれつき数の決まっている脳細胞は、年をとるとへっていくから。

（　　）

(3) ――線②は、何が原因で起きますか。二十字以内で書きなさい。（20点）

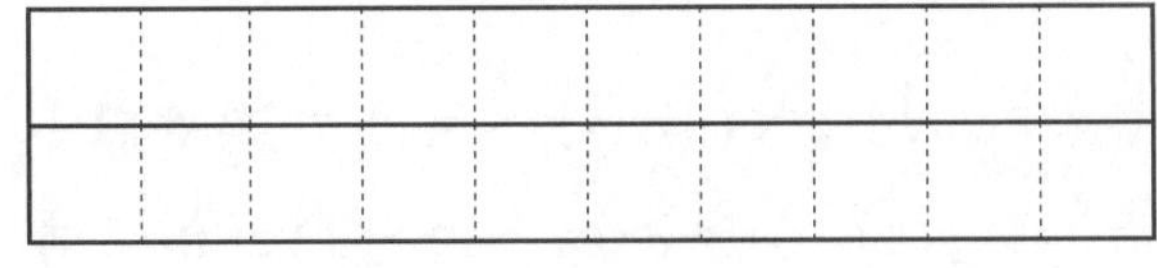

(4) 文章の内容と合うものには○、合わないものには×を書きなさい。（4点×3）

① 「老い」はだれにでもやってくるが、老けていくのは見た目だけで、精神活動はおとろえない。（　　）

② 人が年とともに老いていくのは生物として当然のことであり、さけて通ることはできない。（　　）

③ 体の細胞と脳細胞は、どちらも分裂をくり返しながら増殖していき、数をふやしていく。（　　）

# 標準レベル 55 説明文(4)

時間 20分　合格 40点　得点　/50点

学習日〔　月　日〕

**1** 次の文章を読んで、後の問いに答えなさい。

①カニグモのなかまは、植物の上でくらす、網をはらないクモです。虫があつまる場所で、えものをまちぶせるクモです。

あまいみつや花粉のある花は、②こん虫たちの食堂で、いろいろな虫がやってきます。カニグモのなかまたちがまちぶせにつかいます。

からだの色は、③花や葉っぱににて、めだちません。ながい前足をひろげて、花の上やかげで、虫がくるのをまちぶせます。

虫が花にくると、そっと近づいて、ぱっととびかかって、とらえます。

大きな虫がくると、カニのように横歩きで、さっと花のうらにかくれます。

網をはらないクモには、地面を歩きまわって虫をとるなかまがいます。ハシリグモやコモリグモとよばれるクモたちです。

④地面を歩くクモは、木のぼりはにがてですが、足をひろげて水の上を歩くことができます。コモリグモをおどかすと、水草をつたわって水の中ににげこみます。

えものも、地上の虫や水辺にあつまる虫のほかに、水面におちた虫もねらいます。ハシリグモは、水の上から、オタマジャクシまでねらいます。

クモのなかまは、春から秋まで、糸ときばと⑤毒液を武器に、いろいろな場所で、虫をまちぶせしています。

（栗林　慧「クモのひみつ」）

(1) ――線①の名前がついている理由を、次から選びなさい。（7点）

ア すがたがカニににているから。
イ カニのように横歩きをするから。
ウ からだの色がカニと同じだから。
エ 水辺にすむカニのなかまだから。

（　　）

(2) ――線②は具体的に何を示していますか。文章中からぬき出しなさい。（10点）

（　　）

(3) ――線③のような色をしている利点としてふさわしくないものを、次から選びなさい。（7点）

ア えものに気づかれにくいこと。
イ えものをとらえやすいこと。
ウ てきからにげやすいこと。
エ 花のみつをすいやすいこと。

（　　）

(4) ――線④のクモは、どのようなことが得意ですか。（10点）

（　　）

(5) ――線⑤は何を言いかえたものですか。三つ書きなさい。（3点×3）

（　　）（　　）（　　）

(6) 文章の内容に合うものを、次から選びなさい。（7点）

ア カニグモは植物の上に網をはる。
イ ハシリグモは木の上に網をはる。
ウ コモリグモはオタマジャクシをねらうこともある。
エ クモのなかまがえものをねらうのは、春から秋までの間である。

（　　）

上級レベル 56

# 説明文 (4)



時間 20分　合格 40点　得点　／50点

学習日〔　月　日〕

**1** 次の文章を読んで、後の問いに答えなさい。

歯は不思議だ。それは体の中の宝石①のようで、ふつうの石より固い物質*だ。

②人の歯は、一度生えかわる。歯がぬけると、上の歯なら屋根にほうり投げて「スズメの歯とかえてくれ」といい、下の歯なら縁の下に投げて「③ネズミの歯とかえてくれ」というのが、わたしの子どものころの習慣だった。

スズメはともかく、ネズミの歯がじょうぶなものだということは、④このためにだれもが知っていた。アイアイ*の歯は、このネズミの歯と同じで、その前歯（切歯）は、一生伸びつづける。

後ろから前へ、入れかわる歯を持っている動物もいる。ゾウは草や木を引きぬいて食べる。食べ物そのものが固いだけでなく、いっしょに土を食べてしまうので歯は⑤どんどんすりへる。そうすると、すりへった歯の後ろにある新しい歯が大きくなり、前の歯がおされてぬけて、新しい歯と入れかわる。こうして、ゾウはずいぶん歳をとっても食べることができ、生きることができる。

（島泰三「人はなぜ立ったのか」）

*物質…形作っているもの。
*アイアイ…サルの一種。

(1) この文章は何について書かれていますか。「……について」につながるように、十字以内で書きなさい。（7点）

〔　　　　　　　　　　〕について。

(2) ――線①は歯のどのようなところを表していますか。（4点）

（　　　　）

(3) ――線②とありますが、いつ生えかわるのですか。次から選びなさい。（8点）

ア けがをして歯がぬけたとき。
イ 歯がすりへってしまったとき。
ウ 大人の歯に生えかわるとき。

（　　）

(4) ――線③は、どのような歯のことを言いかえた表現ですか。文章中の言葉を使って書きなさい。（16点）

（　　　　）

(5) ――線④が指し示している内容を簡潔に書きなさい。（5点）

（　　　　）

(6) ――線⑤のようになるのはなぜですか。記号で答えなさい。（4点）

ア 固い木をまちがって食べてしまうことがあるため。
イ 食べ物といっしょに食べる土が歯をけずるため。
ウ 歳をとってからもえさを食べつづけるため。

（　　）

(7) 文章の内容に合うものを、次から選びなさい。（6点）

ア 人の歯はネズミの歯よりも固い。
イ スズメの歯はとてもじょうぶである。
ウ ゾウの歯は一生に一度生えかわる。
エ アイアイの前歯は一生伸びつづける。

（　　）

# 57 最上級レベル ⑦



学習日〔　月　日〕

| 時間 | 20分 |
| --- | --- |
| 合格 | 40点 |
| 得点 | /50点 |

**1** 次の文章を読んで、後の問いに答えなさい。

動物がさらにほかの動物に食べられても、最後には、かならず死体やふんがのこってしまいます。これらの落葉やかれ木、動物の死体、ふんなどがそのままのこっていたらたいへんです。この地球はごみだらけになってしまいます。

でも、森や林へいってごらん。そこはいつもさわやかな空気にみちていて、①動物や植物の死体がごろごろしていることはありません。

実は、これらの大量の動植物のごみを食べているのがキノコやカビなどの菌類なのです。

[あ]、菌類には*葉緑素がないので、*光合成はできません。だからほかから栄養をとりいれなければなりません。その栄養は、動物や植物の死体をくさらせてとりいれるのです。

②物がくさるというと、わたしたちはなんとなくきたならしく、いやなにおいをおもいがちです。また、くさっているところにはえているカビやキノコを、きもちわるい生き物のように考えがちです。

[い]、くさるということは、菌類が生き物の死体を分解して、そうじしてくれている姿なのです。菌類は、地球上のありとあらゆる生物の死体を分解することができます。だから菌類は、③地球のそうじ屋さんなのです。

(伊沢正名「キノコの世界」)

*葉緑素…光合成を行う部分。
*光合成…光のエネルギーで栄養をつくるはたらき。

(1) ——線①のように森や林が保たれているのはなぜですか。二十字以内で書きなさい。(10点)

(2) [あ]・[い]に当てはまる言葉を、それぞれ選びなさい。(2点×5)

ア しかし　イ または
ウ しかも　エ ところで

あ(　　)　い(　　)

(3) ——線②とは、どうなることですか。「菌類」という言葉を使って、二十字以内で説明しなさい。(10点)

(4) ——線③のように呼ばれるのはなぜですか。(10点)

(　　　　)

(5) 文章の内容に合うものを選びなさい。(10点)

ア ものをくさらせるキノコが生えていない森は、空気がきれいである。

イ キノコは死体やふんをくさらせ、栄養に変えて生きている。

ウ キノコとカビは姿も形もちがうので、別の種類の生き物と言える。

エ カビは自分で栄養をつくることができるが、キノコにはできない。(　　)

# 58 最上級レベル ⑧

時間 20分　合格 40点　得点 /50点

学習日〔　月　日〕

**1** 次の文章を読んで、後の問いに答えなさい。

花や野菜を作る温室は、屋根がガラスや透明なビニールになっていて、太陽のエネルギーを温室の中に取りこむのですが、一方、ガラスやビニールが温室から外へ逃げようとする温まった空気を閉じこめてしまうので、①温室の中の温度が上がるしくみです。

地球の場合には、②二酸化炭素というガスと水蒸気が温室のガラスやビニールの役目をして、太陽から来たエネルギーによって地球にできた熱を閉じこめてしまいます。こうして、地球の温度が上がるのです。

やかんやなべがだんだん冷えていくのと同じように、地球からも、どんどん熱が逃げていっています。でも、このときに、二酸化炭素と水蒸気が地表から逃げていく熱(赤外線)を吸収したり、吸収した熱をふたたび放出して地表にもどすのです。

こうしてみると、温室のビニールやガラスは、温まった空気と冷たい空気がまざるのをふせいでいるのですから、この地球に起こっていることは、③*厳密にいえばちがう現象です。しかし、熱の逃げるのをふせぐという意味で、地球温暖化はよく、温室にたとえられるのです。

いま、地球全体の二酸化炭素が増えてきています。工場や、発電所や、自動車からはき出されている二酸化炭素は年々、増えつづけています。

(島村英紀「地球環境のしくみ」)

*厳密…こまかいところまできびしく見ること。

(1) ——線①のようになるのはなぜですか。かんたんに説明しなさい。(10点)

(2) ——線②の役目を二つ書きなさい。(8点)

・(　　)

・(　　)

(3) ——線③とありますが、どのようなところがちがうのですか。次から選びなさい。(11点)

ア 温室は熱を放出するが、二酸化炭素と水蒸気は熱を閉じこめるところ。

イ 温室は熱を閉じこめるが、二酸化炭素と水蒸気は熱を放出するところ。

ウ 温室は空気を閉じこめるが、二酸化炭素と水蒸気は空気が出入りするところ。

エ 温室はガラスやビニールでできているが、地球はガスでおおわれているところ。

(　　)

(4) この文章で「温室」は、何を説明するために使われていますか。五字でぬき出しなさい。(11点)

(5) この文章の題名としてふさわしいものを、次から選びなさい。(10点)

ア 地球の気温はなぜ上がっているか

イ なべややかんはなぜ冷えるのか

ウ 二酸化炭素はなぜ増えているのか

エ 温室の中はなぜ温かいのか

(　　)

# 言葉の意味

学習日〔　月　日〕

| 時間 | 合格 | 得点 |
|---|---|---|
| 15分 | 40点 | /50点 |

**1** 次の意味になる二字の言葉を、後の□から漢字を組み合わせて作りなさい。（2点×11）

（例）のぞみねがうこと（希望）

① 注意深く見ること（　　）

② 良いじょうたいのこと（　　）

③ 体を使ってはたらく（　　）

④ 大事な点をとりまとめる（　　）

⑤ わすれられない強い感じ（　　）

⑥ 切れ目なく続くこと（　　）

⑦ 子ども（　　）

⑧ ほうったままにしておく（　　）

⑨ ターゲット（　　）

⑩ 物事をやりそこなうこと（　　）

⑪ しんじることができない（　　）

| | | |
|---|---|---|
| 望 | 労 | 働 |
| 好 | 連 | 児 |
| 続 | 信 | 約 |
| 敗 | 童 | 的 |
| 不 | 印 | 失 |
| 察 | 置 | 観 |
| 良 | 放 | 象 |
| 要 | 標 | 希 |

**2** 次の（　）に当てはまる言葉を後から選んで、記号を書き入れなさい。（2点×10）

① （　　）な坂道が続く。

② （　　）なおくり物をする。

③ （　　）な目つきで見る。

④ 竹のえだが（　　）に曲がる。

⑤ （　　）に行動する。

⑥ （　　）に話し合いを進める。

⑦ （　　）なドレスを身にまとう。

⑧ 子どもが（　　）に育つことを願う。

⑨ 客が多く、（　　）な様子だ。

⑩ 一位になって、（　　）な顔つきをしていた。

ア ゆるやか　イ にぎやか
ウ はなやか　エ なごやか
オ すこやか　カ しなやか
キ ささやか　ク すみやか
ケ はれやか　コ ひややか

**3** 次の文は、夏休み、学校のプールに来ていた生徒の数を記録したものです。来た生徒が多かった順に、記号をならべかえなさい。（1点×8）

ア あまり人は来ていませんでした。
イ かなり多くの人が来ていました。
ウ まずまず、人が来ていました。
エ すべての人が来ていました。
オ まったく人は来ていませんでした。
カ 多くの人が来ていました。
キ 少しの人が来ていました。
ク ほとんどすべての人が来ていました。

（　　）→（　　）→（　　）
→（　　）→（　　）→（　　）
→（　　）→（　　）

上級レベル 60

# 言葉の意味

時間 15分　合格 40点　得点 ／50点

学習日〔　月　日〕

**1** 次の文を、意味を変えないで言いかえます。□の中にひらがなを入れて、言いかえの文を完成させなさい。（2点×10）

① もっと本を読まなければならない。
→もっと本を読む□だ。

② 外で遊ぶことを望む。
→外で遊び□。

③ まだ雨はふらないだろう。
→まだ雨はふる□。

④ 兄がぼくのおやつを食べた。
→兄にぼくのおやつを食べ□た。

⑤ 妹がおやつをほしいと言っている。
→妹がおやつをほし□ている。

⑥ 平泳ぎで百メートル泳ぐことができる。
→平泳ぎで百メートル泳□。

⑦ 鳴かぬなら鳴かせてみせよう。
→鳴か□なら鳴かせてみせよう。

⑧ もう二度とうそはつかないでおこう。
→もう二度とうそはつく□。

⑨ 今日は雪がふると聞いた。
→今日は雪がふる□だ。

⑩ 中学生としてふさわしい服装。
→中学生□服装。

**2** 次のひらがなを、意味をヒントにして、漢字に直して書きなさい。（2点×15）

① きょうりょく
ア ちからを合わせること（　）
イ つよいちから（　）

② たいしょう
ア 目標となるもの、相手（　）
イ てらし合わせてくらべること（　）

③ かんしん
ア 心に深くかんじること（　）
イ 物事に心をひかれること（　）

④ いがい
ア 思いのほか（　）
イ あるはんいの外側（　）

⑤ きしょう
ア 天気のじょうたい（　）
イ 極めてめずらしいこと（　）

⑥ きかん
ア ある日時と日時のあいだ（　）
イ 物事を行うためのそしき（　）
ウ 体の中で、きまったはたらきをするところ（　）

⑦ こうせい
ア のちの時代（　）
イ かたよりがなく、ただしいこと（　）

# 標準レベル 61 多義語

学習日〔　月　日〕

| 時間 | 合格 | 得点 |
|---|---|---|
| 15分 | 40点 | 　/50点 |

**1** 次の――線の言葉のうち、他の二つとはちがう意味で使われているものを選んで、記号で答えなさい。（2点×5）

① ア 家の中で犬をかう。
　イ 友人のたん生日プレゼントをかう。
　ウ お年玉で服をかう。（　）

② ア ごはんにあうおかずを考える。
　イ 目と目があう。
　ウ スーパーで先生にあう。（　）

③ ア 今日はあたたかい日だ。
　イ あたたかいお湯を注ぐ。
　ウ あたたかいスープを飲む。（　）

④ ア 進む道をあやまった。
　イ まちがいに気づき、あやまった。
　ウ みんなにあやまった。（　）

⑤ ア はく息が白い。
　イ 気分が悪くなってはく。
　ウ 朝から庭をはく。（　）

**2** 次の言葉には、いろいろな意味があります。意味と例文が正しく合うように、後から選んで、記号で答えなさい。（2点×10）

「手」
① 手首から先。てのひら。（　）
② 人とのかんけい。（　）
③ はたらく人・力。（　）
④ 方向。方面。（　）
⑤ 手間。手数。（　）

ア 手を結ぶ。　イ 手が足りない。
ウ 手のこんだ料理。
エ 手を合わせる。
オ 行く手をさえぎる。

「足」
① 体をささえる部分。（　）
② 歩くこと。（　）
③ 乗り物。（　）
④ 雨や風の様子。（　）
⑤ 行くこと。来ること。（　）

ア 足を速める。　イ 雨足が遠のく。
ウ 客足がとだえる。　エ 長い足。
オ 帰りの足がない。

**3** 次の意味で使われている例文を後から選んで、記号で答えなさい。（2点×10）

① さげる「下にたらす」（　）
ア カーテンをさげる。　イ 調子をさげる。

② かえる「元いた場所にもどる」（　）
ア 学校からかえる。　イ 顔色をかえる。

③ ひく「手前に引きよせる」（　）
ア ピアノをひく。　イ つなをひく。

④ かける「こわれてとれる」（　）
ア 電線をかける。　イ 歯がかける。

⑤ きる「着用する」（　）
ア スイッチをきる。　イ シャツをきる。

⑥ 一面「あたり一帯」（　）
ア 一面の銀世界。　イ こわい一面もある。

⑦ わかれる「たがいにはなれる」（　）
ア 道がわかれる。　イ 駅でわかれる。

⑧ とる「とらえる」（　）
ア かぶと虫をとる。　イ メモをとる。

⑨ あつい「気温が高い」（　）
ア あついお茶を飲む。　イ 夏はあつい。

⑩ さす「かざす」（　）
ア 時計が三時をさす。　イ かさをさす。

上級レベル 62

# 多義語

学習日〔　月　日〕

時間 15分　合格 40点　得点　／50点

**1** 次の――線の言葉と同じ意味で使われているものを後から選んで、記号で答えなさい。（3点×4）

① 妹におみやげをあげる。
ア 天ぷらを油であげる。
イ しつもんがあるので手をあげる。
ウ お古の洋服をあげる。（　）

② 家の前に大きな木がたつ。
ア 空き地に家がたつ。
イ せすじをのばしてピンとたつ。
ウ あれから三年がたつ。（　）

③ 話題をうつす。
ア 見本どおりに書きうつす。
イ かぜをうつす。
ウ つくえを子どもべやにうつす。（　）

④ 赤信号なのでとまる。
ア おばあちゃんの家にとまる。
イ 時計がとまる。
ウ 今日もホテルにとまる。（　）

**2** 次の――線の言葉の意味を後から選んで、記号で答えなさい。（4点×5）

① じっさいに手にとる。（　）
② 虫をとる。（　）
③ データをとる。（　）
④ ぼうしとめがねをとる。（　）
⑤ 人の金をとる。（　）

ア 集める　イ 持つ・にぎる
ウ ぬぐ・外す　エ うばう・ぬすむ
オ つかまえる

**3** 次の「　」に入る熟語は、ちがう読み方・意味を持っています。読み方を参考にして「　」に漢字を書き、ふさわしい例文を後から選んで、（　）に記号で答えなさい。（3点×6）

① 「　」 じゅうぶん（　） じっぷん（　）
② 「　」 ひとけ（　） にんき（　）
③ 「　」 じょうず（　） かみて（　）
④ 「　」 おおごと（　） だいじ（　）
⑤ 「　」 けんぶつ（　） みもの（　）
⑥ 「　」 いちもく（　） ひとめ（　）

ア かれのすごさは◯◯すれば明らかだ。
イ ◯◯な相談があります。
ウ 子どもにたいへん◯◯がある。
エ ◯◯間、走り続ける。
オ 次の戦いは、◯◯だ。
カ ◯◯にならずにすんだ。
キ ◯◯のない公園。
ク ぶたいの◯◯から登場する。
ケ ◯◯すぎるお礼をしてもらった。
コ ◯◯客でにぎわう。
サ むずかしい歌を◯◯に歌う。
シ 母親に、◯◯会いたい。

# 標準レベル 63 慣用句

学習日〔　月　日〕

| 時間 | 合格 | 得点 |
|---|---|---|
| 15分 | 40点 | ／50点 |

**1** 次の（　）に当てはまる言葉を後から選んで、記号で答えなさい。（2点×8）

（ ① ）とは、いくつかの言葉が結びついて、それ全体で、（ ② ）を表す言葉のことです。たとえば、「（ ③ ）」と「切る」が結びついて「（③）を切る」という（①）ができましたが、本当に切ってしまうわけではありません。「（③）」のさまざまな働きから、「つなぐ」つまり「関係する」というイメージが生まれ、そこから、それを切る→「関係をたち切る」という（②）が生まれたのでしょう。

このように、（①）には「（③）を切る」「（ ④ ）を運ぶ」など、（ ⑤ ）に関係するものが多いですが、他にも「（ ⑥ ）」「（ ⑦ ）」など（ ⑧ ）に関係するものもたくさんあります。

ア ことわざ　イ 慣用句　ウ 短歌
エ もとの意味とはちがう、新しい意味
オ もとの意味とは正反対の意味
カ 手　キ 足　ク 風　ケ 体　コ 天体
サ 動植物　シ 両手に花　ス 思うつぼ
セ 牛の歩み　ソ 立て板に水　タ 食物

①（　）②（　）③（　）
④（　）⑤（　）⑥（　）
⑦（　）⑧（　）

**2** 次の慣用句の意味を後から選んで、記号で答えなさい。（3点×8）

① しっぽを出す（　）
② 油を売る（　）
③ 顔から火が出る（　）
④ 手も足も出ない（　）
⑤ 足がぼうになる（　）
⑥ 息をころす（　）
⑦ 血がさわぐ（　）
⑧ 親のすねをかじる（　）

ア こうふんして落ち着いていられない
イ むだ話をしながら仕事をなまける
ウ こきゅうの音もさせず、じっとする
エ 自立せず、親に養ってもらう
オ 自分の力ではどうしようもない
カ ごまかしていたことがばれる
キ 長く歩いてつかれはてる
ク はずかしくて真っ赤になる

**3** 次のものは、体の部分に関する慣用句です。意味を参考にして、□に当てはまる漢字一字を書きなさい。（2点×5）

① □が立たない（相手が強くて、かなわない）
② □を引っぱる（人の仕事などのじゃまをする）
③ □が広い（知り合いが多い）
④ □をぬすむ（人に見つからないようにする）
⑤ □をはさむ（他人の会話に横からわりこんで話す）

# 慣用句

学習日〔　月　日〕

| 時間 | 合格 | 得点 |
|---|---|---|
| 15分 | 40点 | 50点 |

**1** 次の意味の慣用句になるように、A・Bそれぞれから言葉を選んで、記号で答えなさい。（3点×8）

例 人に、勝利や名誉をゆずる　（ア・ケ）

① 二つの良いものを、同時に手に入れる
② あきらめて見放す
③ かこを、すべてなかったことにする
④ いいかげんにその場をごまかす
⑤ 少しの時間でできる、かんたんなこと
⑥ 顔かたちが、よくにていること
⑦ 相手に、負けをみとめる
⑧ 時期がおくれてしまってむだなこと

①（　・　）②（　・　）
③（　・　）④（　・　）
⑤（　・　）⑥（　・　）
⑦（　・　）⑧（　・　）

A　ア 花を　イ うり　ウ さじを　エ 朝飯　オ かぶとを　カ 水に　キ あとの　ク お茶を　ケ 両手に

B　ア 祭り　イ 流す　ウ 花　エ ぬぐ　オ 投げる　カ 前　キ にごす　ク 二つ　ケ 持たせる

**2** 次の慣用句の□には、同じ漢字が入ります。後から選んで、記号で答えなさい。（2点×5）

① □の荷が下りる・□で風を切る
□を落とす・□身がせまい　（　）

② □をふるう・□によりをかける
□が上がる・□が鳴る　（　）

③ □がない・□の色を変える
□を光らせる・□が回る　（　）

④ □が重い・□が悪い
□を出す・□がうまい　（　）

⑤ □がおどる・□がつぶれる
□をなでおろす・□がいたい　（　）

ア 肩　イ 手　ウ 胸　エ 腕　オ 口　カ 目

**3** 動物に関する慣用句になるように、次の（　）に当てはまる言葉を後から選んで、記号で答えなさい。（2点×8）

① かれとはなぜか、（　）が合う。
② ボーナスは、（　）のなみだほどだった。
③ もうあがったの？（　）の行水じゃないの。
④ （　）の手も借りたいほどだ。
⑤ （　）の子を散らすように、去った。
⑥ （　）の子のさいふが、なくなった。
⑦ （　）の知らせで、家に引き返した。
⑧ （　）返しの答えばかりだ。

ア ねこ　イ 犬　ウ とら　エ ねずみ　オ きつね　カ おうむ　キ かめ　ク からす　ケ すずめ　コ くも　サ へび　シ 馬　ス 牛　セ 虫

標準レベル 65

# 敬語（けいご）

時間 15分　合格 40点　得点 ／50点

学習日〔　月　日〕

**1** 次の二つの文のうち、正しく敬語（けいご）が使われているのはどちらですか。記号で答えなさい。（2点×5）

① ア 先生様が来た。
イ 先生がいらっしゃった。（　　）

② ア 今日は暑いですね。
イ 今日はお暑いね。（　　）

③ ア どれになさいますか。
イ どれにするの。（　　）

④ ア ねこが鳴きました。
イ ねこがお鳴きになりました。（　　）

⑤ ア これは何だい。
イ これは何ですか。（　　）

**2** 次の言葉の上には「お」「ご」のどちらがつきますか。□に書きなさい。（1点×20）

① □飲み物　② □金
③ □本　④ □客
⑤ □水　⑥ □かし
⑦ □しぼり　⑧ □都合
⑨ □あいさつ　⑩ □電話
⑪ □つり　⑫ □両親
⑬ □父さん　⑭ □入学
⑮ □つかい　⑯ □手本
⑰ □洋服　⑱ □子息
⑲ □歌　⑳ □説明

**3** 次の動作を表す言葉に「れる」「られる」をつけて、相手をうやまう言い方にしなさい。（2点×10）

(例（れい）) 歌う（歌われる）

① 歩く（　　）
② 着く（　　）
③ 通る（　　）
④ 入る（　　）
⑤ 考える（　　）
⑥ 投げる（　　）
⑦ 書く（　　）
⑧ 食べる（　　）
⑨ 待つ（　　）
⑩ 作る（　　）

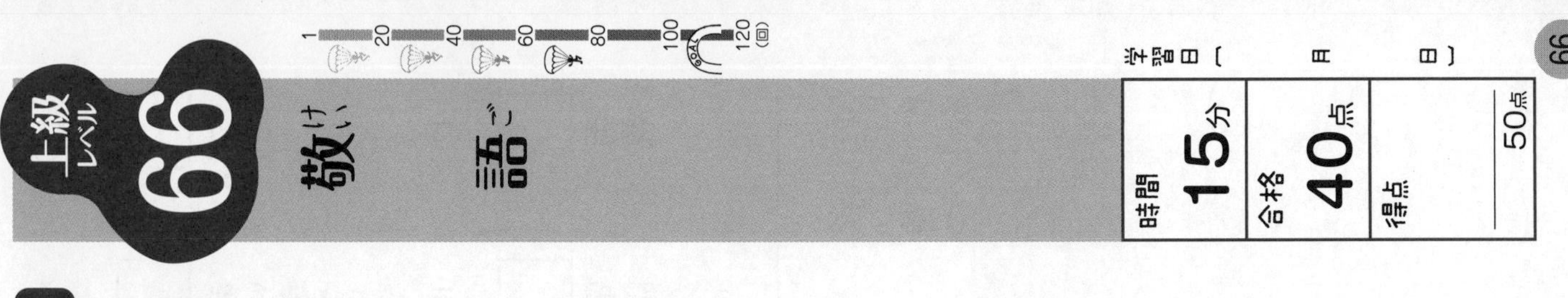

上級レベル 66

# 敬語

学習日〔　月　日〕

時間 15分　合格 40点　得点 　/50点

**1** 次の動作を表す言葉に「お〜になる」をつけて、相手をうやまう言い方にしなさい。（2点×5）

(例) 歌う　（お歌いになる）

① 歩く　（　　　）

② 通る　（　　　）

③ 考える　（　　　）

④ 食べる　（　　　）

⑤ なやむ　（　　　）

**2** 次の動作を表す言葉に「お〜する」をつけて、自分の動作をへりくだって言う言い方にしなさい。（2点×5）

(例) 書く　（お書きする）

① 知らせる　（　　　）

② 待つ　（　　　）

③ 教える　（　　　）

④ 作る　（　　　）

⑤ 調べる　（　　　）

**3** 次の会話は、父の知人と自分との、電話のやりとりです。ふさわしい言い方はどちらですか。記号で答えなさい。（2点×5）

①
ア もしもし、わたくし山田とおっしゃいますが、お父様はおりますか。
イ もしもし、わたくし山田と申しますが、お父様はいらっしゃいますか。

②
ア お父さんは今いらっしゃいません。
イ 父は今おりません。

③
ア では、山田から電話があったとお伝えください。
イ では、山田から電話があったとお伝えしてください。

④
ア はい、山田から電話があったと伝えます。
イ はい、山田様からお電話があったと伝えます。

⑤
ア よろしくお願いします。失礼します。
イ よろしく。さよなら。

①（　　）②（　　）③（　　）
④（　　）⑤（　　）

**4** 次の表は、特別な言い方をする敬語をまとめたものです。表の空いているところに当てはまる言葉を後から選んで、記号で答えなさい。（2点×10）

| もとの形 | 相手の動作 | 自分の動作 |
|---|---|---|
| 食べる | ① | ② |
| する | ③ | ④ |
| 見る | ⑤ | ⑥ |
| 言う | ⑦ | ⑧ |
| 行く・来る | ⑨ | ⑩ |
| いる | （⑨） | おる |

ア おっしゃる　イ 拝見する　ウ 参る
エ いただく　オ なさる　カ いたす
キ いらっしゃる　ク ごらんになる
ケ めしあがる　コ 申す

# 67 最上級レベル ⑨

時間 15分　合格 40点　得点　　50点

学習日〔　　月　　日〕

**1** 「苦しい」と「つらい」は、意味がとてもよくにていますが、まったく同じではありません。次の（　）には、どちらの語が当てはまりますか。後から選んで、記号で答えなさい。（2点×10）

① （　　）ほどの愛情。
② せきこんでばかりで（　　）。
③ 家計が（　　）。
④ （　　）仁打ちを受ける。
⑤ 毎日の練習が（　　）。
⑥ （　　）本を読む。
⑦ （　　）思いをする。
⑧ つじつまを合わせようと（　　）言いわけをする。
⑨ 別れは（　　）ものだ。
⑩ みんなにからかわれ（　　）。

ア 「苦しい」も「つらい」も当てはまる
イ 「苦しい」のみ当てはまる
ウ 「つらい」のみ当てはまる
エ どちらも当てはまらない

**2** 次は、体の部分に関する慣用句です。意味を参考にして、（　）に当てはまる言葉を書きなさい。（2点×5）

① （　　）を冷やす
（こうふんした気持ちを落ち着ける）
② （　　）にたこができる
（何度も聞かされていやになる）
③ （　　）につかない
（他のことに気をとられ集中できない）
④ 目から（　　）へぬける
（とても利口である）
⑤ （　　）をつっこむ
（きょうみを持って深入りする）

**3** 次の意味で使われている例文はどちらですか。後から選んで、記号で答えなさい。（2点×10）

① すすめる「前の方へ動かす」（　　）
ア 入会をすすめる。　イ 馬をすすめる。
② せめる「たたかいをしかける」（　　）
ア 一気にせめる。　イ 自分をせめるな。
③ たずねる「しつもんする」（　　）
ア 道をたずねる。　イ 京都をたずねる。
④ つく「とがったものでさす」（　　）
ア ほこりがつく。　イ やりでつく。
⑤ のる「書かれる」（　　）
ア 新聞にのる。　イ 台の上にのる。
⑥ おくる「人に物をあたえる」（　　）
ア 荷物をおくる。　イ 花たばをおくる。
⑦ なおる「病気などがよくなる」（　　）
ア かぜがなおる。　イ 時計がなおる。
⑧ はかる「たくらむ」（　　）
ア 時間をはかる。　イ 悪事をはかる。
⑨ はやい「動作がすみやか」（　　）
ア 朝はやい電車。　イ 走るのがはやい。
⑩ やさしい「上品で美しい」（　　）
ア やさしい仕事。　イ やさしい声。

# 68 最上級レベル ⑩

学習日〔　月　日〕

| 時間 | 15分 |
|---|---|
| 合格 | 40点 |
| 得点 | 50点 |

**1** 次の（　）に当てはまる言葉を、後から選んで、記号で答えなさい。（3点×8）

① 今日は（　）ねむくない。

② 昔の仲間に（　）出会った。

③（　）としたたいどでのぞむ。

④ ずうずうしさに（　）とする。

⑤ そうなるのは（　）の結果だ。

⑥（　）、かみなりが鳴った。

⑦ まだ（　）としない点がある。

⑧（　）とした不安がつきまとう。

ア 当然　イ 整然　ウ ぐう然
エ 全然　オ とつ然　カ き然
キ しゃく然　ク あ然　ケ ばく然

**2** 相手の動作をうやまう言い方は、ア「れる・られる」イ「お～になる」ウ 特別な敬語 の三種類あります（ないものもあります）。次の言葉をアイウそれぞれの方法で書きかえなさい。（1点×10）

① 食べる
ア（　）
イ（　）
ウ（　）

② 行く
ア（　）
イ（　）
ウ（　）

③ 言う
ア（　）
ウ（　）

④ 書く
ア（　）
イ（　）

**3** 次の文には、敬語が正しく使われていないところが、それぞれ二つずつあります。その記号を書き、正しい言い方に書き直しなさい。（2点×8）

①（会社で来客に）ア社長さんは イただいま ウ会議中です。エこちらで オお待ちして カください。
（　）（　）
（　）（　）

②（店員が客に）ア本日は イどのような ウものを エ探して オおるの カだ？
（　）（　）
（　）（　）

③ アお客様が イ帰るので ウ出口で エ見送った。
（　）（　）
（　）（　）

④ アわたしが イお持ちになります ウので、エお荷物を オおわたしして カください。
（　）（　）
（　）（　）

# 標準レベル 69 詩 (3)

時間 20分　合格 40点　得点 ／50点

学習日〔　月　日〕

**1** 次の詩を読んで、後の問いに答えなさい。

春のトランペット

宮入黎子

いつから
音をたてていたのだろう

だいどころの　白菜から
きみどりのしんが
トランペットになって
のびている

水も　土も
太陽も　なかったのに
きいろいつぼみを　だきながら
だいどころのすみで
トランペットをふいている

〈銀の鈴社〉

(1) ——線は、白菜のどのような様子を表していますか。(5点)

ア 風にゆられている様子。
イ 料理されている様子。
ウ しおれてきている様子。
エ 花がさきかけている様子。

(　　)

(2) ——線を別の言い方で表した一行をぬき出しなさい。(10点)

(　　)

(3) この詩の主題として最もふさわしいものを後から選んで、記号で答えなさい。(10点)

ア 春のおとずれ　イ 白菜の歯ごたえ
ウ 音楽の楽しさ　エ 台所の様子

(　　)

**2** 次の詩を読んで、後の問いに答えなさい。

ヨット

内海康子

青い海が
つかれた　白い蝶を
そっと　休ませている

(1) この詩の題「ヨット」は、何を表していますか。詩の中の言葉を使って具体的に書きなさい。(10点)

(　　)

(2) この詩で使われている表現の工夫を後から選んで、記号で答えなさい。(5点)

ア リズムのにた言葉をならべている。
イ 同じ言葉をくりかえしている。
ウ 人ではないものを人にたとえている。
エ 言葉の順番を入れかえている。

(　　)

(3) この詩の説明として、ふさわしいものを後から選んで、記号で答えなさい。(10点)

ア つかれた蝶の様子から、海がとてもあれていることが伝わってくる。
イ 広い海に小さな蝶がぽつりといる様子から、海の静けさが伝わってくる。
ウ つかれた白い蝶という言葉から、命の大切さが伝わってくる。
エ 青い海という言葉から、深い海のきけんな様子が伝わってくる。

(　　)

# 詩 (3)

学習日〔　月　日〕

| 時間 | 合格 | 得点 |
| --- | --- | --- |
| 20分 | 40点 | /50点 |

**1** 次の詩を読んで、後の問いに答えなさい。

山みちのトンネル　　間所（まどころ）ひさこ

山みちのちいさなトンネルは
①くるまが通れないので　うれしい
どろまみれのあしでも
歩いていけるので　うれしい

②だれだろう
はぎのはなをこぼしていったの

山みちのちいさなトンネルを
風が　③　抜（ぬ）いてくる
陽（ひ）やけしたひたいに
ひやん　ひやんと　さわりにくる

④松（まつ）やにの香（かお）り
もうずっとうしろの方だよ

山みちのちいさなトンネルは
出口のあかりまでちいさい
⑤プリンのかたちのあかりが
おいでよ　おいでよ　おいでよと　呼（よ）ぶ

⑥「あっ」といってから　走る。
「わっ」といってから　走る。

(1) ——線①とありますが、なぜ「くるまが通れない」のですか。詩の中の言葉を使って書きなさい。（10点）

（　　　　）

(2) ——線②から何がわかりますか。二十字以内（いない）で答えなさい。（10点）

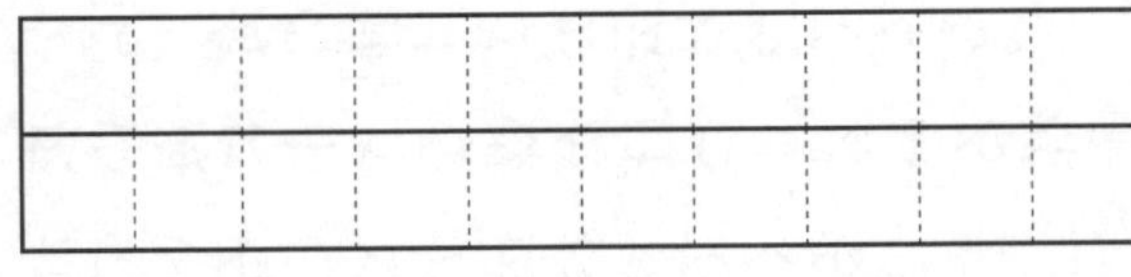

(3) ③ に当てはまる言葉を、詩の中からぬき出して書きなさい。（10点）

（　　　　）

(4) ——線④から読みとれることを、後から選（えら）んで、記号で答えなさい。（5点）

ア　トンネルの中に松やにがこぼれていたということ。
イ　トンネルが松の木でできているということ。
ウ　トンネルのおくまで歩いてきたということ。
エ　トンネルはそれほど長くはないということ。

（　　　　）

(5) ——線⑤で用いられている詩の技法（ぎほう）を、後から選んで、記号で答えなさい。（5点）

ア　擬人法（ぎじんほう）　イ　対句（ついく）
ウ　倒置法（とうちほう）　エ　体言止め

（　　　　）

(6) ——線⑥には、どのような気持ちが表れていますか。（10点）

（　　　　）

標準レベル 71

# 詩(4)

時間 20分　合格 40点　得点　／50点

学習日（　月　日）

## 1 次の詩を読んで、後の問いに答えなさい。

てがみ　　杉本深由起（すぎもとみゆき）

木は
秋になると
てがみを出したくなります

①みどりいろのびんせんに
あかやきいろの色鉛筆（いろえんぴつ）で
かきます

それから
②風のはいたつにんを
まつのです

〈銀の鈴社〉

(1) ――線①は、何がどうなることを表していますか。（10点）

（　　　）が（　　　　　　）こと。

(2) ――線②とは、何を表していますか。後から選（えら）んで、記号で答えなさい。（5点）

ア てがみを配達（はいたつ）してくれる人。
イ てがみの返事を書いてくれる人。
ウ 春に芽（め）ぶく新しい木の葉。
エ 木の葉を飛（と）ばす冷（つめ）たい風。

（　　）

(3) 詩の題の「てがみ」とは、何のことですか。後から選んで、記号で答えなさい。（10点）

ア 季節（きせつ）のうつり変（か）わりを伝（つた）える葉。
イ 一年中ずっとおいしげっている葉。
ウ 木の葉を見ながら書いた手紙。
エ てがみの配達を待っている人の気持ち。

（　　）

## 2 次の詩を読んで、後の問いに答えなさい。

かぼちゃのつるが　　原田直友（はらだなおとも）

かぼちゃのつるが
はい上がり　はい上がり
葉をひろげ　葉をひろげ
はい上がり　葉をひろげ
細い先は　①竹をしっかりにぎって
屋根の上に　はい上がり
②短くなった竹の上に　はい上がり
小さなその先たんは　いっせいに③赤子のよ
うな手を開いて
ああ　今　空をつかもうとしている

(1) ――線①は、かぼちゃのつるのどのような様子を表していますか。（10点）

（　　　　　　　　　　　　）

(2) ――線②とありますが、なぜ短くなったのですか。後から選んで、記号で答えなさい。（10点）

ア 竹がとちゅうから折（お）れてなくなってしまったから。
イ 竹が地面の中にうまってしまったから。
ウ かぼちゃのつるが成長（せいちょう）して長くなったから。
エ かぼちゃの実の重みで曲がってしまったから。

（　　）

(3) ――線③は、何のことですか。漢字一字で考えて答えなさい。（5点）

□

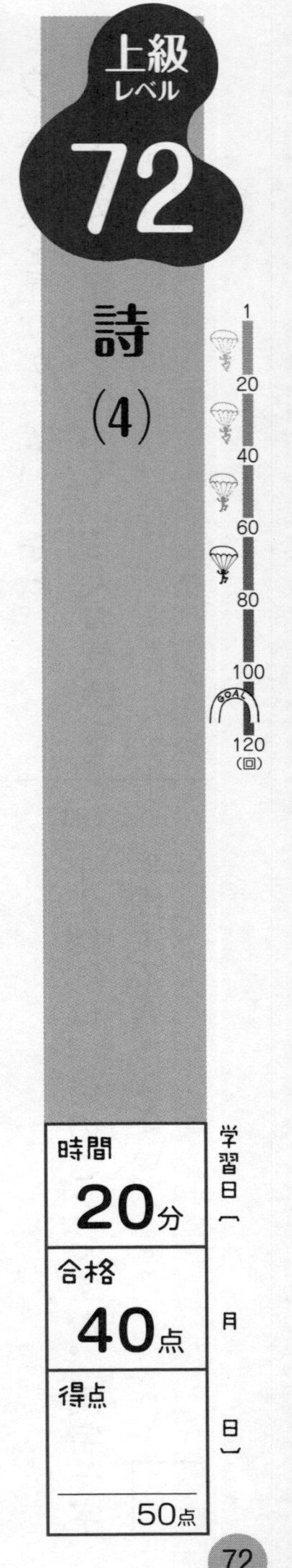

上級レベル 72

# 詩 (4)

時間 20分　合格 40点　得点 ／50点　学習日〔　月　日〕

**1** 次の詩を読んで、後の問いに答えなさい。

かげ　　阪田寛夫

かっかと日のてる街のなか
かげをふみふみ歩いてた
①たてかけのすごいビルが
ぼくにむかってこう言った
おまえのふんでるそのかげは
八十階になるおれの
十九階のときのかげ
②うっかりふむなよ　気をつけろ

（第一連）

すずしい風の吹く方へ
かげをふみふみかけながら
たてかけのビルのかげに
③ぼくはわらってこう言った
おまえをふんでるこの足は
百まで生きるおれさまの
満八さいの足のうら
うっかりいばるな　気をつけろ

（第二連）

ちかてつの入り口まで
かけてきてからふりむいた
鉄骨のわくのなかに
白くほっそりひるの月

（第三連）

(1) ――線①とありますが、どのようなビルで、工事はどこまで進んでいるのですか。詩の中の言葉を使って答えなさい。（10点）

（　　　）

(2) ――線②の言葉づかいから、「ビル」のどのような様子がわかりますか。ふさわしくないものを後から選んで、記号で答えなさい。（10点）

ア 「ぼく」に対していばっている。
イ かげをふまれてとても困っている。
ウ 気をつけるのが当然と考えている。
エ 「ぼく」よりも強いと考えている。

（　　）

(3) ――線③から、「ぼく」の「ビル」に対するどのような気持ちが読み取れますか。（10点）

（　　　）

(4) 第一連と第二連には、どのような表現の工夫が見られますか。ふさわしくないものを後から選んで、記号で答えなさい。（10点）

ア 人以外のものを人にたとえている。
イ 同じ場所で数字を使っている。
ウ 言葉の順番を入れかえている。
エ にたリズムになっている。

（　　）

(5) 第三連は、第一連・第二連とくらべてどのようなちがいがありますか。三十字以内で書きなさい。（10点）

# 物語文 (5)

時間 20分　合格 40点　得点 ／50点　学習日〔　月　日〕

**1** **次の文章を読んで、後の問いに答えなさい。**

友一は、となりの四段のとびばこにむかった。

いままでの練習で、五回に一回は、この四段のとびばこをこえることができたのだ。だが、きょうは、うまくいくだろうか。

かける速度をましていくにつれて、不安もましていくようだった。そして、こうしたばあいのいつものことだったが、きゅうに①とびばこが、途方もなく高い石のかべのように思えてくる。

友一は、それをふりはらうように首を左右にふった。だが、もうそのときは、足がふみきり台にかかっていて、友一は、とびこすタイミングをうしなってしまっていた。

「もう一回！」

と、福田先生がいった。

友一は、また、スタートラインに立った。

「がんばれー。」

②健治の声がきこえる。ひやかすようなわらい声もきこえる。

ふえの合図で、また、友一はかけだした。

こんどは、うまくいく。うまくとべそうだ。

さあ、やれ！　リズムをわすれるな！

自分をけしかけるようにして、友一は、ふみきり台を思いきりけって、同時に、手をまえにのばした。すると、いつのまにか、③からだはとびばこの先に立っていた。

（大石　真「教室二〇五号」）

(1) この文章は、だれが何をしている場面ですか。次の（　）に当てはまる言葉を書きなさい。（10点）

（　　　　）が（　　　　）している場面。

(2) ――線①のように思えたのは、何が原因ですか。文章中から二字でぬき出しなさい。（10点）

□□

(3) ――線②からわかることとして、ふさわしいものを後から選んで、記号で答えなさい。（10点）

ア 健治は友一をおうえんしているが、ときどきひやかしもしている。

イ 健治は言葉ではがんばれと言いながらも、友一をひやかしている。

ウ 友一をひやかす者もいる中で、健治は友一をおうえんしてくれている。

（　　）

(4) ――線③は、だれがどうなったということですか。（10点）

（　　　　　　　　）

(5) この文章のできごととして、最も重要なものを後から選んで、記号で答えなさい。（10点）

ア 友一が五回に一回は四段のとびばこをこえられたこと。

イ ふみきるタイミングをうしない、友一はとびばこをとべなかったこと。

ウ 友一が自分を信じ、とびばこに立ち向かったこと。

（　　）

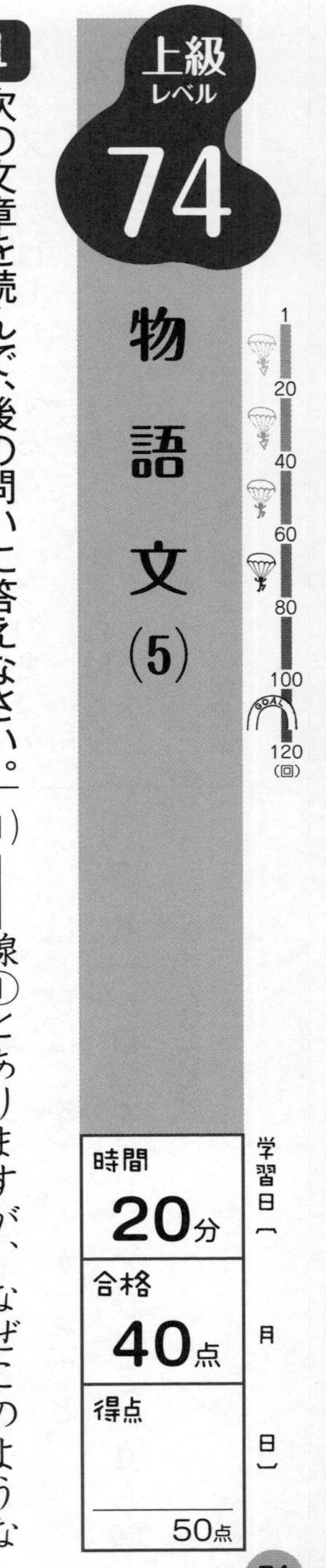

# 上級レベル 74 物語文 (5)

時間 20分　合格 40点　得点　／50点

学習日〔　月　日〕

**1** 次の文章を読んで、後の問いに答えなさい。

「おかあさん……おかあさん……八*っちゃんがね……こうやっているんですよ……婆やが早く来てって」

といって、八っちゃんのしたとおりのまねを、立ちながらして見せた。おかあさんはすこしだるそうな目をして、①にこにこしながらぼくを見たが、ぼくを見ると急に二つに折っていた背中をまっすぐになさった。

「八っちゃんがどうかしたの」

ぼくはいっしょうけんめいまじめになって、

「うん」

と思いきり頭を前の方にこくりとやった。

「うん……②八っちゃんがこうやって……病気になったの」

ぼくはもう一度前と同じまねをした。おかあさんは③ぼくを見ていて思わず笑おうとなさったが、すぐ心配そうな顔になって、大急ぎで頭にさしていた針をぬいて針さしにさして、あわてて立ち上がって、前かけの糸くずを両手ではたきながら、ぼくのあとから婆やのいる方に駆けていらしった。

「婆や……どうしたの」

おかあさんはぼくをおしのけて、婆やのそばに来てこうおっしゃった。

「八っちゃんがあなた……碁石でもおのみになったんでしょうか……」

「④おのみになったんでしょうかもないもんじゃないか」

（有島武郎「碁石を呑んだ八っちゃん」）

＊八っちゃん…「ぼく」の弟。三歳。

(1) ――線①とありますが、なぜこのような行動をとったのですか。後から選んで、記号で答えなさい。（10点）

ア 「ぼく」と話すときは、きんちょうしてしまうから。

イ 「ぼく」が何か悪いことをしたと、すぐにわかったから。

ウ 「ぼく」の顔色から、ただごとではないと気づいたから。

（　　）

(2) ――線②で「ぼく」は、何を伝えようとしているのですか。（10点）

（　　　　　　　　　）

(3) ――線③とありますが、「おかあさん」が笑いそうになったのはなぜですか。二十字以内で書きなさい。（10点）

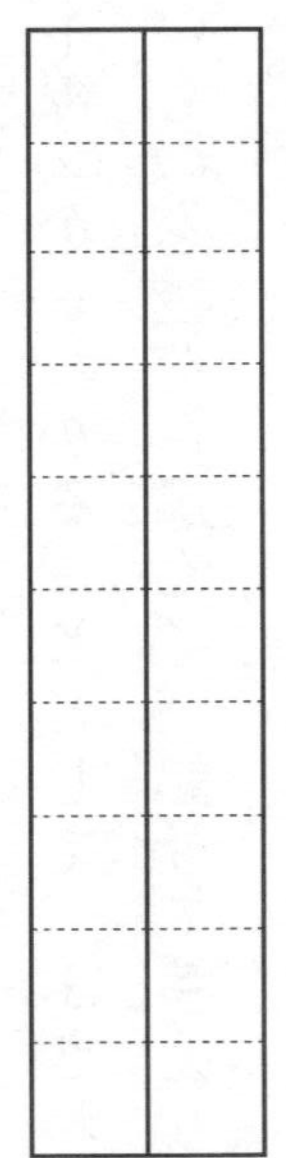

(4) ――線④の意味として、ふさわしいものを後から選んで、記号で答えなさい。（10点）

ア 碁石をのみこむはずがない。

イ 碁石をのんだことは、見ればわかる。

ウ 碁石をのんだかどうかはわからない。

（　　）

(5) 「ぼく」はなぜ、おかあさんをよびに行ったのですか。登場人物とできごとを整理して説明しなさい。（10点）

（　　　　　　　　　）

# 標準レベル 75 物語文(6)

時間 20分 合格 40点 得点 /50点 学習日〔 月 日〕

**1** 次の文章を読んで、後の問いに答えなさい。

「井岡(いおか)さん」

遠子(とおこ)によばれて、千絵(ちえ)は顔をあげた。ひたいに汗(あせ)がうかんでいる。

「ナウマン象(ぞう)て、どんな象なん？」

たずねてから、①すぐ後悔(こうかい)した。ばかな質問(しつもん)だ。

北川(きたがわ)さん、かしてあげた化石の本、読まへんかったの。

そう、おこられそうな気がした。けれど、②千絵はかたい表情(ひょうじょう)のままうなずいて、説明(せつめい)してくれた。

「今から三〇万年から一万年前ぐらいまで、生きていた象やて。瀬戸内海(せとないかい)の海底(かいてい)からは、ぎょうさん骨(ほね)が発見されるらしいわ。うち、博物館(はくぶつかん)で、見たことあるけど、こうえらいながいきばがあってすごかった。なんや、もともとは、中国大陸(ちゅうごくたいりく)からわたってきはったんやて」

③遠子は、ふきだした。

「いやじゃ、井岡さんたら、わたってきはったじゃて。象に敬語(＊けいご)使うてから」

「あっ、そうか。なんやナウマンさまって感じやな」

「もう、笑(わら)わさんといて。足に力が入らんが」

「じゃ、ひっぱったる」

千絵の指が、遠子の手首をつかんだ。思いがけないほどかたい。それに、力があった。

（あさのあつこ「あかね色の風」）

＊敬語…相手をうやまうための、ていねいな言葉。

(1) この文章に登場する二人の名前を、それぞれ漢字四字で書きなさい。(10点)

（　　　　）（　　　　）

(2) ――線①とありますが、なぜそう思ったのですか。文章中の言葉を使って説明しなさい。(10点)

（　　　　）

(3) ――線②から、千絵はどのような人がらだとわかりますか。後から選(えら)んで、記号で答えなさい。(10点)

ア 人と話すとき、いつもきんちょうしてしまう人がら。

イ 笑ったりじょうだんを言ったりすることがない人がら。

ウ かした本を読まない人を、決してゆるさない人がら。

エ ナウマン象のことをまじめに勉強している人がら。

（　　）

(4) ――線③とありますが、なぜふきだしたのですか。(10点)

（　　　　）

(5) この文章で、千絵はどのような人物としてえがかれていますか。後から選んで、記号で答えなさい。(10点)

ア おこりっぽくわがままで、遠子がおそれている人物。

イ 自分のことにしか関心(かんしん)がなく、おもしろみのない人物。

ウ 遠子よりも、もの知りで体力があり、たよりになる人物。

（　　）

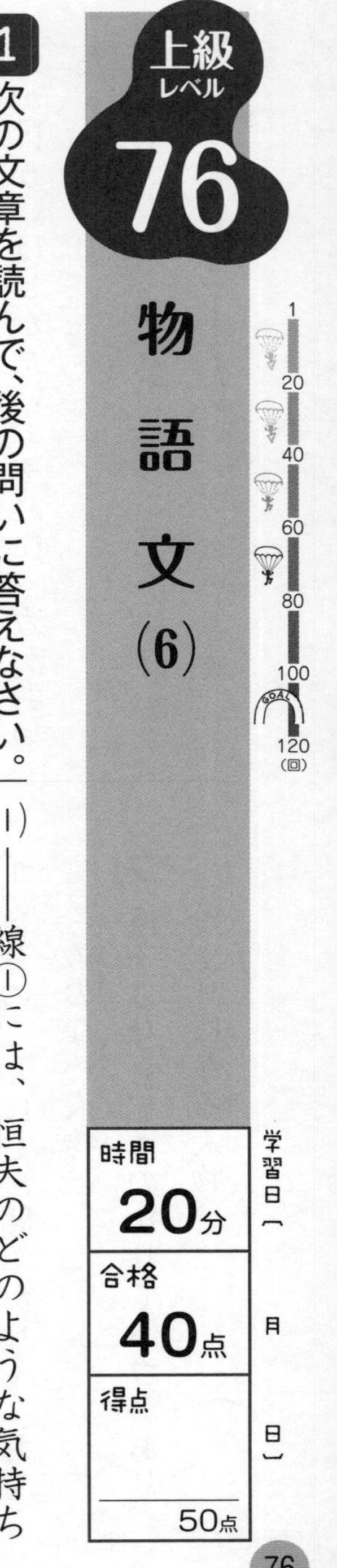

# 上級レベル 76 物語文(6)

時間 20分　合格 40点　得点 ／50点

学習日〔　月　日〕

**1** 次の文章を読んで、後の問いに答えなさい。

日高恒夫は、えつ子たちの組では、一ばん絵がうまい。

きょうも早くからきているのか、しきりに絵筆をうごかしている。

えつ子たちがかけよると、彼は

「ちぇっ！」といって筆をおいた。①

「あら、大丈夫よ。日高さんのまねなんかしないわ。」

ひろ子が、すこし怒っていうと、恒夫は笑って、

「まねをしてもいいよ。もし、できるものなら。」

「まあ、おどろいた。ずいぶんしょってんの。いくら、絵がうまいたって、そんなにいばらなくてもいいわ。ね、えつ子さん。」

けれども、そういいながら、ひろ子は、恒夫のよこに陣どった。②

えつ子は、たとい、恒夫がその絵③をお手本にかしてくれても、とても、まねができないと思った。④

それは、ゆうゆうたる鬼怒川の流れで、対岸のどてには、草をはむ黒牛が一頭。空には白い雲が、ふわり、ふわりと流れている。

えつ子にもわかる。恒夫の絵は、光とかげがはっきりしているし、躍動*するものと、静止するものの区別もちゃんとついている。どうして、こんなふうにかきわけられるのか、えつ子には、ただふしぎである。

（住井すゑ「夜あけ朝あけ」）

＊躍動…いきいきと動くこと。

(1) ——線①には、恒夫のどのような気持ちが表れていますか。(10点)

ア 自分よりもうまい人と、いっしょに絵をかきたくないと思っている。

イ 集中して絵をかいていたのに、じゃまをされると思っている。

ウ かいていた絵を見られるのがはずかしいと思っている。

（　　）

(2) ——線②の行動から、ひろ子のどのような気持ちがわかりますか。(10点)

（　　　　　　　　）

(3) ——線③の絵は、何を中心にしてかかれた絵ですか。(10点)

（　　　　　　　　）

(4) ——線④のように感じたのはなぜですか。三十字以内で書きなさい。(10点)

(5) この文章のひろ子とえつ子について、正しいものを後から選んで、記号で答えなさい。(10点)

ア 二人とも、恒夫の絵のうまさをみとめている。

イ 恒夫の絵のうまさをえつ子はみとめているが、ひろ子はみとめていない。

ウ ひろ子は恒夫と友だちだが、えつ子は恒夫をあまり良く思っていない。

エ えつ子は恒夫をそんけいしているが、ひろ子はけいべつしている。

（　　）

標準レベル 77

# 物語文 (7)

時間 20分　合格 40点　得点 　／50点

学習日〔　月　日〕

**1** **次の文章を読んで、後の問いに答えなさい。**

「あのね、①カメが鳴いたんだよ。昨日（きのう）の朝。でも、いっぺんしか聞かなかったから、だから、もういっぺんたしかめようと思って、そいで夜も行ってみたんだ。でも、なかなか岩の上にあがってこなくて……」

「うそだろう。校長先生も言ってたじゃないか。カメは鳴かないんだってよ」

「うそじゃないよ。ぼく、たしかに聞いたんだから」

②健太郎（けんたろう）はおもわずつよしの顔を見つめた。つよしも、ちっこい目で、じっと健太郎の顔を見つめ返している。健太郎は、つい、たずねてしまった。

「③どんな声だ」

「キューッって、小っちゃい声」

「ほんとかよ」

「うそじゃないよ。でも……」

きゅうにつよしが自信（じしん）なさそうに、目をしばたたかせた。

「もしかしたら聞き違（ちが）いかもしれない。だって、鳴いたのは、いっぺんだけだもの」

つよしはへんなやつだが、うそつきじゃない。たぶん、なにかを聞いたにちがいない。でも、それがほんとうにカメの声だったかどうか……。

（那須正幹（なすまさもと）「へんてこりんでステキなあいつ」）

(1) ――線①の声を聞いたのは、だれですか。名前で答えなさい。(10点)

（　　　）

(2) ――線②から、健太郎のどのような気持ちがわかりますか。後から選（えら）んで、記号で答えなさい。(10点)

ア でたらめな話をされて、いやな気分になっている。

イ 自分もカメの鳴き声を聞いたことを言おうか、まよっている。

ウ まさかと思いながらも、話にきょうみを持ちはじめている。

エ 校長先生がうそをついているかもしれないと思いはじめている。

（　　　）

(3) ――線③のようにたずねたときの健太郎の気持ちを、後から選んで、記号で答えなさい。(10点)

ア いちおう聞いてみたかった。

イ 自分の考えをたしかめたかった。

ウ うそをあばいてやりたかった。

エ からかってやろうと思った。

（　　　）

(4) カメの声についての健太郎の考えがわかる一文をさがし、はじめの三字を書きなさい。(10点)

□□□

(5) この文章で、つよしの気持ちはどのように変化（へんか）していますか。次の□に当てはまる言葉をそれぞれぬき出しなさい。(10点)

初（はじ）めは、自分の話していることは□□じゃないと思っていたが、だんだん□□がなくなってきた。

# 物語文(7)

学習日〔　月　日〕

時間 20分　合格 40点　得点 　/50点

**1** 次の文章を読んで、後の問いに答えなさい。

〔洪作は静岡県の湯ケ島から両親の住む愛知県へと、おぬい婆さんと汽車でむかっている。〕

「それにしても、ここまでくるのたいへんじゃったな。洪ちゃ」

話し相手がほかにいないので、おぬい婆さんはやたらに洪作に話しかけてきた。そういわれて考えてみると、洪作も本当に①ここまでくることはたいへんだったと思った。湯ケ島をたったのは昨日の朝だったが、それが洪作には何日も前のことのように思われた。＊上の家の祖父母やさき子、それから幸夫、芳衛、亀男たちと別れてからずいぶんながい＊時日がたっているような気がする。

洪作はそんなことを思いながら窓の外へ顔をむけた時、ふいに目の前に立ちはだかっている大きな富士山を発見しておどろいた。富士山にちがいなかった。湯ケ島でいつも見ているのとは大きさがまるでちがっていたが、しかし富士山にちがいないと思われた。

「あ！　こんなところにも富士山がある」

洪作はさけんだ。すると②周囲から笑い声が起った。通路をへだてたむこう側に若い女たちが四人すわっていたが、みんな洪作のほうをむいて笑った。洪作ははずかしかったので、すぐ窓の方をむいた。そして、どうして自分のことばが女たちを笑わせたのであろうかと思った。③自分の田舎ことばがおかしかったのか。洪作には笑われた原因がわからなかった。

（井上靖「しろばんば」）

＊上の家…洪作の家の本家。
＊時日…日数。

(1) ——線①には、洪作のどのような気持ちが表れていますか。後から選んで、記号で答えなさい。（10点）

ア　親しい人たちとはなれ、知らない土地へとむかう心細さ。
イ　おぬい婆さんの話し相手をしながら、旅をするつらさ。
ウ　何日も前から汽車に乗り続けてきたことによるつかれ。

（　　）

(2) ——線②の理由を答えなさい。（10点）

（　　　　　　　　）

(3) ——線③には、洪作のどのような気持ちが表れていますか。後から選んで、記号で答えなさい。（10点）

ア　田舎ことばを話してはいけないのかと、いかりを感じている。
イ　女たちに田舎ことばについて教えてあげたくなっている。
ウ　自分が都会の育ちではないことを、必要以上に気にしている。

（　　）

(4) 富士山を見つける前と後とで、洪作の気持ちはどのように変化していますか。五十字以内で書きなさい。（20点）

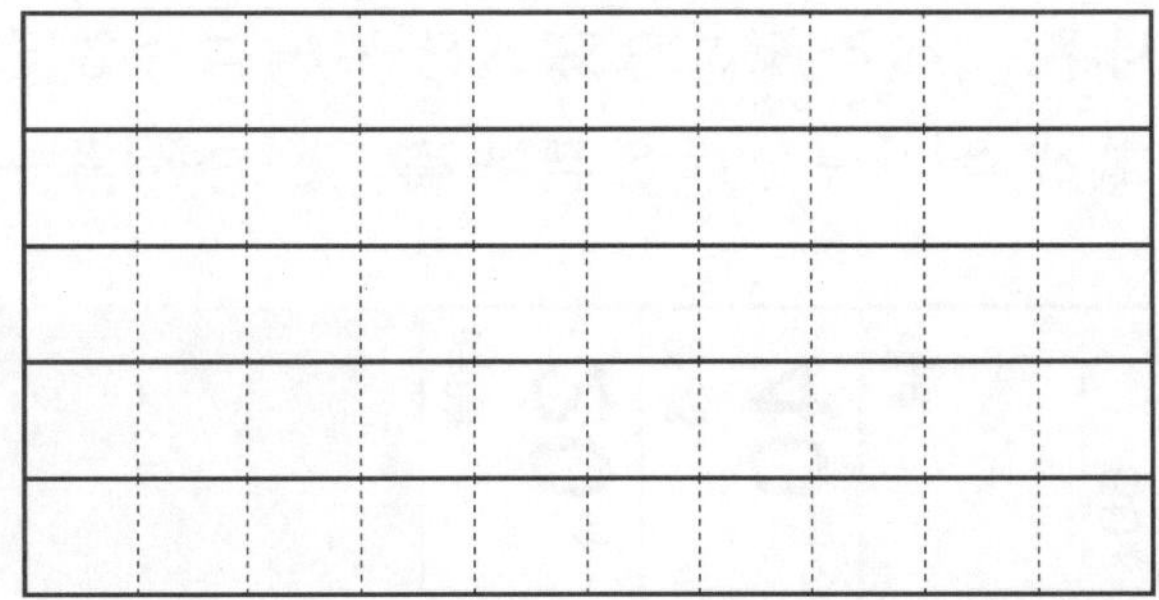

標準レベル 79

# 物語文 (8)

学習日〔　月　日〕

時間 20分 合格 40点 得点 　/50点

**1** 次の文章を読んで、後の問いに答えなさい。

風のない夜で、ランプは一つ一つがしずかに*まじろがず、燃え、あたりは昼のように明るくなった。あかりをしたって寄って来た魚が、水の中にきらりきらりとナイフのように光った。

「わしの、①しょうばいのやめ方はこれだ。」

それから巳之助は池のこちら側の*往還に来た。まだランプは、向こう側の岸の上にみなともっていた。五十いくつがみなともっていた。そして水の上にも五十いくつの、さかさまのランプがともっていた。立ちどまって巳之助は、そこでもながく見つめていた。

ランプ、ランプ、なつかしいランプ。

やがて巳之助はかがんで、足もとから石ころを一つ拾った。そして、いちばん大きくともっているランプに狙いをさだめて、力いっぱい投げた。パリーンと音がして、大きい火がひとつ消えた。

「お前たちの*時世はすぎた。②世の中は進んだ。」

と巳之助はいった。そしてまた一つ石ころを拾った。二番目に大きかったランプが、パリーンと鳴って消えた。

「世の中は進んだ。電気の時世になった。」

三番目のランプを割ったとき、巳之助は③なぜか涙がうかんで来て、もうランプに狙いを定めることができなかった。

こうして巳之助は今までのしょうばいをやめた。

（新美南吉「おじいさんのランプ」）

＊まじろぐ…またたく。　＊往還…街道。　＊時世…時代。

(1) ——線①について、次の問いに答えなさい。(10点×2)

① 「わし」は、何を売るしょうばいをしていたのですか。

（　　　　）

② 「やめ方」とは、何をどうすることですか。

（　　　　）

(2) ——線②とは、どのようなことを指していますか。後から選んで、記号で答えなさい。(10点)

ア たくさんのランプを一度に作れるようになったこと。

イ ランプの光によって、夜でも昼のように明るくなったこと。

ウ 電気が引かれたことで、ランプは必要なくなったこと。

（　　）

(3) ——線③のとき、「わし」は何を考えていたのですか。「のこと。」に続くように、十字以内でぬき出しなさい。(10点)

□□□□□□□□□□のこと。

(4) この文章の主題として、ふさわしいものを後から選んで、記号で答えなさい。(10点)

ア ものをていねいに使い、こわさないようにすることの大切さ。

イ しょうばいをやめるときの、なげやりな行動のおろかさ。

ウ 時代の変化を受け入れるときのかくごとつらさ。

（　　）

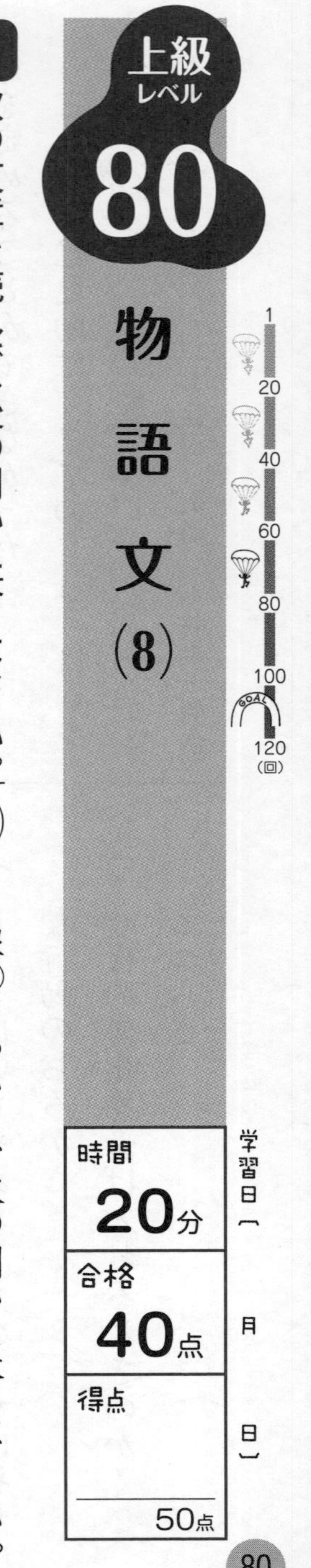

# 上級レベル 80 物語文(8)

時間 20分　合格 40点　得点 ／50点

学習日〔　月　日〕



**1** 次の文章を読んで、後の問いに答えなさい。

〔男は幼稚園バスの運転手をしている。男には子供はなく、妻に先立たれて一人でくらしていた。〕

一番困るのは泣かれることだ。彼らはいともたやすく涙を流す。

「さあ、泣くんじゃない。泣き止んだらドロップをあげよう。君は何味が好きかな？　苺、葡萄、桃、チョコレート、ハッカ」

「葡萄」

「ようし。葡萄味が出てくるよう気合いを入れよう。さあ、えいっ」

男はドロップの缶を振り、子供の掌に一粒転がす。

「ほうら、ご覧。①君はいい子だから、お望みどおり葡萄が出てきた」

途端に子供は泣き止む。頬をドロップでふくらませ、涙をためて微笑む。

男は五つのドロップ缶を買い、中身を全部出し、一つの缶に一つの味のドロップを入れて制服のポケットに忍ばせている。苺と葡萄はブレザーの右と左、桃とチョコレートはズボン、ハッカの子は滅多にいないから内ポケット。

こうして、ポケットの中で、②カタカタと鳴るドロップの音を聞きながら、男は幼稚園バスを走らせている。

（小川洋子「缶入りドロップ」）

(1) この文章は、どのような場所での出来事をえがいていますか。（10点）

（　　　）

(2) ――線①について、次の問いに答えなさい。

㋐ これを言われた子供は、なぜ泣き止むのですか。（10点）

（　　　）

㋑ なぜ、子供が望んだ味のドロップが出てきたのですか。（10点）

（　　　）

(3) ――線②の音は、男がどのような人物であることを表していますか。「子供たち」という言葉を使って、二十字以内で書きなさい。（10点）

(4) 〰〰線は男の考えを表していますが、文章全体から見た場合、どのようにとらえることができますか。ふさわしいものを後から選んで、記号で答えなさい。（10点）

ア 子供に泣かれると本当に困ってしまうので、静かにさせることさえできればいいと考えている。

イ 子供に泣かれることにめいわくしているような口ぶりだが、本当は子供が好きで、温かく見守っている。

ウ 子供が好きかきらいかではなく、仕事なので仕方なく運転手をやっている。

エ 子供が好きではないにもかかわらず、幼稚園バスの運転手を仕事にしたことをこうかいしている。

（　　　）

1 20 40 60 80 100 120(回)

時間 20分 合格 40点 得点 /50点

学習日〔 月 日〕

**1** 次の文章を読んで、後の問いに答えなさい。

〔僕の父はバスの運転手だが、古い車両が廃止されることになり、父も運転手をやめることになった。〕

「今日で、お別れじゃけんの……」

つぶやいて僕は、車庫の裏手にある倉庫からバケツと雑巾と脚立を持ってきた。そして、せっせとバスを磨きはじめた。六年間、オトンと何度も一緒にやったから、手順はしっかり頭に入っていた。

僕は、①できるだけていねいに磨いた。

バスのボディをこすればこするほど、僕のなかから温かいものがこみあげてきて困った。それが②あふれだしそうになるたびに、僕は手を止め、深呼吸をして、なんとかこらえることに成功していた。

（中略）

昔はよく、オトンのひざの上に座ってこのハンドルを握ったっけ……。

窓の向こうの空がいっそう明るくなり、見渡す風景は濃密で透明なみかん色に染まっていく。

「島のみかん畑のなかを走るのも、今日が最後なんじゃの……」

僕はハンドルをぎゅっと握って、明るくなる空を見つめていた。みかん色の朝日が顔にあたって、少し温かかった。

「これまで、ずっと、ありがとうのう……」

と、ひとりごとをいった瞬間、こらえていたものがどっとあふれだした。③僕はハンドルを握って前を見たまま、声をあげて泣いていた。このバスが大好きだった。このバスを運転するオトンが大好きだった。

（森沢明夫「海を抱いたビー玉」）

(1) この文章は、一日のうちいつの出来事をえがいていますか。(10点)

（　　　）

(2) ——線①とありますが、このとき「僕」が言いたかったことを一文でさがし、初めの五字をぬき出しなさい。(10点)

(3) ——線②とありますが、どのような理由でどうなることを表していますか。具体的に書きなさい。(10点)

（　　　）

(4) ——線③とありますが、僕がもっとも悲しいと思っているのは、どんなことですか。二十字以内で書きなさい。(10点)

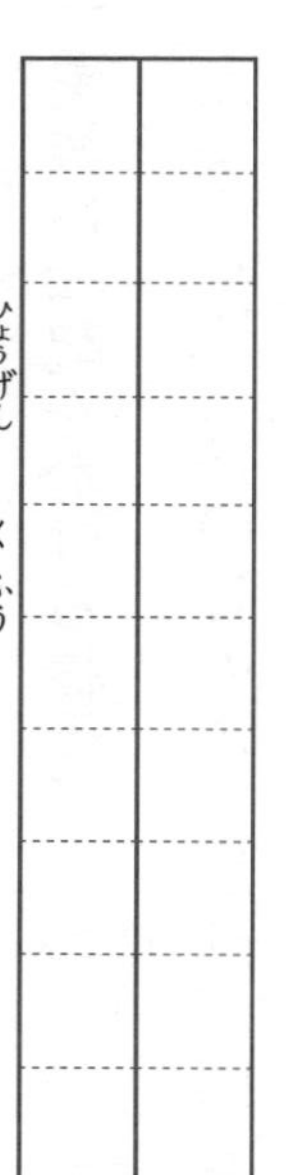

(5) この文章の表現の工夫として、ふさわしいものを選びなさい。(10点)

ア バスを磨く大変さをえがくことで、バスがとても古いことを表現している。

イ 「温かい」という言葉をくり返し使い、バスが役目を終えたことをはっきりと表現している。

ウ 僕のひとり言を中心にえがくことで、僕が自分の考えを強く持った人物であることを表現している。

エ 朝日をみかん色と表すことによって、みかん畑の中をバスに乗って走った思い出を表現している。

（　　　）

# 82 最上級レベル ⑫

学習日〔　月　日〕

| 時間 | 20分 |
| --- | --- |
| 合格 | 40点 |
| 得点 | 50点 |

**1** 次の文章を読んで、後の問いに答えなさい。

中学校まで歩いて四キロ。みんな冬季はバス通学だった。暖房のきいているバスで友だちとさわぎながら通うのも悪くはない。けれど、根雪のふったつぎの日の朝に、町の*メリヤス工場に働きに行っている母親が、長ぐつをはきながらバス代の百円玉を出すのを見ると、①修はもらう気がしなかった。

母親は朝飯もそこそこに、かたづけ物は妹の美代にまかせている。七時十分に工場のマイクロバスが来るバス停までいかなくてはいけないのだ。②母親はひとりで朝の空気をかきまわしている。

「ほら、バス賃。早ぐ朝ごはん食わねど、おぐれっぞォ」

そう言って、百円玉を修ににぎらせると、あわてて出て行った。修は③稲刈りのときと同じ気持ちだった。

(中略)

稲刈りのときは、父親ひとりでは手がまわらないので、父親と母親は薄暗いうちから起き出して、取り入れをした。朝飯に帰って、母親は工場に行く。夜は夜で夕飯を食うと、二人はまた田んぼに出かけて行って、発電機で明かりをつけ、十時ごろまで仕事をやってくる。帰って来て、やっといっぷくすると、きまって母親はテレビを見ながら、こっくりこっくり、いねむりを始めた。そんな母親を見ると、④修はむかむか腹が立った。

二人とも、どんなに忙しくとも「手伝え」とは言わなかった。それが修には不服だった。

（最上一平「銀のうさぎ」）

＊メリヤス工場…布地をつくる工場。

(1) ——線①とありますが、なぜですか。(10点)

（　　　　　）

(2) ——線②とは、どのような様子を表していますか。次から選びなさい。(10点)

ア あわただしく動き回る様子。
イ しゃべってばかりいる様子。
ウ よけいなことばかりする様子。
エ 家族に心配をかける様子。

（　　）

(3) ——線③とは、何のどのような点が同じだと感じるのですか。三十字以内で答えなさい。(10点)

(4) ——線④とありますが、なぜ修は腹が立つのですか。(10点)

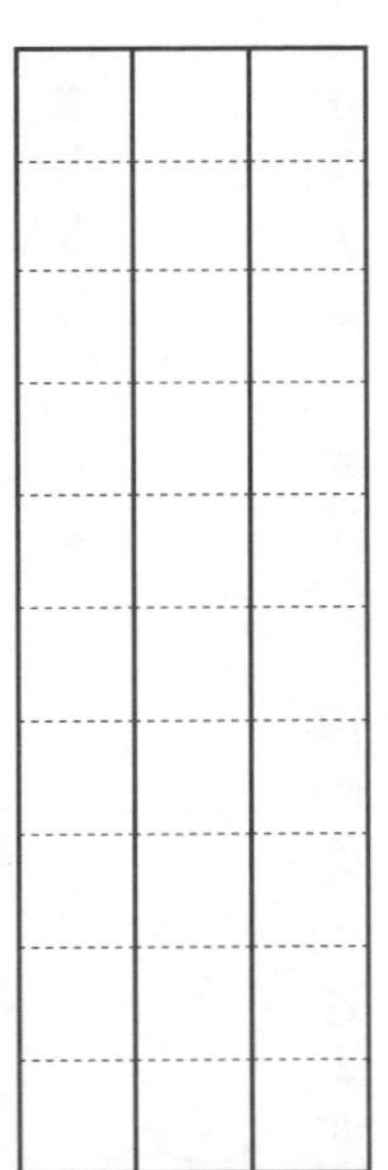

(5) この文章の主題として、最もふさわしいものを選びなさい。(10点)

ア みんなといっしょにバス通学ができない、修のくやしさ。
イ 修を家族の仲間外れにする母親に対するにくしみ。
ウ 自分だけが楽をしているような、修の居心地の悪さ。
エ 仕事をさぼる方法を考える、修のずるがしこさ。

（　　）

標準レベル 83

# 句読点（くとうてん）

時間 15分　合格 40点　得点　　／50点

学習日〔　月　日〕

**1** 次の（　）に当てはまる言葉を後から選んで記号で答え、文章を完成させなさい。（2点×3）

（ ① ）とは、文章を読みやすくするために用いる「、」「。」の記号をまとめた言い方である。（ ② ）は、文の終わりに使う。（ ③ ）は、一文の合間に区切りをつけ、一文が読み手に伝わりやすくするために使う。

ア 句点　イ 読点　ウ 句読点

①（　　）②（　　）③（　　）

**2** 次の「、」の打ち方を説明したものとしてふさわしいものを後から選び、記号で答えなさい。（2点×13）

① 牛肉、じゃがいも、にんじんを使う。
② 兄は、星にきょうみがある。
③ しかし、妹も転んでしまった。
④ 十一月の朝は、けっこう寒い。
⑤ 今朝早く、お客さんが来た。
⑥ きれいな、赤い服を買ってもらう。
⑦ さて、今日は何をして遊ぼうか。
⑧ ぼく、本当にやっていないよ。
⑨ 歩いたり、走ったりして進んだ。
⑩ それはつまり、負けたということだな。
⑪ 月がしずむころ、太陽がのぼってきた。
⑫ 四、六、九、十一月は三十日まで。
⑬ つかれていたけれど、宿題をすませた。

ア 言葉が二つ以上ならぶときにつける
イ 主語の後につける
ウ つなぎ言葉の後につける
エ その他、読みやすくするためにつける

①（　　）②（　　）③（　　）
④（　　）⑤（　　）⑥（　　）
⑦（　　）⑧（　　）⑨（　　）
⑩（　　）⑪（　　）⑫（　　）
⑬（　　）

**3** 後の文の意味に合う文にするには、どこに「、」を打てばいいですか。それぞれ一か所に「、」を書き入れなさい。（3点×6）

① わたしは　あわてて　にげる　どろぼうを　追いかけた。
② わたしは　あわてて　にげる　どろぼうを　追いかけた。

> ① あわてているのはわたし。
> ② あわてているのはどろぼう。

③ 山田さんと　田中君の　家に　行った。
④ 山田さんと　田中君の　家に　行った。

> ③ 山田さんの家へも田中君の家へも行った。
> ④ 山田さんといっしょに田中君の家へ行った。

⑤ ここではきものをぬぐ。
⑥ ここではきものをぬぐ。

> ⑤ きものをぬぐ。
> ⑥ はきものをぬぐ。

# 上級レベル 84 句読点

学習日〔　月　日〕

| 時間 | 合格 | 得点 |
|---|---|---|
| 15分 | 40点 | 50点 |

**1** 次の文に、（　）に示した数だけ「、」をつけなさい。（2点×9）

① 兄は 高校生で 姉は 中学生だ。（1）

② お母さん 今日の ばんごはんは ハンバーグが 食べたいな。（2）

③ となりの 家に 住んでいる おばあさんは いつも 日なたぼっこを している。（1）

④ わたしは あなたは 正しいと 思っています。（1）

⑤ ねえ 学校が 終わったら ぼくの 家に遊びに おいでよ。（2）

⑥ 一度だけ まほうが 使えたら なんていう 話を 昔は よく したけれど 今はまったく していない。（3）

⑦ 外は 大雨が ふって いたが 友達と 約束を して いたので 公園に 向かった。（2）

⑧ ぼくが 目を さました とき 野球の 練習が あると 言っていた 弟は すでに 出かけた 後だった。（2）

⑨ ああ なんて おいしいのだろう。（1）

**2** 次の文に、（　）に示した数だけ「。」をつけなさい。（2点×6）

① お母さん、ごめんなさい ぼく、もう悪いことは しないよ（2）

② おはようございます 今日は 寒いですね いってらっしゃい（3）

③ 八時に なった そろそろ 出かけよう わたしは、身じたくを 整えた（3）

④ 急がば回れ これは、わたしの 好きなことわざです（2）

⑤ 南の 空を 見ましょう すると、正面に三つならんだ 星が 見つかります これが、オリオンざを 見つける 目印です（3）

⑥ おいしかったね、この 料理 また 来ようね（2）

**3** 次の言葉と句読点をならべかえ、正しい文を作りなさい。（4点×5）

① 。／、／もらった／買った／本を／お正月に／お年玉で

→

② 。／、／出かけた／やんだので／雨が／自転車で

→

③ 。／、／、／手紙を／ことです／書く／友達に／しゅみは／ぼくの／遠くの

→

④ 。／、／、／なったので／きて／春が／つくしが／あたたかく／生え始めた

→

⑤ 。／。／、／うれしかったよ／とても／ありがとう／プレゼントを／今日は

→

標準レベル 85

# 文章の記号

学習日〔　月　日〕

| 時間 | 合格 | 得点 |
| --- | --- | --- |
| 15分 | 40点 | 50点 |

**1** 次の場合に使われる文章記号の名前をAから、マークをBからそれぞれ選び、記号で答えなさい。（1点×16）

① 言葉をならべて表記するときの区切り。長い外来語を区切るときにも使う。

② 相手に質問したり、心の中で問いかけたりするとき、文の終わりに使う。

③ せりふ、心の中で思ったこと、書名や題名、その他強調したい言葉などに使う。

④ 文の終わりをしめすために使う。

⑤ 文章をとちゅうで区切って間を置いたり、直前の言葉の説明や言いかえをしたりするときに使う。

⑥ ⑤と同じような使い方をするが、説明をおぎなう働きはない。二マス分を使う。

⑦ おどろきや感動など、強い気持ちを表すとき、文の終わりに使う。

⑧ 一文の合間に区切りをつけ、より伝えやすくするために使う。

A　ア 疑問符　イ 感嘆符　ウ 句点　エ 読点　オ ダッシュ　カ 中点　キ 三点リーダー　ク かぎかっこ

B　ケ ——　コ 。　サ ？　シ ・　ス ……　セ ！　ソ 、　タ 「　」

①（　）（　）　②（　）（　）
③（　）（　）　④（　）（　）
⑤（　）（　）　⑥（　）（　）
⑦（　）（　）　⑧（　）（　）

**2** 次の文に、「　」をそれぞれ一か所、書き入れなさい。（2点×10）

① あぶない！自転車が、交差点を進んだ。

② 犬も歩けばぼうにあたるということわざがあります。

③ みんなでおなかすいたねと話していたところでした。

④ あなたはどんな仕事をしてみたいですか。とたずねられました。

⑤ ありがとうとお伝えください。

⑥ この歌の曲名は、スマイルといいます。

⑦ 小さい子どもがまんま、まんまと言うのがかわいい。

⑧ おじいちゃんに聞きました。昔は、どんな遊びをしていたの。

⑨ 道しるべには、この先、大阪と書かれていた。

⑩ ニュースキャスターがオリンピックで金メダルをとったと連日伝えている。

**3** 次の文に、「。」と「、」をそれぞれ一か所ずつ、書き入れなさい。（2点×7）

① 来年の 一月 一日は 日曜日だ

② ぞうは 鼻が 長い 動物です

③ 目ざまし時計の ベルが 鳴った とき 母は もう 起きて いた

④ 明日の 十時 体育館に 来てください

⑤ 朝から 雨が ふって いるが 今日は 出かけなければ ならない

⑥ もしもし 何か 落ちましたよ

⑦ ああ 毎日 たいくつだなあ

# 上級レベル 86 文章の記号

学習日〔　月　日〕

| 時間 | 合格 | 得点 |
|---|---|---|
| 15分 | 40点 | /50点 |

**1** 次のかぎかっこ「　」のつけ方を説明したものとして、ふさわしいものを後から選び、記号で答えなさい。（2点×10）

① クラスのみんなで、「わすれ物ゼロ運動」について、話し合う。（　　）

② 弟は「大きくなったら、パイロットになりたい！」とさけんだ。（　　）

③ 「きょうりゅうは、なぜほろんだのか」と考えてみた。（　　）

④ みんなで「犬のおまわりさん」を歌いました。（　　）

⑤ 店で「ポテトのＬサイズを一つ」と注文した。（　　）

⑥ 伝記を読んで「毎日を大切に生きよう」とあらためて思った。（　　）

⑦ となりのおばさんに「いってらっしゃい」と声をかけられた。（　　）

⑧ 「記録をのこすより、きおくに残ろう」という言葉が好きだ。（　　）

⑨ 図書館で「ナイチンゲール」を予約した。（　　）

⑩ アインシュタインの「人はみな同じ」は、名言だと思う。（　　）

ア じっさいに声に出されたせりふ
イ 心の中で思ったこと
ウ 書名・題名やテーマ
エ 他人の言葉や本の文を引用したもの

**2** 原稿用紙に書く場合、次のそれぞれの記号は、マス目のどの位置に書くのが正しいですか。書き入れなさい。（2点×8）

① 句点

② 三点リーダー

③ 中点

④ ダッシュ

⑤ 読点

⑥ 上のかぎかっこ

⑦ 下のかぎかっこ

⑧ 下のかぎかっこと句点

**3** 原稿用紙の使い方を説明した次の文が、合っていれば○、まちがっていれば×を書きなさい。（2点×7）

① だんらくの書き始めは、一マス下げる。

② 小さい「ゃ」「ゅ」「ょ」と読点が続くときは、二マス使わずに、同じマス内に書き入れる。

③ 会話文は、行のとちゅうでも、次の行にあらためて書くことができる。

④ 会話文の中に会話文が出てきたときは、まるかっこ（　）を使う。

⑤ 句読点が行頭に来るときは、前の行のいちばん下に、文字とともに書き入れる。

⑥ ダッシュは、ふつうは四マス分使うが、二マス・三マスなどになってもよい。

⑦ 小さい「っ」「ゃ」「ゅ」「ょ」は、マスの真ん中に書く。

①（　　）②（　　）③（　　）

④（　　）⑤（　　）⑥（　　）

⑦（　　）

**標準レベル 87**

# 送りがな・かなづかい

時間 15分　合格 40点　得点 ／50点

学習日〔　月　日〕

**1 かなづかいの正しいほうに○をつけなさい。**（1点×10）

① （じしん・ぢしん）のひなんくんれん。

② 妹は（よおちえん・ようちえん）に通っている。

③ 今日聞いた話は、ぜったいにだれにも（ゆわない・いわない）。

④ 動物園で（おおかみ・おうかみ）を見た。

⑤ 「句読点」は（くとおてん・くとうてん）と読みます。

⑥ この道は（とおりぬけ・とうりぬけ）できません。

⑦ 火の（いきよい・いきおい）が強い。

⑧ 友達（ともだち）と（えいが・ええが）を見に行く。

⑨ （とおとい・とうとい）命を大切にする。

⑩ これはわたしの（おとうと・おとーと）です。

**2 次の□には「ず」「づ」のどちらかが入ります。ふさわしいほうの字を書き入れなさい。**（1点×10）

① 小さな石につま□いた。

② 話のつ□きが気になる。

③ 全員にひとつ□つ配る。

④ おこ□かい帳をつけている。

⑤ 村に平和がおと□れる。

⑥ て□くりのチョコケーキ。

⑦ とてもは□かしかった。

⑧ 一週間□っと病気だ。

⑨ 弟は小さくうな□いた。

⑩ 遊んだあとは、おかた□け。

**3 次の言葉の、かなづかいがまちがっている文字に×をつけ、（　）に正しい字を書きなさい。合っていれば（　）に○を書きなさい。**（1点×10）

① おねいさん（　　）

② せかいじゅう（　　）

③ しじみ（　　）

④ こんにちわ（　　）

⑤ おとおさん（　　）

⑥ かきごうり（　　）

⑦ ぢめん（　　）

⑧ いちぢく（　　）

⑨ いなずま（　　）

⑩ めづらしい（　　）

**4 次の――線のひらがなを、漢字と送りがなを使って書きなさい。**（2点×10）

① バターをくわえる。（　　）

② 友人との約束（やくそく）をはたす。（　　）

③ 図書館で本をかりる。（　　）

④ スピードをきそう。（　　）

⑤ 空が赤みをおびている。（　　）

⑥ 平和をあらためて考える。（　　）

⑦ みんなでよろこんだ。（　　）

⑧ 手をあげて発表する。（　　）

⑨ パン工場ではたらく。（　　）

⑩ あらそうことはきらいだ。（　　）

上級レベル 88

# 送りがな・かなづかい

学習日〔　月　日〕

| 時間 | 15分 |
|---|---|
| 合格 | 40点 |
| 得点 | 　/50点 |

**1** かなづかいに注意して、次の言葉をすべてひらがなで書きなさい。（2点×5）

① 三日月（　　　）
② 力強い（　　　）
③ 鼻血（　　　）
④ 地図（　　　）
⑤ 多い（　　　）

**2** 次の文中には、かなづかいのまちがいがそれぞれ二つずつあります。まちがっている記号と、正しく直したものを書きなさい。（2点×10）

① アいもおとと イいっしょに、ウとおくの エこうえんえ オいきました。
（　）（　）　（　）（　）

② アちょーちょが イぞおの ウかたちの エすべりだいに オたまごを カうんでいます。
（　）（　）　（　）（　）

③ アそこに イおとうとも ウおとおさんと エたまごお オみに カきました。
（　）（　）　（　）（　）

④ アみをわってから、イそおじを ウして エかえりました。
（　）（　）　（　）（　）

⑤ アかえると イとけえは ウさんぢを エさして オいました。
（　）（　）　（　）（　）

**3** ふさわしい送りがなとなるように、□にひらがなを書き入れなさい。（1点×10）

① かけ算の九九を覚□よう。
② 目覚□□時計がこわれている。
③ 力を出□切った。
④ 出□くいは打たれる。
⑤ 重□病気にかかる。
⑥ 不幸が重□□。
⑦ せきにんを負□。
⑧ じゃんけんに負□た。
⑨ ひげを生□□たおじさん。
⑩ 百才まで生□たい。

**4** 次の――線のひらがなを、漢字と送りがなを使って書きなさい。（1点×10）

① うつくしいながめ。（　　）
② ごはんをのこす。（　　）
③ すべてをうしなった。（　　）
④ ごみがちらかる。（　　）
⑤ もう一度こころみる。（　　）
⑥ したくをととのえる。（　　）
⑦ 国がさかえる。（　　）
⑧ 山々がつらなる。（　　）
⑨ 入学式をおこなう。（　　）
⑩ 日がみじかくなった。（　　）

標準レベル 89

# 常体と敬体

時間 15分 合格 40点 得点 ／50点 学習日〔 月 日〕

**1** 次の文章は、常体と敬体を説明したものです。（ ）に当てはまる語を後から選んで記号で答え、文章を完成させなさい。（1点×10）

常体とは、文の終わりに「（ ① ）」「である」などの言葉を使った文体のことです。それに対して、文の終わりに「（ ② ）」「ます」などのていねいな言葉を使った文体のことは敬体と言います。

たとえば、「これは、生命のしくみについて書かれた本（ ③ ）。」をていねいな言い方に書きかえると「これは、生命のしくみについて書かれた本（ ④ ）。」となります。もとの文体が（ ⑤ ）で、書きかえた後の文体が（ ⑥ ）です。

反対も練習してみましょう。「命の重さはみな同じなのです。」という文を書きかえて（ ⑦ ）にすると、「命の重さはみな同じなの（ ⑧ ）。」となります。

この文章は、（ ⑨ ）で書いたもの（ ⑩ ）。

①（　　） ②（　　） ③（　　）
④（　　） ⑤（　　） ⑥（　　）
⑦（　　） ⑧（　　） ⑨（　　）
⑩（　　）

ア だ　イ です　ウ 常体　エ 敬体

**2** 次の文は ア 常体ですか、それとも イ 敬体ですか。記号で答えなさい。（2点×10）

① チューリップの花がさいた。（　　）
② 明日は晴れるようだ。（　　）
③ えんぴつをけずろう。（　　）
④ 先生がお話をなさる。（　　）
⑤ すみません、駅はどこですか。（　　）
⑥ あやまってもゆるしません。（　　）
⑦ またいっしょに遊ぼうね。（　　）
⑧ どうぞ、めしあがれ。（　　）
⑨ 目ざまし時計が鳴る。（　　）
⑩ お客様がいらっしゃった。（　　）

**3** 次の常体の文を敬体に直しなさい。（2点×10）

① 本を読む。
→本を読□□□。

② 本を読まない。
→本を読□□□□。

③ 本を読んだ。
→本を読□□□□。

④ 本を読もう。
→本を読□□□□□。

⑤ 本を読まなかった。
→本を読□□□□□□た。

⑥ 今日は雨だ。
→今日は雨□□。

⑦ 今日は雨かい？
→今日は雨□□□？

⑧ 今日は雨じゃない。
→今日は雨で□□□□□ん。

⑨ 今日は雨だろう。
→今日は雨□□□□。

⑩ 今日は雨だった。
→今日は雨□□□。

上級レベル

# 90 常体と敬体

学習日〔　月　日〕

時間 15分　合格 40点　得点 　/50点

**1** 次の場面のうち、常体より敬体を使うほうがふさわしいものを五つ選び、記号を○で囲みなさい。（2点×5）

ア 朝顔かんさつ日記　イ 来客との会話
ウ テレビのニュース　エ 学級会の時間
オ 休み時間の会話　カ 兄弟の会話
キ 道をたずねられた　ク 友達との会話
ケ 手短に伝えたい新聞記事
コ 電車内アナウンス

**2** 次の文はア常体 イ敬体のどちらか、記号で答えなさい。また、常体のものは敬体、敬体のものは常体になるように、――線部を書きかえなさい。（1点×20）

① 日曜日は、学校には行かない。
② うしろから頭をぽんとたたかれました。
③ ぼくは、いつかオリンピックに出たい。
④ 虫歯は、毎日の歯みがきでさけられる。
⑤ りすは木の実が大好きです。
⑥ それは、ようせいのしわざでした。
⑦ 明日は雨がふるかもしれません。
⑧ 長生きのひけつは何でも食べることだ。
⑨ 波は風によって作られるのです。
⑩ みんなでそろって出かけよう。

①（　）（　　　）
②（　）（　　　）
③（　）（　　　）
④（　）（　　　）
⑤（　）（　　　）
⑥（　）（　　　）
⑦（　）（　　　）
⑧（　）（　　　）
⑨（　）（　　　）
⑩（　）（　　　）

**3** 次の文章をすべて常体でそろえるには、――線の中に直さなければいけないところが五か所あります。その記号を書き、さらに正しく書き直しなさい。（2点×10）

雪

朝起きて、外をながめて[ア]おどろいた。雪がつもって[イ]いたのです。今年初めての雪に、わたしは[ウ]うれしくなった。外ではすでに、何人かの子どもが[エ]遊んでいます。雪合戦をしたり、雪だるまを作ったりして[オ]いるようだ。わたしも急いで身じたくを整え、外に[カ]出た。うちには、雪遊び用の道具は[キ]ありません。でも、身近にあるものを使えば[ク]いいでしょう。たとえば、ちりとりをシャベル代わりにしたり、空の植木ばちに雪を入れて、形を作ることも[ケ]できる。一時間くらい[コ]遊んだろうか。雪がつもっているというのに、ふしぎなことに、まったく寒さを[サ]感じませんでした。それだけ雪遊びにむちゅうになって[シ]いたようだ。

（　）（　　　）
（　）（　　　）
（　）（　　　）
（　）（　　　）
（　）（　　　）

学習日〔　　月　　日〕

標準レベル 91

# 悪文訂正(ていせい)

| 時間 | 合格 | 得点 |
|---|---|---|
| 15分 | 40点 | 50点 |

## 1 次の文の意味が正しく通じるように、——線部を直しなさい。(3点×8)

① とてもきんちょうしていたのに、練習どおりに歌うことができなかった。

(　　　　)

② わたしのしょうらいの夢(ゆめ)は、飛行機(ひこうき)のパイロットになりたい。

(　　　　)

③ どうしてと言われても、ぼくにはぜんぜん理由がわかる。

(　　　　)

④ 学校から帰ってくると、母がホットケーキが焼(や)いていた。

(　　　　)

⑤ この本の持ち主は、ぼくの弟の本です。

(　　　　)

⑥ ぼくは、ひとりひとりが少しずつゴミをへらすべきだ。

(　　　　)

⑦ あしたもし晴れて、みんなで公園へ遊びに行こう。

(　　　　)

⑧ わたしの弟がいちばん好(す)きな食べものは、オムライスが好きです。

(　　　　)

## 2 次の文について、後の問いに答えなさい。(6点×3)

・ものすごい速さでにげるネコをぼくは追いかけた。

① 速いのが「ネコ」とわかるように、「、」を書き入れなさい。

( ものすごい　速さで　にげる　ネコ　を　ぼくは　追いかけた。)

② 速いのが「ぼく」とわかるように、「、」を書き入れなさい。

( ものすごい　速さで　にげる　ネコ　を　ぼくは　追いかけた。)

③ 速いのが「ぼく」とわかるように、言葉の順番(じゅんばん)を入れかえなさい。

(　　　　)

## 3 次の文について、後の問いに答えなさい。(4点×2)

・あなたのお兄さんは学校から家に帰っていません。

① 言葉をおぎなって、お兄さんがまだ学校にいるという意味の文に直しなさい。

(　　　　)

② 言葉の順番を変(か)えて、お兄さんが学校にはもういないという意味の文に直しなさい。

(　　　　)

# 悪文訂正(ていせい)

学習日〔　月　日〕

| 時間 | 15分 |
|---|---|
| 合格 | 40点 |
| 得点 | /50点 |

**1** 次の文について、後の問いに答えなさい。(5点×2)

・この本のようにおもしろくないといけません。

① おもしろい本だったことが伝(つた)わるように直した文を後から選(えら)んで、記号で答えなさい。（　　）

② おもしろくない本だったことが伝わるように直した文を後から選んで、記号で答えなさい。（　　）

ア この本がおもしろいようではいけません。

イ この本くらいおもしろくなければいけません。

ウ この本のようにおもしろくないものではいけません。

エ この本ほどおもしろくはありません。

**2** 次の文章を読んで、後の問いに答えなさい。(10点×2)

「画家の母は勉強家です」という文があります。この文には、何人の人が登場しているでしょうか。もし、「母」が「画家」であり、「勉強家」でもあるのなら、登場人物は一人です。しかし、「画家」に母親がいて、その母親が「勉強家」ということなら、登場人物は二人ということになります。

① ——線部を、登場人物が一人の文に直しなさい。

（　　）

② ——線部を、登場人物が二人の文に直しなさい。

（　　）

**3** 次の文章を、後の指示にしたがって書き直しなさい。(20点)

最近(さいきん)小学生がテレビを見る時間が少なくなってきているようですが両親が子どものころは小学生が本を読まないのはテレビを見ているからだと言われていたようですが私(わたし)たちはテレビをあまり見ないかわりにゲームをしている時間が長くなっているのでテレビと読書には必(かなら)ずしも関係(かんけい)があると思いますが私はできるだけ本を読む時間を取るようにしたいと私は感じています。

・一文が長く、読みづらい文章になっています。文を短く切って、読みやすくしなさい。

・読点(、)がないため、意味がわかりづらくなっています。ふさわしいと思われる場所に読点を入れなさい。

・文のまちがいは正しく直して書きなさい。

（　　）

標準レベル 93

# 要点まとめ

時間 20分　合格 40点　得点 ／50点

学習日〔　月　日〕

**1** 次は、ある文章を文ごとに分けたものです。文章の中で中心になっている話題とはちがう文がそれぞれ一つずつあります。その記号を書きなさい。（10点×2）

① ア 真冬は昼よりも夜のほうが長い。
イ 冬になると、早く夏が来てほしいと毎年のように思ってしまう。
ウ 昼間が短いというだけで、一日が短く感じられるものだ。
エ 一日の長さは一年を通して変わっていないのに、季節によって長さの感じかたが変わるのは、とても不思議だ。
（　　）

② ア ペットボトル入り飲料を飲むとき、口をつけてじかに飲むのはぎょうぎが悪いと言われたことがある。
イ 小さなペットボトルのお茶をじかに飲んでいたところ、父に注意されたのである。
ウ ふだんぼくは、お茶よりもジュースを飲むことのほうが多い。
エ みんなで飲むための大きなペットボトルの場合、口をつけて飲むべきではないとぼくも思う。
（　　）

**2** 次の文章を読んで、後の問いに答えなさい。

①「なぜ」「どうして」とぎもんを持つことは、なぜ大切なのでしょうか。ふだん生活している中で、当たり前だと思っていることに、ふとぎもんを持ってみる。すると、思わぬ発見があるかもしれないからです。

②大きな発見をした人物も、みなが当たり前だと思っていることをうたがうことから始めて、考えに考えぬいてきました。たとえば、コペルニクスという人はさまざまなことを学ぶ中で、回っているのは地球ではないか？　と考えるようになりました。地面は止まっているもので、星や月が動いているというのが、そのころのふつうの考え方でした。しかし、コペルニクスはそうではないと考えたのです。

③みなさんも、「なぜ」「どうして」を大切にしてください。そして、不思議だと思ったことはそのままにせず、調べるようにしましょう。きっと、新しいことを学ぶきっかけになるはずです。

(1) ①～③段落の見出しとしてふさわしいものを、次から一つずつ選んで、記号で答えなさい。（10点）
ア コペルニクスのぎもん
イ 星や月は動いている
ウ ぎもんはなぜ大切か　エ 調べて学ぼう
①（　　）②（　　）③（　　）

(2) 筆者が最も言いたいことが書かれている段落の番号を答えなさい。（10点）（　　）

(3) この文章の要点を表す題として、ふさわしいものを後から選んで、記号で答えなさい。（10点）
ア ふだんの生活
イ 「なぜ」「どうして」を大切に
ウ 大発見はなぜ生まれるのか
エ 地球は回っている
（　　）

# 上級レベル 94 要点まとめ

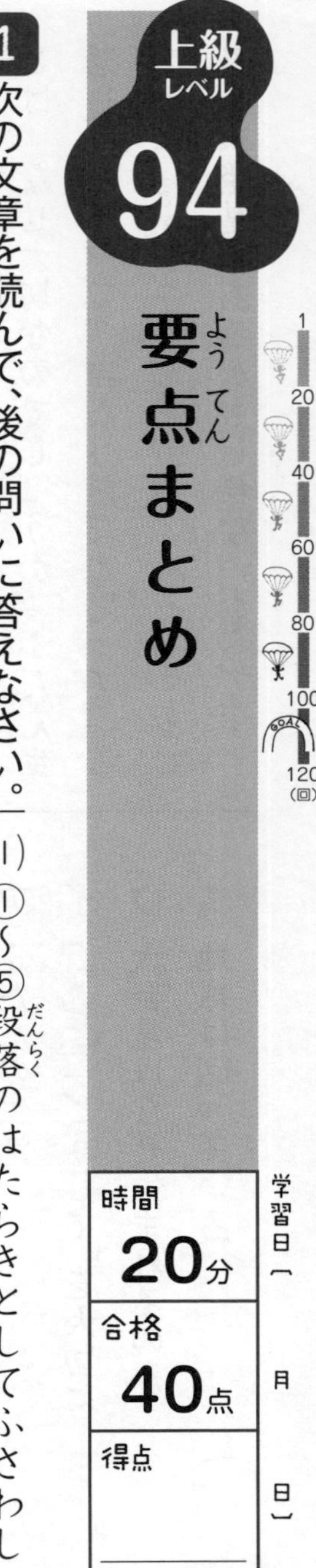

| 時間 | 合格 | 得点 |
|---|---|---|
| 20分 | 40点 | /50点 |

学習日〔　月　日〕

**1** 次の文章を読んで、後の問いに答えなさい。

①あなたの家には、たたみの部屋がありますか。あるという人もないという人も、たたみの部屋と、ろうかやほかの部屋を仕切る部分を「敷居」とよぶことを知っていますか。

②「敷居が高い」という言葉があります。もともとは、相手に申しわけない気持ちがあって行きにくい、という意味でした。しかし近ごろでは、ねだんの高いレストランや高級なお店に入りづらいという意味で、この言葉を使う人がふえています。

③さらに、「敷居が低い」という言い方も使われるようになってきたようです。これは、「敷居が高い」の反対で、「あのお店は敷居が低いね」と言う場合、ねだんが手ごろだとか、気軽に入ることができるという意味で使われています。

④ここで、はじめの話を思い出してください。敷居とは、部屋と部屋の仕切りのことでしたね。もし本当に部屋と部屋が高い板で仕切られていたら、それは敷居ではなく「かべ」になってしまいます。ですから、「敷居が低い」、つまり敷居に高さがないのは、そもそも当たり前のことなのです。

⑤時代が進めば、言葉も変わります。これまでも、まちがった言い方が広く使われるようになり、いつしか正しい言い方となった例はたくさんあります。しかし、言葉がもともと表していたものを知り、なぜそのような言い方をするようになったのかを学ぶことは、決してむだなことではないでしょう。

(1) ①～⑤段落のはたらきとしてふさわしいものを、後から一つずつ選んで、記号で答えなさい。(4点×5)

ア 「敷居が低い」という言葉が「敷居が高い」の反対語として使われていることを伝えている。

イ 言葉が変わっていくことと、言葉について学ぶことを分けて考えたほうがよいと述べている。

ウ 「敷居が高い」のまちがった使い方がふえていると述べている。

エ 敷居とは何かをたしかめている。

オ 低い敷居という考え方が、なぜおかしいのかを述べている。

①（　　）②（　　）③（　　）
④（　　）⑤（　　）

(2) ――線とは、どの段落の話ですか。段落番号で答えなさい。(10点)

（　　）

(3) この文章の内容について、次の問いに答えなさい。

① 「敷居が高い」という言葉は、どのようにまちがって使われ、正しくはどのような意味なのですか。(10点)

（　　　　　　　　）

② 筆者の主張をまとめなさい。(10点)

（　　　　　　　　）

# 95 最上級レベル ⑬

時間 15分　合格 40点　得点　／50点　学習日〔　月　日〕

## 1 次の文に、句読点を一つずつ打ちなさい。（1点×10）

① 春にまいた種がやっと芽を出した

② ぼくそんなことしないよ

③ 他人ではなく自分自身がライバルだ

④ それわたしが落としたハンカチです

⑤ 本当においしいねここのラーメン

## 2 原稿用紙の使い方について書かれた次の文が、合っていれば○、まちがっていれば×を書きなさい。（2点×9）

① 感嘆符(!)を使った後は、次のマスは一マス空ける。

② かぎかっこの中のせりふも、作文なので書き言葉にしたほうが良い。

③ 説明をおぎないたいときは、三点リーダー(…)を使って、言葉の前後をはさむ。

④ だんらくの初めは一マス空ける。

⑤ 一つのマスに、二つの記号が入ることはない。

⑥ せりふの中でさらにかぎかっこを使いたいときは、二重かぎかっこ(『　』)を使う。

⑦ 会話部分は改行し、会話が終わったらその先は改行せずに続けて書く。

⑧ 行頭に来る句読点は、前行の下に書く。

⑨ ダッシュ(――)は、二マス分使う。

①(　　)　②(　　)　③(　　)
④(　　)　⑤(　　)　⑥(　　)
⑦(　　)　⑧(　　)　⑨(　　)

## 3 次の文章を読んで、後の問いに答えなさい。（2点×11）

いもおとといっしょに、こおえんに出かけて空を見上げた。向うの空には、小さい雲がモコモコと広がっている。ひつぢぐもと言うそうだ。づっと見ていたいが、お母さんにおこられるので、急そいで家え帰えった。空にはみかずきが出ていた。

① この文章には、かなづかいのまちがいが六つあります。例にならって、あと五つを答えなさい。

(例)( いもおと )→( いもうと )
(　　　)→(　　　)
(　　　)→(　　　)
(　　　)→(　　　)
(　　　)→(　　　)
(　　　)→(　　　)

② この文章には、送りがなのまちがいが三つあります。書きぬいて、正しく直しなさい。

(　　　)→(　　　)
(　　　)→(　　　)
(　　　)→(　　　)

③ この文章に、句読点はいくつありますか。それぞれ数字で答えなさい。

句点(　　)　読点(　　)

④ この文章は、常体・敬体のどちらで書かれていますか。答えなさい。

(　　　)

時間 15分　合格 40点　得点 ／50点

学習日〔　月　日〕

1 20 40 60 80 100 120（回）

**1** 次の文は、とても読みづらくなっています。その理由を後から選んで、記号で答え（2点×10）、読みやすい文を［　］内に完成させなさい。（3点×10）

① ぼくが好きな食べ物は、ハンバーグとオムライスが好きです。
理由…（　　）
［ぼくが好きな食べ物は、　　］

② きのう、チョコレートをもらいました。ぼくは家に帰ってそれを食べた。
理由…（　　）
［きのう、チョコレートをもらいました。ぼくは　　］

③ 父が、おばあちゃんが、明日遊びに行くよ。って言っていたよ。と言った。
理由…（　　）
［父が、おばあちゃんが、明日遊びに行くよ。って言っていたよ。と言った。］

④ わたしはあなたはまちがっていないとずっと思っています。
理由…（　　）
［わたしはあなたはまちがっていないとずっと思っています。］

⑤ 日曜日は、買い物に行ったりテレビを見てすごしました。
理由…（　　）
［日曜日は、買い物に行ったりテレビを　　］

⑥ 動物園にわオオカミがいました。とても強そうで、かっこよかったです。
理由…（　　）
［動物園　とても　　］

⑦ まどの外には、子どもたちが元気いっぱい遊んでいます。
理由…（　　）
［子どもたちが元気いっぱい遊んでいます。］

⑧ やおやさんで大根を買ったら、おまけにミニトマトをもらって、うれしかったのに、お礼を言うのをわすれて帰ってしまって今落ちこんでいます。
理由…（　　）
［やおやさんで大根を買ったら、おまけにミニトマトを　お礼を言うのをわすれて帰って　今落ちこんでいます。］

⑨ さいふを落としちゃったんだけど、どこに落としたかわからないの。
理由…（　　）
［さいふを落と　どこに落とした　　］

⑩ 先生がおもどりになられました。
理由…（　　）
［先生が　　］

ア 一文が長すぎる
イ 話し言葉で書かれている
ウ 文体
エ かぎかっこがない
オ 二重敬語
カ かなづかい・送りがな
キ 主語述語のずれ・重なり
ク 修飾語・修飾される語のずれ
ケ 読点がない
コ 語法が整っていない

標準レベル 97

# 説明文(5)

時間 20分　合格 40点　得点 ／50点

学習日〔　月　日〕

**1** 次の文章を読んで、後の問いに答えなさい。

①繁殖期のツバメにとって、カラスにつぐ天敵は、人間です。せっかく巣をつくっても、ひなを育てていても、建物の改築のために巣を落とされることがあります。また、壁の塗装のためにペンキのにおいがひどくて繁殖をあきらめた例もあります。ひどいことに、巣から落ちるふんやダニをきらって、巣を棒でたたき落とされることもしばしばあります。

②しかし人間は、ツバメにとって恐い天敵であると同時に、最大の保護者でもあります。週休二日制でも、ツバメのためにわざわざシャッターを開けてやり、下に落ちたふんをそうじしたり、ふんを受けとめる箱を用意してやっている人も少なくありません。

③東京が江戸といわれていた時代、いやそれよりずっと前から、ツバメは春になると南の国から渡って来、人家で繁殖してきました。そして今でも都心で繁殖しているのです。

④ツバメは、昔から田畑の害虫を食べてくれる益鳥＊として、日本では大切に保護されてきました。しかし最近は、全国的に都市化がすすみ、田畑の害虫は農薬でとりのぞかれるようになっています。

⑤ツバメを益鳥として保護する考え方を、次の若い世代の人たちが、はたして受けついでくれるでしょうか。

（唐沢孝一「おかえりなさいツバメたち」）

＊益鳥…農作物などによいえいきょうを与える鳥。

---

(1) ①・②段落は、どのような関係になっていますか。次から選びなさい。(10点)

ア ①の話題の具体例を②で述べている。

イ ①の内容を②でくわしく述べている。

ウ ①とは反対の内容を②で述べている。

（　　）

(2) ③段落は、どのような働きをしていますか。次から選びなさい。(10点)

ア ツバメが春に渡ってくる鳥であることを、わかりやすく説明している。

イ ツバメは農村よりも都心部で繁殖することを具体例をあげて述べている。

ウ 東京はむかし江戸といわれていたことと、ツバメとの関係にふれている。

エ 日本人とツバメの関わりが、ずっと続いてきたことを示している。

（　　）

(3) ④段落の内容をまとめた次の文の（　）に入る言葉を書きなさい。(10点)

人間とツバメの（　　　　　）が変化している。

(4) 次の段落は、どの段落の後に入りますか。段落番号で答えなさい。(10点)

・このツバメ達が、果たしてこれからも毎年繁殖できるかどうかも、人間しだいなのです。

（　　）

(5) 文章の内容と合うものを次から選びなさい。(10点)

ア ツバメの最大の天敵は人間である。

イ 人間はツバメの保護者でもある。

ウ 都心ではツバメがへっている。

（　　）

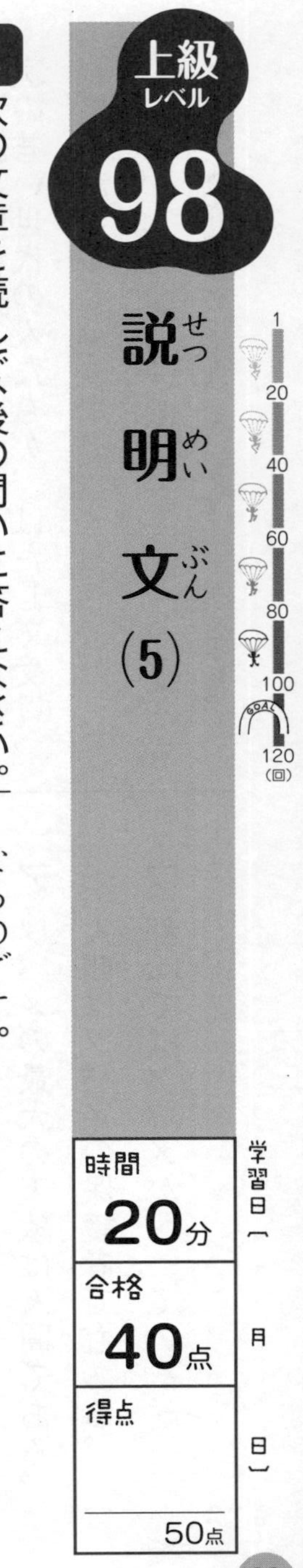

上級レベル

# 98 説明文 (5)



時間 20分
合格 40点
得点 　　50点

学習日〔　月　日〕

**1** 次の文章を読んで、後の問いに答えなさい。

①ある日突然、①無人島で一人でくらすことになったとしましょう。生きていくためには、まず食物を集めなくてはなりません。目の前に木があり、大きな実がなっていたとしましょう。でももしかすると、その木の実は毒かもしれません。その木の実が毒か、そうでないか、それも「情報」です。

②たべてみればわかるでしょうか。もしその実に本当に毒があれば、ためしにたべただけで、君は死んでしまいます。なぜ死んだか、その木の実が毒だという情報がなかったからです。

③いきなり木の実を口にいれるのはあぶないと気づいたとき、そこに一羽の鳥が飛んできて、その実をたべたとしましょう。鳥がたべるのだから、毒ではないと考え、たべることができます。これは鳥が、「この木の実はたべても安全」という情報をながしてくれたのだということができます。また、「鳥がたべる」ということから、君は②「あの木の実は安全」という情報をうみだしたともいえます。

④人間というのは、このようにして、身のまわりのこと――環境や現象――をすべて情報としてつかまえることで、やっとどうにか生きているのです。環境や現象そのものが情報です。その中で人間が生きていくということは、空気をすい、水をのみ、食物をたべるように、つねに情報を集め、かりいれ、そして情報を生産していくことになるのです。

（赤木昭夫「情報社会に生きるきみたち」）

(1) ――線①のようになると、どのようなことに困るのですか。①段落で筆者が言いたいことをまとめて答えなさい。(10点)

（　　　　　　）

(2) ②段落は、どのようなはたらきをしていますか。次から選びなさい。(10点)

ア ①段落の内容について、読者に具体的に考えさせている。
イ ①段落で述べた考えがまちがっていることを伝えている。
ウ ①段落の内容とは反対の考えを述べている。
エ ①段落で述べていないことを、新しく付け加えている。

（　　）

(3) ――線②とは、どのようなことですか。「……こと。」に続くように、文章中から十字以内でぬき出しなさい。(10点)

□□□□□□□□□□こと。

(4) 文章中で、筆者がもっとも言いたいことが表れている一文をぬき出しなさい。(10点)

（　　　　　　）

(5) 文章の内容に当てはまるものを次から選びなさい。(10点)

ア 情報は食物を集めるために必要だ。
イ 人間に情報を伝えるのは動物である。
ウ 情報はどこでもかんたんに手に入る。
エ 身のまわりのこと全部が情報である。

（　　）

# 説明文 (6)

時間 20分　合格 40点　得点　　/50点　学習日〔　月　日〕

**1** 次の文章を読んで、後の問いに答えなさい。

Ⓐ水は高いほうから低いほうへと流れる。私たちが見る川の流れが、地表を流れる表流水といわれるものだ。

同じように、川底の石のあいだにすき間があれば、そこも高いほうから低いほうへと流れがある。これは伏流水とよばれる。

また、サケが産卵するのはわき水、つまり、地下水があるところで、これは地中奥深くを通りぬける水である。

これらの流れが表流水へ集まってきたり、また、はなれていったりしているので、川の流れは、実は相当複雑なのだ。その複雑な川の流れ方をたくみに利用して、①魚が生活し、繁殖しているというわけだ。

また、川になにげなく転がっている、大小さまざまな石。これらは、魚たちの繁殖になくてはならない②命の石でもあった。

このように、Ⓘ川の水は、多くの命を宿しているともいえる。上流から河口に流れくだるあいだに、様々な命のドラマを生み、生きものを育んでいる。

水の流れは、まさに命を育てる流れだ。Ⓤそこで暮らす生き勝手に川をいじる前に、そこで暮らす生きものたちのことを、考えることが必要なのではないだろうか。

（稗田一俊「川底の石のひみつ」）

(1) ——線①はどういうことですか。次の□に当てはまる言葉をぬき出しなさい。(10点)

魚たちの［　　　　　］場だということ。

(2) ——線②のように言えるのは、なぜですか。次から選びなさい。(10点)

ア 生きもののように転がるから。
イ 石の上に、サケが産卵をするから。
ウ 石のすき間を流れる水を、魚たちが利用しているから。
エ 川底の石には、魚たちのえさが付着しているから。

（　　）

(3) この文章では、川の流れはどのようなものだと述べていますか。次から選びなさい。(10点)

ア 地下水が集まってきており、伏流水ともよばれるもの。
イ 伏流水が集まってきており、地下水とは関係がないもの。
ウ 伏流水や地下水からはなれ、地表を流れるようになったもの。
エ 伏流水や地下水と複雑に関わりながら流れているもの。

（　　）

(4) 〰〰線Ⓐ〜Ⓤのうち、筆者の主張を選びなさい。(10点)

（　　）

(5) 文章の内容と合うものを次から選びなさい。(10点)

ア 魚は川をたくみに利用しているので、人間が手を加えても問題はない。
イ 川の流れは、人間がかんたんに手を加えられるようなものではない。
ウ 川は命を育むものであり、人間が流れをきれいに変える必要がある。
エ 十分に考えて計画していれば、川に手を加えてもかまわない。

（　　）

上級レベル 100

# 説明文 (6)

時間 20分 合格 40点 得点 ／50点

学習日〔　月　日〕

**1** 次の文章を読んで、後の問いに答えなさい。

地球が人の住める惑星になったのは、大量の$CO_2$*が形あるものに変えられ、大地の奥深くにとじこめられていたからです。石油や石炭は、太古の$CO_2$と太陽エネルギーが封じこめられている①玉手箱のようなものです。その玉手箱のふたをあけ、中身をつぎつぎと大気中にときはなっているのが、いまの石油文明です。そう考えると、人間は、豊かさや便利さを求めて、とんでもないことをしているのではないかという気がしてきます。〈あ〉

世界の先住民の中には、「大地の奥深いところにあるものに、手を出してはならない」というおきてをもっている民族がたくさんありました。そのために、彼らは、②近代文明との競争に勝てませんでした。こういうおきてをつくった人々は、地表に［　］、ないものをとり出して使うと、自然のバランスがくずれることを、知っていたのかもしれません。〈い〉

とはいえ、いまの私たちのくらしは、石油なしにはなり立ちません。その進行を少しでもおくらせるために、私たちは、もっと省エネにつとめなければなりません。電灯やテレビのつけっぱなしをやめる。冷暖房はひかえめに、冷蔵庫の開閉はすばやく……。一人一人にできることは小さなことですが、そういう意識が、環境を守る力になるのです。〈え〉

（河津千代「だれが山を守るのか」）

＊$CO_2$…二酸化炭素。

(1) ——線①とありますが、どのような様子を「玉手箱」にたとえているのですか。二十字以内で書きなさい。（10点）

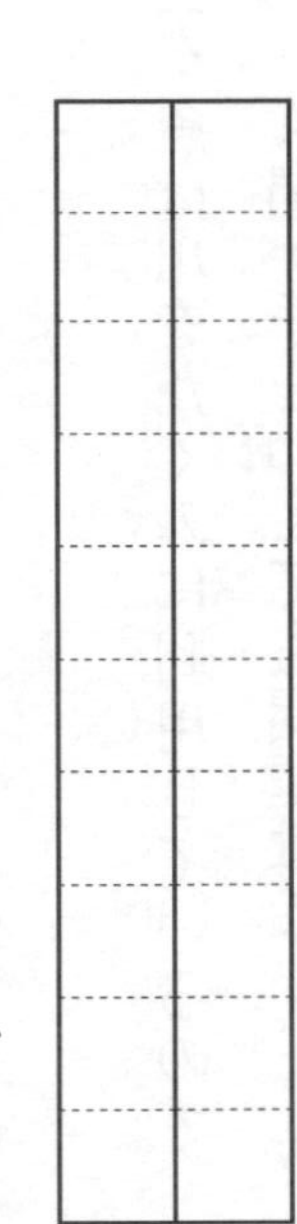

(2) ——線②を言いかえた言葉を、四字でぬき出しなさい。（10点）

(3) 文章中の［　］に当てはまる言葉を選びなさい。（10点）

ア しかし　イ そこで
ウ だから　エ ところで
（　　）

(4) 文章中には、次の一文がぬけています。もとにもどす場合、あ〜えのどこに入りますか。（10点）

・ですから、かりに温室効果ガスを減らす努力をもっとつづけたとしても、やはり、温暖化は進行します。
（　　）

(5) この文章を通して、筆者が最も言いたいことを次から選んで、記号で答えなさい。（10点）

ア 私たちがいま使っている石油や石炭は、もとをたどれば太陽エネルギーだった。
イ 私たちは豊かさや便利さを求めて、石油や石炭のエネルギーを利用している。
ウ 先住民の中には、自然のバランスをくずさないよう、石油や石炭をあえて利用しない民族もいる。
エ 環境を守るためには、たとえ小さくても一人一人が少しずつ意識を変えていくことが大切である。
（　　）

標準レベル 101

# 説明文（7）

時間 20分　合格 40点　得点 ／50点

学習日［　月　日］

**1** 次の文章を読んで、後の問いに答えなさい。

ぎらぎらとかがやく太陽はものすごくあつそうです。ですから人間がちょくせつ太陽のなかにおんどけいをつっこんで、おんどをはかるわけにはいきません。でも、地球にとどく熱や光をしらべると、だいたいのおんどをしることができます。それによると、①太陽のあつさは、表面では六千度、中心のあたりではなんと千五百万度にもなっているといいます。

鉄をどろどろにとかしてしまう②溶鉱炉でさえ千五百度くらいですから、六千度というおんどがどんなにあついか、そうぞうできますか。

こんなにあつい太陽のなかでは、鉄でも金でもあっというまにとけてしまうばかりではありません。すっかりガスになってしまっているのです。［　］太陽の正体は、もえるガスのかたまりなのです。では、ガスならどうしてとびちってしまわないのでしょう。それは、地球の二十八ばいというすごくつよい引力にひっぱられているからです。どうして、そんなにつよい引力にひっぱられているのに、つぶれてしまわないのでしょう。それは千五百万度というものすごいあつさのために、中心部のガスがすごいいきおいでふくらもうとしているからです。つまり、つぶれようとする力と、ふくらもうとする力がちょうど太陽の表面のところでつりあっているので、③ガスでできた太陽が、球としてぎらぎらかがやいていられるのです。

（藤井　旭「太陽のふしぎ」〈あかね書房〉）

(1) ――線①をしらべるには、どうすればよいのですか。（5点×2）

（　　　）にとどく太陽の（　　　）をしらべればよい。

(2) ――線②は、何のために示されていますか。次から選びなさい。（10点）

ア 溶鉱炉があまりあつくないことを伝えるため。

イ 太陽がどれほどあついかを考えてもらうため。

ウ 鉄が何度でとけるのかをわかりやすく説明するため。

エ 太陽の引力の働きをわかりやすく説明するため。

（　　）

(3) ［　］に当てはまる言葉を次から選んで、記号で答えなさい。（10点）

ア また　イ けれども

ウ あるいは　エ つまり

（　　）

(4) ――線③のようになるのはなぜですか。次から選びなさい。（10点）

ア ガスが地球の二十八ばいという強い引力でひっぱられているから。

イ 太陽の中心は千五百度というものすごいあつさだから。

ウ つぶれようとする力とふくらもうとする力がつりあっているから。

エ 太陽の中心部のガスはすごいいきおいでふくらもうとするから。

（　　）

(5) 太陽の正体は、どのようなものですか。十字でぬき出しなさい。（10点）

［　　　　　　　　　　］

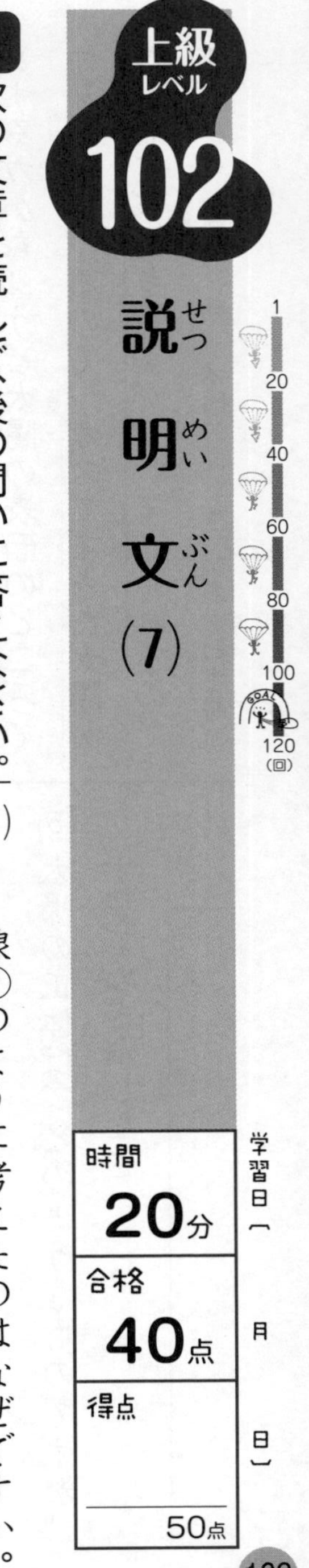

# 上級レベル 102 説明文 (7)

時間 20分　合格 40点　得点 ／50点

学習日〔　月　日〕

**1** 次の文章を読んで、後の問いに答えなさい。

人類の長い歴史をふりかえってみると、脳の働きは、人間にとってもっとも知りたい謎のひとつでした。〈A〉

そこで、人間は時代ごとに、その時代の歴史でいうと、いまから三百年ぐらい前に、もっとも人間に近い働きをするのは、歯車仕掛けの時計や自動人形でしたから、脳というと、頭に歯車がいっぱいつまった絵をかいていました。おそらく①うまく歯車を組みあわせると、脳ができるのではないかと考えた人がいたのでしょうか。〈B〉

時代がかわって、電話が発明され、電話線で電話機をつなぎ、電話交換がはじまると、電話機を感覚器＊に、電話線を神経に、電話交換機を脳にたとえるようになりました。〈C〉

そして、②逆にこんにちでは、神経や脳の働きを、通信とコンピュータになぞらえて考えています。

③歴史の順序でいうと、人間は人工の脳や神経をつくりたくて、自動人形や電話やコンピュータを発明し、いま、マルチメディア・ネットワークをつくりあげようとしているのだとも考えられます。〈D〉

未来の人間はどうするでしょうか。神経や脳をもっとくわしく研究して、それをもとに、いまよりもっと進歩した情報処理の技術をうみだしていくようになるでしょう。

（赤木昭夫「情報社会に生きるきみたち」）

＊感覚器…しげきを受け取る器官。

(1) ――線①のように考えたのはなぜですか。文章中の言葉を使って書きなさい。（10点）

（　　　　　　）

(2) ――線②は、どのように逆になったのですか。「昔は……が、今は……」という形で書きなさい。（10点）

（　　　　　　）

(3) ――線③は、どういうことですか。後から選んで、記号で答えなさい。（10点）

ア 発明品はどれも、人工の脳や神経をつくることを目指していたということ。

イ 昔の発明品は、今の発明とくらべれば発明品とは言えないということ。

ウ マルチメディア・ネットワークは人間の脳をこえているということ。

エ 人工の脳や神経をつくるためには、マルチメディア・ネットワークが必要だということ。

（　　　）

(4) 本文には、次の一文がぬけています。A～Dのどこに入りますか。（10点）

・通信のイメージで脳や神経の働きを考えるようになったわけです。

（　　　）

(5) この文章の題としてふさわしいものを後から選んで、記号で答えなさい。（10点）

ア 人間の歴史とコンピュータ
イ ヨーロッパの歴史と電話機
ウ 人間の脳と発明の歴史
エ 脳のつくりと歯車

（　　　）

標準レベル 103

# 説明文 (8)

時間 20分　合格 40点　得点 ／50点　学習日〔　月　日〕

**1** 次の文章を読んで、後の問いに答えなさい。

現代は、①時間がどんどん加速されているとも言われます。何事にも「早く、早く」とせかされ、時間と競争するかのように忙しさに追われていることを、大人たちはこういう言い方をしているのです。いつも同じ速さで時間が流れているはずなのに、時間の間隔が短くなったような気分で追い立てられているためでしょう。それをエインデは『モモ』という作品の中で「②時間どろぼう」と呼びました。ゆっくり花を見たり音楽を楽しんだりする、そんなゆったりした時間が盗まれていく、という話でした。③いつも何かしていないと気が落ち着かない、現代人はそんなふうになっています。

その一つの原因は、世の中が便利になり、能率的になって、より早く仕事を仕上げることがより優れていると評価されるようになっているためと思われます。競争が激しくなって、人より早くしなければ負けてしまうという恐れを心に抱くようになったためでしょう。「時は金なり」となってしまったのです。

しかし、それでは心が貧しくなってしまいそうです。何も考えずにひたすら決められたことをしていて人生が楽しいはずがありません。ゆっくり歩むからこそ、道ばたに咲く花に気づいたり、きれいな夕日を楽しむ気分になれるのです。私たちは、時間を取り返し、もっとゆったりした時間を生きる必要がありそうですね。

（池内了「時間とは何か」）

(1) ――線①を言いかえた部分を十字でぬき出しなさい。（10点）

□□□□□□□□□□

(2) ――線②とは、どのようなことを言いかえた言葉ですか。次から選びなさい。（10点）

ア 同じ速さで時間が流れること。
イ 便利な道具を盗んでしまうこと。
ウ ゆったりした時間がうばわれること。
エ 人の時間をうばうこと。

（　　）

(3) ――線③について、㋐・㋑に答えなさい。

㋐なぜこうなったのですか。（　）に当てはまる言葉をぬき出しなさい。（10点）

（　　　　　　　　）が、良いことととされているため。

㋑この考え方を表す言葉を、文章中から五字でぬき出しなさい。（10点）

□□□□□

(4) 文章の内容に合うものを選びなさい。（10点）

ア 便利で能率的な世の中になったことで、かえって時間に追われている。
イ 時間の間隔は変わらないので、せかされても急いでやる必要はない。
ウ 人より早くやらなければ負けとみなされるので、仕事は手ぎわよくこなすべきだ。
エ 時間がたつのもわすれて何かに打ちこまないと、心が貧しくなってしまうおそれがある。

（　　）

**1** 次の文章を読んで、後の問いに答えなさい。

国と国との争いの原因は、強くて勢力のある民族や人種が、もうかる仕事や有利な立場をなるべく自分たちだけのものにしようとして、もうからない仕事やつらい仕事、面白くない仕事を、弱い民族や人種におしつけようとするからである。（中略）

さすがに現代は、①強い国が弱い国を軍隊でおさえつけて植民地にするということはなくなった。それだけ人類は、②過去の悲惨な戦争の歴史から学んで進歩した。しかし、それでもまだ残っている考え方は、教育が進んでいて文化的に程度の高い国は、有利なもうかる仕事だけをしてぜいたくに暮らす権利がある、という考え方である。ぜいたくに暮らすということは資源をうんと使うということである。［A］その資源にはかぎりがある。そこで資源を求めて外国に力をのばしてゆく。また、つくった品物を売るために勢力争いをする。

［B］、強い国同士のあいだで、弱い国の資源を奪い合うということが起こる。

しかし、これからはもう、資源の奪い合いさえできなくなる。なぜなら、地球にある資源はかぎられたものであって、無制限に使うわけにはゆかないものだということがやっと分かってきたからである。これからは、③われわれは、自分たちの国だけが豊かになればいいということではなく、他の国とどうやって助け合うかということを学ばなければならない。

（佐藤忠男「戦争はなぜ起こるか」）

(1) ――線①とは、どのような国のことですか。文章中から二十字以内でぬき出しなさい。（10点）

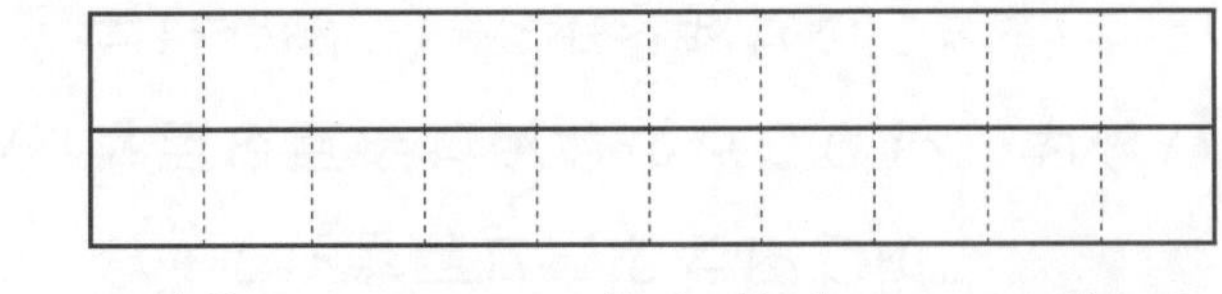

(2) ――線②とありますが、「進歩」とはどのようなことですか。「力」という言葉を使って三十字以内で説明しなさい。（10点）

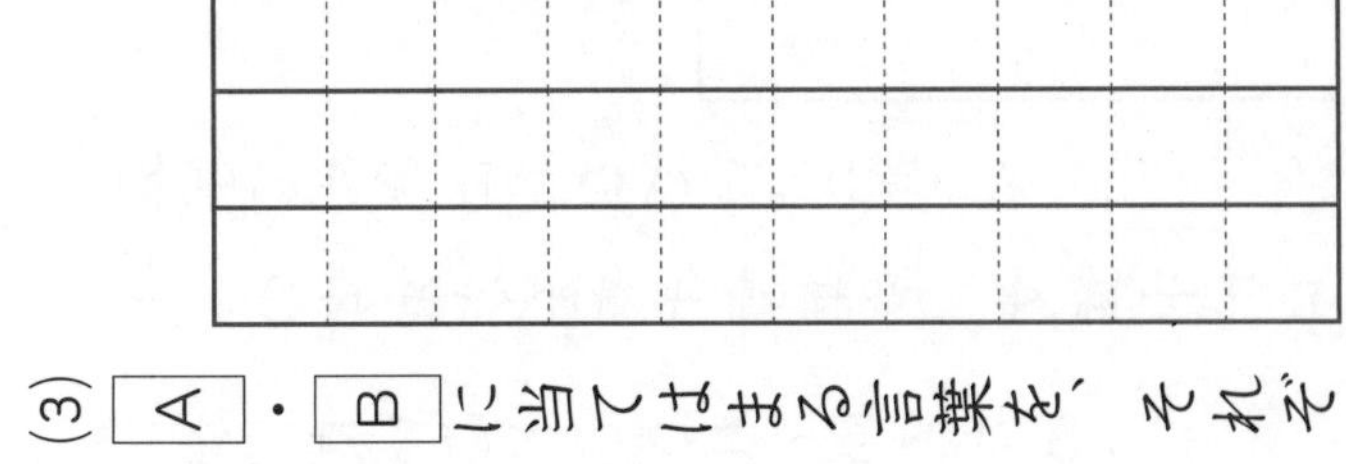

(3) ［A］・［B］に当てはまる言葉を、それぞれ記号で答えなさい。（5点×2）

ア では　イ ところが　ウ そして　エ だから

A（　　）　B（　　）

(4) ――線③のようにしなければならないのは、なぜですか。文章中の言葉を使って答えなさい。（10点）

（　　　　）

(5) この文章の内容に合うものを次から選びなさい。（10点）

ア 資源の奪い合いによる戦争は、現代では成り立たなくなってきている。

イ 資源をできるだけ使わずに、ぜいたくに暮らす方法を考えるべきである。

ウ 現代は強い国が勢力をのばし終えているので、もう戦争は起こらない。

エ 教育がおくれている国が戦争を起こさないよう、見はっていくべきだ。

（　　）

# 105 最上級レベル ⑮

学習日［　　月　　日］

| 時間 | 合格 | 得点 |
|---|---|---|
| 20分 | 40点 | ／50点 |

**1** 次の文章を読んで、後の問いに答えなさい。

哺乳類は、もともと海にいた生物（生命）が陸にあがって進化したものです。

そうすると、クジラやイルカは海から陸にあがって、また海にかえっていったことになります。

「なんで、陸から海にかえったの？」

ほんとうのところ、クジラやイルカの祖先がどのようにして海にかえったのか、よくわかっていません。

クジラやイルカの祖先をたどるためには、古い地層から見つかった化石などから研究をしていくわけですが、進化にそってすべての化石が見つかるわけではありません。

これまでの研究によると、クジラやイルカの祖先にあたるものは、四本の足で歩いていた動物だったといわれています。

いまから六五〇〇万年ほど前、恐竜たちが絶滅したころ、「メソニクス類」とよばれる原始的な肉食の哺乳動物がいたそうです。四本の足をもった、この哺乳動物が、クジラ類の祖先だという説があります。

この動物のうち、あたたかい南の海の河口や、海辺でくらすものがあらわれました。貝や魚を食べてくらしているうちに、やがて海にはいるようになりました。そして長い年月をかけて、魚のような体型をもったクジラに進化していったのだと考えられています。

（佐藤一美「イルカの大研究」）

(1) 何について書かれた文章ですか。（　）に当てはまる言葉を書きなさい。（10点）

（　　　　　　）について。

(2) ――線の理由を、三十字以内で書きなさい。（10点）

(3) どのような生きものが、クジラやイルカの祖先に当たると考えられているのですか。（10点）

（　　　　　　）

(4) クジラはどのようにして、海へかえっていったと考えられていますか。文章中の言葉を使って説明しなさい。（10点）

（　　　　　　）

(5) 文章の内容に合うものを後から選んで、記号で答えなさい。（10点）

**ア** クジラやイルカは哺乳類だったが、長い年月とかけて魚にもどったので、哺乳動物とは言えない。

**イ** クジラの祖先は魚のような体型をしていたので、陸よりも海でくらすことを選んだ。

**ウ** 恐竜が絶滅したころには、すでにクジラやイルカが海を泳いでいたと考えられる。

**エ** クジラやイルカがなぜ海へかえったかについて、有力な説はあるが、はっきりとはわかっていない。

（　　）

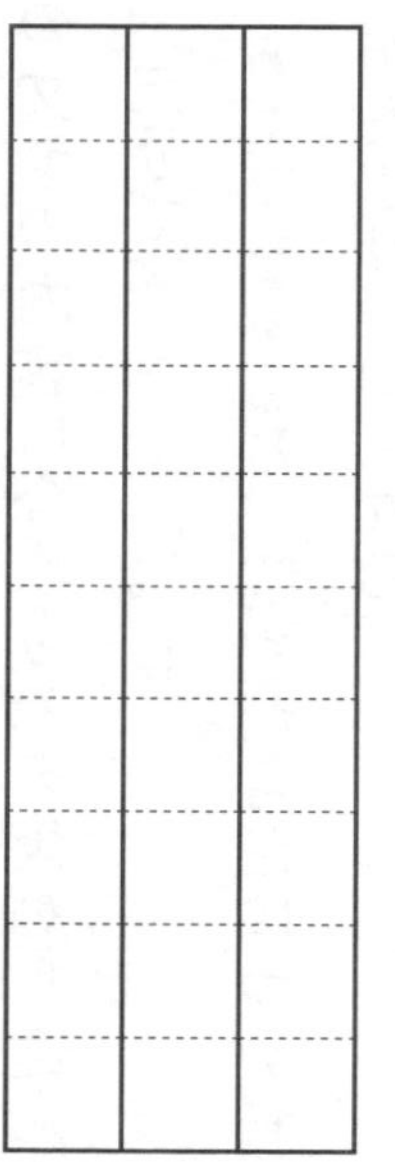

学習日〔　月　日〕　時間 20分　合格 40点　得点 /50点

**1** 次の文章を読んで、後の問いに答えなさい。

①みなさんは、どんなときにあくびが出ますか？　ねむくなったり、たいくつしたときにあくびが出ますね。それから、朝おきたばかりのときなどにも出ます。ねむかったり、たいくつしたときは、脳やからだにつかれがたまっています。また、朝おきたときは、脳やからだがきちんと目ざめていません。つまり、脳やからだが、通常の活動をしていないときに、あくびが出るようです。

②では、なぜ、つかれたり、目がさめたばかりのときにあくびが出るのでしょうか？　この秘密をとくかぎは、あくびをするときのしぐさに関係があるようです。みなさんは、あくびのとき、どんな動作をしていますか？

③まず、大きな口をあけますね。すると、ふだんは動かさないような顔の筋肉を思いきり動かすことができます。それから、大きく息をすいこむことによって新鮮な酸素をたくさん血液に送って、脳をはじめ、からだ全体のはたらきを活発にすることができます。また手足を大きくひろげてのびをすることで、全身の筋肉に刺激をあたえて、からだのすみずみに酸素を送ることができます。つまり、あくびは、血液中の酸素が不足して一時的に活動がにぶくなっている脳やからだに刺激をあたえるための深呼吸であり、からだのストレッチ（からだの曲げのばし運動）でもあるのです。

（細谷亮太「科学のおはなし　からだのふしぎ」）

(1) 何について書かれた文章ですか。まとめて書きなさい。（10点）

（　　　　）

(2) ——線①の答えにあたる部分を、文章中から二十字以内でぬき出しなさい。（8点）

(3) ——線②とありますが、あくびにはどのような役目があるのですか。文章中の言葉を使って書きなさい。（10点）

（　　　　）

(4) ③段落では、あくびの動作にどのような効果があると述べていますか。三つに分けて書きなさい。（4点×3）

・（　　　　）
・（　　　　）
・（　　　　）

(5) この文章の内容に合うものを後から選んで、記号で答えなさい。（10点）

ア　あくびをすると、脳やからだにつかれがたまりやすくなる。
イ　あくびが出るのはおかしなことではなく、からだが正常なしょうこである。
ウ　あくびは、脳だけでなく全身にもえいきょうをあたえている。
エ　あくびをすると、血液中の酸素が不足して一時的に活動がにぶくなる。

（　　　　）

標準レベル 107

# 伝記文

学習日〔　月　日〕

時間 20分　合格 40点　得点　50点

**1** 次の文章を読んで、後の問いに答えなさい。

「よその国の発明した人たちは、みんなびんぼうで、ひとりでべんきょうした人たちなのです。①ハーグリーフという人は、ぼくとおなじ大工だったのです。その人がりっぱな機械を発明したのです。」

「②発明は、そうかんたんにできるものではない。なん十かいもしっぱいしてできるものだ。しっぱいしてもさいごにせいこうすればいいが、しっぱいしておわった人のほうがたくさんいるんだよ。」

おとうさんは、佐吉のかんがえていることが、むだで、ただしっぱいにおわるのがかわいそうに思いましたので、やめるように話しました。

おとうさんにはんたいされた佐吉は、がっかりしてへやを出ていきました。

おかあさんは、佐吉のあとから、

「おとうさんのいうとおりだよ、佐吉。なにもかんがえないで、おとうさんのしごとのてつだいをしておくれ。こんやはもうおそいから、おやすみ。」と、やさしくいうのでした。

佐吉は、ねどこにはいっても、なかなかねつかれませんでした。おとうさんや、おかあさんがしんぱいしてくれるのはありがたいのですが、（どうしても③発明をするんだ。）というつよい気もちは、すこしもかわりませんでした。

つぎの日から、④佐吉は、ひるはおとうさんの大工しごとをてつだい、夜は、はたおりの機械をけんきゅうすることにしました。

（日下部　山「豊田佐吉」）

(1) ――線①の人物を例に出して、佐吉は何を伝えようとしていますか。（10点）

（　　　　）

(2) ――線②の言葉には、おとうさんのどんな気持ちが表れていますか。次から選びなさい。（10点）

ア しっぱいにめげず、佐吉にもっと発明をがんばってほしい気持ち。

イ 佐吉に発明のきびしさを教え、はげまそうとする気持ち。

ウ 発明は佐吉には無理だと思い、あきらめさせたい気持ち。

（　　）

(3) ――線③とは、何の発明ですか。十字以内でぬき出しなさい。（10点）

□□□□□□□□□□

(4) ――線④からわかる佐吉の考えとして、ふさわしいものを次から選びなさい。（10点）

ア おとうさんが気持ちをわかってくれないので、にくいと感じている。

イ おとうさんに何を言われても、発明を続けたい気持ちは変わっていない。

ウ おとうさんにしかられ、自分には大工が向いていると思っている。

（　　）

(5) この文章にふさわしい題を次から選びなさい。（10点）

ア すなおな心

イ あきらめない心

ウ 発明のむずかしさ

（　　）

学習日〔　月　日〕

| 時間 | 20分 |
|---|---|
| 合格 | 40点 |
| 得点 | 50点 |

**1** 次の文章を読んで、後の問いに答えなさい。

中世の人びとにとって、「東方見聞録*」は、アジアについてのただ一つの案内書でした。中世の人びとは、①血わき肉おどる思いでこの本を読み、その読者の中から、コロンブス*をはじめ、多くの探検家があらわれて、あたらしい海を、新しい土地を発見していったのです。

②「東のはてには、まっくらなどろ沼で、怪物が住んでいる」――中世のヨーロッパの人びとは、本気でそう信じていたのです。わたしたちが、宇宙についてまだくわしく知らないように、当時のヨーロッパの人びとは、アジアについてほとんど知識がありませんでした。ですから、マルコ・ポーロの「見聞録」は、いまでいうと「宇宙旅行記」ほどのねうちがあったのです。

月から火星へさらに木星へと、はじめて宇宙旅行をする人は、宇宙のことがくわしくわかっていないために、③いつかうそやまちがいを書くことになるでしょう。「東方見聞録」の中には、いまからみると、ばかばかしいような、うそやまちがいがたくさんありますが、それは当然のことなのです。マルコ・ポーロの「見聞録」や伝記を読むときは、そうした④時代の背景をよく知って読むことが必要なのです。

（砂田　弘「探検家マルコ・ポーロ」）

＊東方見聞録…マルコ・ポーロが書いた探検記。
＊コロンブス…ヨーロッパ人として初めてアメリカ大陸に上陸した探検家。

(1) ――線①とは、どのような思いのことですか。次から選びなさい。（10点）
ア　とてもこうふんする思い。
イ　じつにはらが立つ思い。
ウ　思わず笑ってしまう思い。
エ　少しも信用できない思い。
（　　）

(2) ――線②から、アジアはどのように思われていたことがわかりますか。（10点）
（　　　　　）

(3) ――線③とありますが、なぜそうなるのですか。次から選びなさい。（10点）
ア　文章をおもしろくしようとするから。
イ　宇宙全体についてよく知らないから。
ウ　見てきたことを忘れてしまうから。
エ　本当は宇宙になど行っていないから。
（　　）

(4) ――線④とは、どのような背景ですか。三十字以内で書きなさい。（10点）

(5) 「東方見聞録」について、文章の内容に合うものを次から選びなさい。（10点）
ア　うそが書かれており、これをもとに探検するのはきけんである。
イ　宇宙旅行記にくらべれば、あまりねうちはないと言える。
ウ　ばかばかしいなどと言わず、書かれていることをすべて信じるべきだ。
エ　まちがいが多いが、きちょうな書物であることにかわりはない。
（　　）

標準レベル 109

# 脚本

学習日〔　月　日〕　時間 20分　合格 40点　得点 ／50点

**1** 次の文章を読んで、後の問いに答えなさい。

〔①窓からひょいと大きい＊手袋をかけた泥棒がはいって来る〕

妹　ああ、びっくりした。誰なの、あんたは。

泥棒　泥棒です。

妹　あら、いやだ、自分で泥棒ですなんて。泥棒にしても随分、間ぬけな泥棒ね。

泥棒　㋐そんなことはない。

姉　あら、そんなことはないなんて。

妹　そんなぶざまな恰好で泥棒ができるもんですか。大きな軍用手袋なんかして。第一あんたの顔は泥棒にしちゃ無邪気すぎますよ。泥棒するんならひげのすごいのをつけてなきゃ人がおそれないわ。

泥棒　㋑おや、ついてませんか。

姉　何もありませんわ。

泥棒　ちぇっ、②また落としちゃった。しまったあ。あれ三銭で買ったのに。

妹　つけひげなの？

泥棒　そう、すごいのです。こういう風になっているんです。（と八の字を鼻の下にかく）山賊ひげって奴です。あ、あそこに落ちてる。（窓のところへいって拾う）㋒どうだ、凄いだろ。

妹　＊御愛嬌もんよ。

（新美南吉「ラムプの夜」）

＊手袋をかけた…手袋をはめた
＊御愛嬌…ちょっとしたじょうだん。

(1) このげきに出てくる人を、すべて書きなさい。（10点）

（　　　　）

(2) ――線①のように、せりふ以外の部分を何といいますか。（8点）

（　　　　）

(3) 〰〰線㋐～㋒のせりふは、それぞれどのような感じで言えば良いですか。（3点×4）

ア　いばった感じで
イ　平然とした感じで
ウ　意外そうな感じで

㋐（　　）　㋑（　　）　㋒（　　）

(4) ――線②とありますが、「ひげ」はどこにあったのですか。十字以上十五字以内で書きなさい。（10点）

(5) このげきのおもしろさは、どのようなところにありますか。当てはまらないものを後から選んで、記号で答えなさい。（10点）

ア　泥棒が自分のことを泥棒と名のり、姉妹と話をしているところ。
イ　泥棒のひげがつけひげで、三銭で買ったと自分で明かしているところ。
ウ　泥棒であるにもかかわらず、姉妹に対して「…です」と言っているところ。
エ　泥棒の言うでたらめを信じ、泥棒のことを姉妹がこわがっているところ。

（　　）

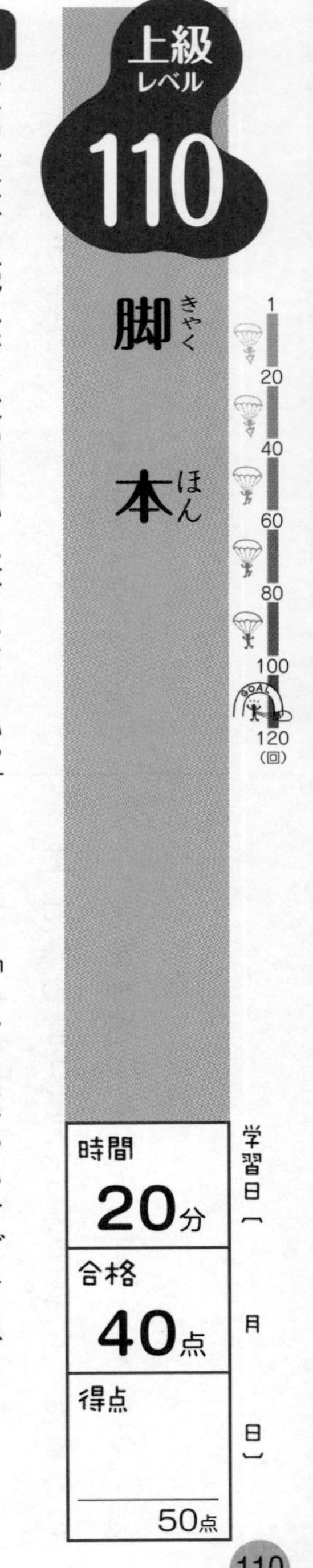

上級レベル 110

# 脚本（きゃくほん）

学習日〔　月　日〕

時間 20分　合格 40点　得点 　／50点

**1** 次の文章を読んで、後の問いに答えなさい。

少年「先生、先生はさっき、山の方で唱歌(しょうか)をお歌いになりましたか」

先生「いや、歌いませんぞ」

少年「でも、先生、ぼくたちが唱歌を歌っていたら向(むこ)うの山でも唱歌を歌いましたよ」

先生「なるほど」

少女「それからねえ先生、あんまり真似(まね)をするからお兄さんが誰(だれ)だっておっしゃると、向うでも誰だって言いましてよ」

先生「なるほどね」

少年「①あれは山の婆(ばばあ)が歌ったんですか」

先生「ははは、それはね山のお婆(ばあ)さんでも神様でもない。②山彦(やまびこ)というものじゃ」

少年「山彦がものを言うんですか」

先生「そうじゃ、こちらの声が向うの山へ響(ひび)くと、向うの山がそれを返してくるのじゃ、だからこちらの言う通りに向うでも答えるのだ」

少年「だから僕(ぼく)が馬鹿野郎(ばかやろう)って言ったら向うでも馬鹿野郎って言いましたよ」

先生「そうだろう。だからこちらで何かやさしい事を言ってやれば、向うでもやさしい事を返してくるのじゃ」

少年「おもしろいなあ」

少女「兄さん、何かやさしい事を言ってごらんなさい」

少年（山に向(むか)い）「こんちは、ごきげんはいかがですか」

山彦「こんちは、ごきげんはいかがですか」

少年少女顔を見合(みあわ)せて笑(わら)う。

少年少女「あなたはいい方ですね」

山彦「あなたはいい方ですね」（竹久夢二(たけひさゆめじ)「春」）

(1) このげきには、何人の人が出てきますか。漢数字で答えなさい。（10点）

（　　　）

(2) このげきの中で、せりふではない部分を二つぬき出しなさい。（5点×2）

・（　　　）

・（　　　）

(3) ——線①とありますが、なぜこのように言ったのですか。二十字以内(いない)で考えて書きなさい。（10点）

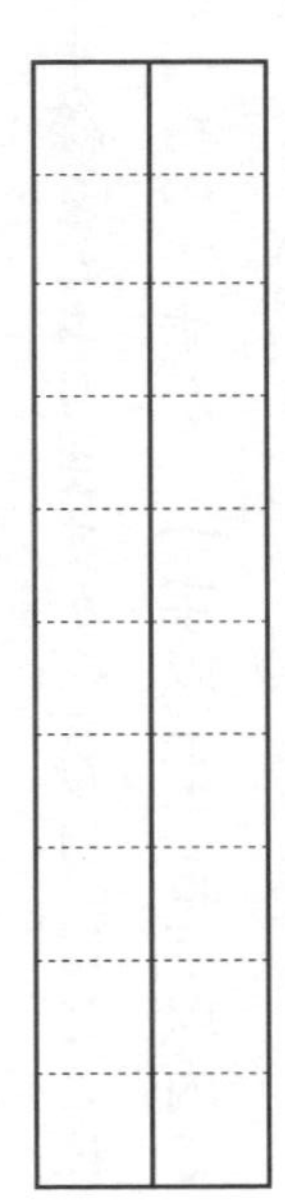

(4) ——線②はどういうものですか。げきの中の言葉を使って書きなさい。（10点）

（　　　）

(5) このげきのおもしろさは、どのようなところにありますか。当てはまるものをすべて選(えら)んで、記号で答えなさい。（10点）

ア 先生が山彦のふりをして、少年と少女をからかっているところ。

イ 山彦が、まるで生き物のようにあつかわれているところ。

ウ 同じ言葉を返すはずの山彦が、ちがう言葉を返してくるところ。

エ 山彦がまねをするとわかっていて、「いい方ですね」と言っているところ。

オ やさしい事を言えば、山彦もきげんをよくするところ。

（　　　）

標準レベル 111

# 意見文

学習日〔　月　日〕

| 時間 | 合格 | 得点 |
| --- | --- | --- |
| 20分 | 40点 | 50点 |

**1** 次の文章を読んで、後の問いに答えなさい。

カラスが生ゴミを食べたあとは、見るもむざんな状況です。路上にまとめて置かれていた袋はぐちゃぐちゃに破れてしまっています。そのまわりの路上は、ゴミがそこらじゅうに散らばり放題です。この状況では、カラスは悪くないとわたしがいくら言っても、①嫌われるのも仕方がないなと思いました。

しかし、カラスはなぜこんなにもゴミを散らかすのでしょうか。食べるだけならゴミが減って喜ばれるのに、散らかすからいやがられるのです。

そこで散らかす仕組みを解明するために、カラスがゴミ袋から食べ物をとり出すようすを撮影した②映像でくわしく見ることにしました。カラスがゴミを食べるときは、カラスが次から次へとあわただしく入れ替わるために、直接観察してもよくわかりません。しかし、映像だと何度も繰り返して見ることができるので、くわしい状況がわかるのです。

映像を見ると、カラスはゴミ袋の一か所をくちばしでつついて穴をあけ、そこから中身を取り出していました。ゴミ袋を破るときには、明らかに何かにねらいをつけているようです。

穴をあけると、まず、そこからゴミを引き出しては、あたりにポイポイと投げ捨てていきます。おそらくカラスは目的の食べ物を取り出すため、じゃまになる不要なゴミを穴から引き出しているのでしょう。

（柴田佳秀「わたしのカラス研究」）

(1) ——線①について、カラスが嫌われる理由を十字以内で書きなさい。(10点)

(2) ——線②のようにしたのはどのような利点があるからですか。「……から。」に続くように、二十字以内で書きなさい。(10点)

から。

(3) カラスがゴミを散らかす原因として、ふさわしいものを次から選びなさい。(10点)

ア 道路を散らかして、人間にめいわくをかけたいから。

イ 目当ての食べ物を取り出そうとして、いらないゴミを出すから。

ウ 映像で見られていることに、カラスは気づいていないから。

エ ゴミ袋をまちがって破ってしまうことが多いから。

（　　）

(4) この文章から、カラスには何がわかっていると考えられますか。次から選びなさい。(10点)

ア ゴミ袋の中身　イ 人間の気持ち

ウ 映像のしくみ　エ そうじの大切さ

（　　）

(5) 筆者は、カラスのことをどう思っているのですか。次から選びなさい。(10点)

ア 生ゴミを食べるので気味が悪い。

イ ゴミを減らしてくれたほうがよい。

ウ ゴミを散らかすことが目的ではない。

エ ゴミを投げ捨てる悪者である。

（　　）

上級レベル **112**

# 意見文



| 時間 20分 | 合格 40点 | 得点 　／50点 |
|---|---|---|

学習日〔　月　日〕

**1** 次の文章を読んで、後の問いに答えなさい。

カリマンタン島の森林破壊は、相当なペースで続いている。オランウータンが住むことができる森は、どんどん減っており、今から十年後、二十年後には、巨大な島の中で、①文字通りの「島」のように孤立した小さないくつかの森だけになってしまうかもしれない。

その先に待っているのは、「絶滅」だ。

これまでに絶滅した動物はたくさんいる。〔A〕、オランウータン一種が絶滅してもどうってことない、と考える人がいるかもしれない。

ぼくはこれに対して、いくつかの理由で「まちがいだ」と思っている。

これまでにたくさんの動物が滅んできたのは事実だ。例えば、あれだけ繁栄した②恐竜さえ、遠い昔にいなくなった。

しかし、現在、オランウータンをはじめとするたくさんの生き物が絶滅の危機に瀕しているのは、恐竜が滅んだのとまったく別の理由だ。

〔B〕、人間が彼らを追い込んでいるのだ。ぼくたちに③「責任」が生じるのは当然だ。

また、人間が誕生する前に生きていた恐竜とはちがい、オランウータンは同じ時代の地球に生きる仲間だ。いや、オランウータンだけでなく、この地球のすべての生き物がそうだ。仲間を滅びさせてはならないと考えるのは、ごく自然なことだとぼくには思える。

（川端裕人「オランウータンに森を返す日」）

(1) ——線①とは、どうなることを表していますか。(10点)

（　　　　）

(2) 〔A〕・〔B〕に当てはまる言葉を後から選んで、記号で答えなさい。(5点×2)

**ア** しかし　**イ** ところで
**ウ** つまり　**エ** だから

A（　）　B（　）

(3) ——線②のように、恐竜の例をあげたのはなぜか、三十字以内で書きなさい。(10点)

(4) ——線③とは、どのような責任ですか。考えて書きなさい。(10点)

（　　　　）

(5) なぜオランウータンを滅ぼしてはいけないのですか。筆者の考えを次からすべて選んで、記号で答えなさい。(10点)

**ア** オランウータンなどの生き物が滅びそうなのは、人間のせいだから。
**イ** 恐竜と同じ原因でオランウータンを滅ぼそうとしているから。
**ウ** オランウータンがいなくなれば、森はなくなってしまうから。
**エ** 同じ時代の地球に生きている生き物は、みんな仲間だと考えているから。
**オ** 恐竜のようなおそろしい生き物ではないから。

（　　　　）

# 113 仕上げテスト ①

時間 20分　合格 40点　得点 ／50点
学習日〔　月　日〕

## 1 次の詩を読んで、後の問いに答えなさい。

果物　八木重吉

秋になると
果物はなにもかも忘れてしまって
うっとりと実のってゆくらしい

(1) ――線は、どのような様子を表していますか。次から選びなさい。（10点）

ア 果物とは別のものになる様子。
イ 食べられてしまう様子。
ウ きれいに熟れていく様子。
エ 熟れすぎている様子。

（　　）

(2) この詩の表現のくふうとして、ふさわしいものを次から選びなさい。（10点）

ア 人以外のものを人にたとえている。
イ 言葉の順番を入れかえている。
ウ にたリズムの言葉を使っている。
エ 音を表す言葉を使っている。

（　　）

## 2 次の文章を読んで、後の問いに答えなさい。

ブラックホールは、すべてのものをのみこんでしまう、宇宙の墓場のようなものです。［A］、ちかづかなければ安心です。ただし、どのくらいまでちかづいたら危険かということは、かんたんにはきめられません。

大きいブラックホールだと、かなりとおくでも危険です。それに、見えないのだから、しまつがわるいのです。［B］、どこに、どのくらいの大きさのブラックホールがあるということがわからないと、宇宙船がとんでいく時代になると危険です。うっかりちかくをとおって、ブラックホールにつかまり、すいこまれるというじけんがおこるかもしれません。

（前川　光「星と宇宙のはなし」）

(1) ［A］・［B］に当てはまる言葉を次から選びなさい。（5点×2）

ア しかも　イ しかし
ウ だから　エ ところで

A（　　）　B（　　）

(2) ――線とありますが、なぜですか。三十字以内で答えなさい。（10点）

(3) 文章の内容に合うものを次から選びなさい。（10点）

ア ブラックホールは近づかなければ問題ないので、それほどこわくない。
イ ブラックホールは近づくと危険なので、どこにあるのかよく見なければならない。
ウ ブラックホールに宇宙船がすいこまれるじけんはすでに起きているので、注意するべきである。
エ ブラックホールは見えないので、場所と大きさがわかっていないと危険である。

（　　）

# 114 仕上げテスト ②

時間 20分　合格 40点　得点 ／50点

学習日〔　月　日〕

1 次の文章を読んで、後の問いに答えなさい。

「それでは第二ブイの白旗まで行く。」

突然、米田老人がいった。

「わしは年寄りだから、あんなところまでいっしょにはよう行かん。」

①とおそろしいこともいった。

第二ブイまで五十メートル。途中で足の立たないところもあるはずだ。もしおぼれたら、だれが助けてくれるのだろう。太はおそろしさのせいで、急に水が冷たくなった気がした。ヤッチャンもびびっているのか、だまりこんでしまった。

「とにかくゆっくり泳げ。つかれても、あわてるな。あおむけになって寝てもいい。息をととのえてからもう一度泳ぎはじめればいい。白旗まで、二か所ほど足の立つところもあるはずじゃ。」

「おぼれたらどうするの。」

「よけいなことは考えるな。おぼれても、このあたりは深いところでも水深二メートルほどだ。たいしたことはない。」

②米田老人のいうことはめちゃくちゃだった。太も㋐カンゼンにびびっていた。

「めちゃくちゃだよ。」

「プールで二十五メートルしか泳げないものが、㋑遠泳に出たいなどというのは、めちゃくちゃではないのか。」

米田老人の目は光っていた。

「とにかく死ぬ気で泳いでこい。」

（横山充男「少年の海」）

(1) ——線①とありますが、なぜおそろしいのですか。（10点）

（　　　）

(2) ——線②とありますが、どのようなところがめちゃくちゃなのですか。「水深」という言葉を使って、三十字以内で説明しなさい。（10点）

(3) 〜〜線㋐は漢字にし、〜〜線㋑は読み方をひらがなで書きなさい。（5点×2）

㋐（　　）　㋑（　　）

(4) 初めて海で五十メートルを泳ぐことに、太がきょうふを感じていることがわかる表現を、文章中から十字でぬき出しなさい。（10点）

(5) 米田老人は、なぜ「めちゃくちゃ」と言われる教え方をしているのですか。ふさわしいものを次から選びなさい。（10点）

ア 泳ぐ本人たちが本気にならなければ、泳ぎは上達しないから。

イ 太とヤッチンが本当は五十メートル泳げることを知っているから。

ウ 太とヤッチンが泳げるようになるはずがないと決めてかかっているから。

エ 太とヤッチンに、泳ぎにちょうせんするのをあきらめてほしいから。

（　　）

# 115 仕上げテスト ③

1〜120（回）

学習日〔　月　日〕

| 時間 | 合格 | 得点 |
|---|---|---|
| 20分 | 40点 | 　/50点 |

**1** 次の文章を読んで、後の問いに答えなさい。

　畑をぬけたところに、小さな小屋があった。中をのぞくと、すき、くわなど畑の道具と一緒に漁の道具がごちゃごちゃと置かれていて、潮くさいにおいがこもっていた。そのいちばん奥、ワラの山の上でなにかがうごめいていた。

　――ひょっとして？

　そっと奥まで進む。やっぱりだ！　生まれて間もない子ネコが三匹、ワラにうもれてニーニー鳴いていた。①目は二本の糸くずみたいだし、かぼそいピンク色の足にはまだ毛もはえていない。生まれたての子ネコなんて初めて見た。我をわすれたわたしが手をのばしかけると、いつの間にかもどってきた母ネコが②体じゅうの毛を立てて威嚇した。あわててひっこめる。

「なに。さっきまであんなになれなれしかったくせに。」

　まるでちがうネコみたいに用心深くなった母ネコは、わたしの目から子ネコたちをかくすようにワラの上に横たわった。ニーニーニーニー、子ネコたちはにぎやかにおっぱいを求めておしあいへしあいをはじめる。その動きはじれったいくらい不器用で、たがいにからまってひっくりかえったり、方向ちがいにはいだしたり、ようやく全員がおっぱいにありついたときには、わたしの口から③ホッとため息がもれた。そのあいだも母ネコは、あきれるくらいの根気強さで、子どもたちの体をなめまわしていた。

（八束澄子「海で見つけたこと」）

(1)「わたし」は、どこで子ネコを見つけたのですか。（10点）

（　　　　）

(2) ――線①とは、子ネコの目のどのような様子を表していますか。二十字以内で答えなさい。（10点）

(3) ――線②とありますが、母ネコは何のためにこのような行動をとったのですか。（10点）

（　　　　）

(4) ――線③には、「わたし」のどのような気持ちが表れていますか。（10点）

**ア** いらだち　**イ** つかれ

**ウ** 安心　**エ** 心配

（　　）

(5)「わたし」はどのような気持ちでネコの親子を見ていると考えられますか。ふさわしいものを後から選んで、記号で答えなさい。（10点）

**ア** 母ネコが自分になつかないことにはらを立て、いらいらしている。

**イ** 母ネコが出かけたすきに子ネコたちをさわりたいと考えている。

**ウ** 子ネコたちのかわいさに見入っているが、母ネコのことはおそれている。

**エ** 子ネコたちのかわいさと母ネコの子育ての熱心さに見入っている。

（　　）

# 116 仕上げテスト ④

学習日［　月　日］

時間 20分　合格 40点　得点　／50点

## 1 次の文章を読んで、後の問いに答えなさい。

トイレが水洗式になったり、ニワトリやウシ、ウマが家畜でなくなるにつれ、①ハエにとってはすみにくい環境になりました。ハエ、カ、ゴキブリ、シラミ、ダニなどなじみの虫は、ときには病気を持ちこむので、「衛生害虫」と呼ばれ、人間は②排除しようとしてきました。ゴキブリはホウ酸をしみこませた団子で殺されたりしますが、日本でゴキブリが病原菌を※媒介した事例はなく、ぬれぎぬを着せられたままかもしれません。それは、アリやダンゴムシなど、疑いが持たれていない不快害虫と同様、姿形、色が気持ち悪いために、③衛生と※潔癖の線引きをしなくなった人たちが化学薬品によって殺し続けているからだと思います。

④不快＝不衛生という誤解が解けがたいのは、不快感、恐怖感などの悪感情は、危険物を避けるセンサーの役割を果たしているからです。一般に、嫌いであったり、こわいものや人などに出会った場合、「人を見かけだけで判断してはいけない」という教えを信じて、頭（＝理）でこれらはよい人やものかを判定しようとすると、時間遅れになり、自分の生命を落としてしまうかもしれません。それで、「理」よりも「情」というセンサーで一瞬のうちにその善（良）悪を判定し、危険を※回避しようとするのです。

（森住明弘「環境とつきあう50話」）

※媒介…間に入ってとりもつこと。
※潔癖…きたないものをきらうこと。
※回避…さけること。

(1) ――線①とは、どのような環境のことですか。（10点）

（　　　　）

(2) ――線②とありますが、人間はなぜ衛生害虫を排除しようとするのですか。十五字以内で答えなさい。（10点）

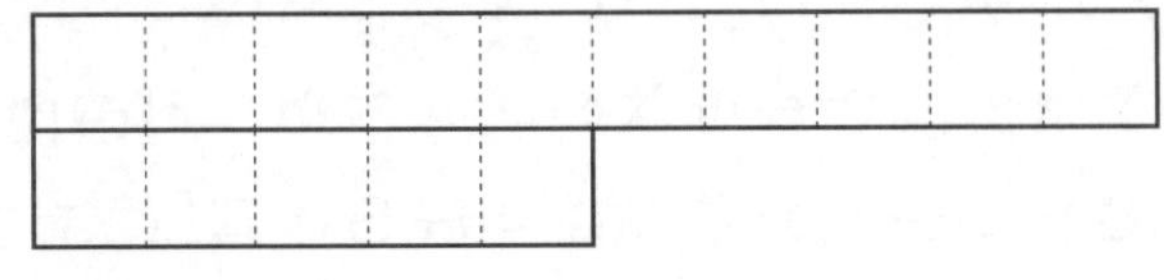

(3) ――線③とは、何と何の区別がつかないことですか。次の空らんＡ・Ｂに当てはまる言葉を書きなさい。（3点×2）

（Ａ）と（Ｂ）の区別。

Ａ（　　　　）

Ｂ（　　　　）

(4) ――線④とありますが、なぜですか。「危険」という言葉を使って説明しなさい。（10点）

（　　　　）

(5) 「理」と「情」について、文章の内容に合うものを選びなさい。（10点）

ア 「理」によって物事を考えたほうが、早く正確に判断することができる。

イ 「理」によって物事を判断するのは、時間遅れになるためやめたほうがよい。

ウ 人は物事を「情」で判断しがちであるため、誤解につながることもある。

エ 「情」で判断するほうが、「理」で判断するよりも正しい場合が多い。

（　　）

(6) 〰〰線「害」の五画目をなぞりなさい。（4点）

害

# 117 仕上げテスト ⑤

学習日［　月　日］

| 時間 | 合格 | 得点 |
|---|---|---|
| 20分 | 40点 | /50点 |

**1** 次の文章を読んで、後の問いに答えなさい。

〔少年はある男から、まちがえて持ってきてしまった懐中時計を持ち主に返してほしいとたのまれた。〕

「あれは、うちの周作だ。」

「えっ、ほんと？」

「きのう、十なん年ぶりで、家へもどってきたんだ。ながいあいだ悪いことばかりしてきたけれど、こんどこそ改心して、まじめに町の工場ではたらくことにしたから、といってきたんで、ひと晩とめてやったのさ。そしたら、けさ、わしが知らんでいるまに、もう悪い手くせを出して、この二つの時計を＊くすねて出かけやがった。あの＊ごくどうめが。」

「おじさん、そいでもね、まちがえて持ってきたんだってよ。①ほんとにとってゆくつもりじゃなかったんだよ。ぼくにね、人間は＊清廉潔白でなくちゃいけないっていってたよ。」

「そうかい。……そんなことをいってたか。」

少年は老人の手に二つの時計をわたした。②うけとるとき、老人の手はふるえて、うた時計のねじにふれた。すると時計は、また美しくうたいだした。

老人と、少年と、立てられた自転車が、広い枯野の上にかげを落として、しばらく美しい音楽にきき入った。③老人は目になみだをうかべた。

（新美南吉「うた時計」）

＊くすねて…ぬすんで。　＊ごくどう…悪事を行うもの。
＊清廉潔白…心が清くて欲がないさま。

(1)「老人」と「周作」は、どのような関係ですか。(5点)

（　　　　）

(2) ——線①とありますが、周作が時計をぬすむつもりではなかったことは、どの言葉からわかりますか。始めと終わりの三字ずつをぬき出しなさい。(10点)

［　　　］〜［　　　］

(3) ——線②の理由として、ふさわしいものを次から選んで、記号で答えなさい。(10点)

ア　周作のことをひどく誤解していたことに気づいたから。
イ　時計がぶじにもどって、うれしくてたまらなかったから。
ウ　時計のねじをうまく回すことができなかったから。
エ　周作のことを、あらためてゆるせないと思ったから。

（　　）

(4) ——線③には、老人のどのような気持ちが表れていますか。(10点)

（　　　　）

(5) 〰〰線は、どのようなことを表していますか。「心」という言葉を使って二十字以内で書きなさい。(10点)

(6) ＝＝線の音訓の組み合わせを次から選んで、記号で答えなさい。(5点)

ア　訓＋訓　　イ　音＋音
ウ　訓＋音　　エ　音＋訓

（　　）

学習日〔　月　日〕

| 時間 | 20分 |
| --- | --- |
| 合格 | 40点 |
| 得点 | /50点 |

**1** 次の文章を読んで、後の問いに答えなさい。

①ことばは生きています。時代とともに変わり、場所によって変わり、使う人によって変わり、相手によって変わります。ことばは、そのときどきの場所や相手に応じて、生きた人間関係を結ぶために、心と心の通じ合いをするために使われるものです。この時にはこういうことばを使わなくてはいけない、というような公式はありません。

（中略）

②友だちのちょっとあらたまった誕生パーティに招待されたとき、あなたはどんな服装で出かけますか。どんなに親しい友だちの家でも、ジョギングパンツで出かけて行ったり、浴衣がけで行ったりはしないでしょう。いや、ぼくはジョギングパンツにランニングシャツの姿だって行けるぞ、という人もいるかもしれません。服装なんて自分が納得していれば何だっていいんだ、という人もいるかもしれません。しかし、そういう人たちは、招待する側の人の気持ちを考えたことがあるでしょうか。

③招待してくれた人を傷つけることになっては、何のために出かけていくのかわかりません。

④ことばづかいも服装と同じで、最低限のルールはあります。私自身は、ことばづかいはなるべく自由な方がいいと思っていますが、それは、相手との間にどの程度の信頼関係があるかによって決まります。

（斎藤美津子「話しことばのひみつ」）

(1) ——線①とは、具体的にどういうことですか。二十字以内で書きなさい。（10点）

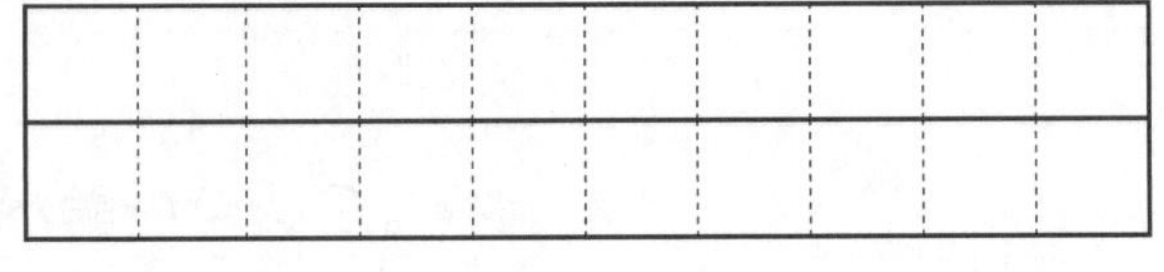

(2) ——線②は、何を説明するための例ですか。文章中の言葉を使って書きなさい。（10点）

（　　　　）

(3) ——線③とありますが、なぜ傷つけることになるのですか。（10点）

（　　　　）

(4) 筆者の考えにもっとも近いものを後から選んで、記号で答えなさい。（10点）

ア 場所や相手に応じて使うことばは決まっているので、その通りにすべきだ。
イ どのようなことばづかいがよいかは、相手との信頼関係によって決まる。
ウ 服装を自由に選べるように、ことばも自分の感覚で自由に使えばよい。
エ ことばづかいはできるだけ自由な方がよく、相手を気にする必要はない。

（　　）

(5) 筆者の主張が述べられているのは、どの段落ですか。（10点）

ア ①段落だけ
イ ④段落だけ
ウ ①・④段落
エ ②・③段落

（　　）

# 119 仕上げテスト 7

学習日〔　月　日〕

時間 20分　合格 40点　得点　50点

**1 次の文章を読んで、後の問いに答えなさい。**

印刷所のうら手の、出ばったところに、きたない炊事場があった。（中略）

そこには大きなカマがすえてあって、いつも湯がたぎっていた。こしの少しまがったじいやが、①ネコのように、*ヘッツイの前にうずくまっていた。

ドビンをさげて、吾一がお湯をもらいに行ったりすると、しょぼしょぼした目をしばたたきしながら、

「しんぼうするんだよ。つらくても、がまんをしなくちゃいけないよ。」

と、よくなぐさめてくれた。

この老人は、いつもなにか仕事をしていた。年をとっているのに、じつにまめな人で、ほとんど手をやすめているということがなかった。そんなふうだから、だいぶ金がたまったのだそうだが、二、三年まえの不景気のとき、銀行がつぶれて、あずけておいたものを、すっかりなくしてしまったのだという。あそびずきの職工たちは、「あんなにはたらいたって、なんになる。バカなおやじだ。」といって、けいべつしているが、当人は、なんといわれても、むかしどおりこつこつはたらいていた。

「はたらくってのはね、*はたをらくにしてやることさ。」

ほかの人がいったら、だじゃれにきこえそうなことばが、このじいやの入れ歯のあいだから出てくると、なんか、②しみじみとした響きがあった。

（山本有三「路傍の石」）

＊ヘッツイ…かまど。　＊はた…まわり。

(1) ——線①とは、どのような様子を表していますか。（10点）

ア すばしっこく動く様子。

イ いねむりをしている様子。

ウ 小さく丸まっている様子。

エ かわいらしい様子。

（　　）

(2) 「じいや」の人がらを表す言葉を、文章中からぬき出しなさい。（10点）

（　　）

(3) ——線②とありますが、なぜですか。二十字以内で考えて書きなさい。（10点）

**2 次の文が正しくなるように、——線部を直しなさい。**（4点×5）

(1) 今年のわたしの目標は、毎月三冊の本を読むことが目標です。

（　　）

(2) ぼくは、だれもがお年寄りに親切にするべきだ。

（　　）

(3) たとえ負けると、もう一度ちょうせんしたい。

（　　）

(4) わたしのしょうらいの夢は、医者になりたいです。

（　　）

(5) 学校から帰ると、いつも犬の散歩を行きます。

（　　）

# 120 仕上げテスト 8

時間 20分　合格 40点　得点 ／50点　学習日〔　月　日〕

## 1 次の文章を読んで、後の問いに答えなさい。

江戸時代には、日の出から日の入りまでの時間を六等分して「明一つ」とよび、日の入りから日の出までも六等分して「暮一つ」とよんだそうである。

これらの十二等分された時間には、それぞれ十二支の動物の名がつけられていた。今でも昼の十二時を正午というが、これはそのなごりで、午の刻というと、だいたい十二時から二時くらいに当たる。

日常の生活は、これでけっこう事足りていたらしいが、夏と冬では㋐昼夜の長さがちがうから、一時間の長さが変わってしまう。これでは、精密に時間の長さを測ろうとする場合には向かない。

日本人は、このような時のきざみに合わせて昼と夜で進みのちがう和時計というものを発明して、時計のほうを㋑キセツの変化に合わせるようにしていたという。

現在の時間は、だれでも知っているように、地球の自転周期を二十四時間として、それから、分、秒を決めている。

しかし、これも正確とはいえない。三億年前と現在を比べると、地球の自転はおそくなっているからだ。

（細谷暁夫「さまざまな時間を旅する」）

(1) 〜〜線のカタカナは漢字に直し、漢字は読みをひらがなで書きなさい。（5点×2）

㋐（　　）　㋑（　　）

(2) ――線はなぜ必要だったのですか。文章中の言葉を使って、二十字以内で書きなさい。（10点）

(3) この文章の要旨としてふさわしいものを後から選んで、記号で答えなさい。（10点）

ア 現在の時間の決め方は、基本的には江戸時代と変わっていない。

イ 江戸時代の時間の決め方のほうが、現代よりもずれが少なかった。

ウ 時間の決め方は一つではなく、確実な測り方を見つけるのはむずかしい。

エ 地球の自転が変化しているため、日本人は和時計を発明した。

（　　）

## 2 次の慣用句の意味を、後から一つずつ選んで、記号で答えなさい。（2点×5）

① うでが上がる（　　）

② 手にあまる（　　）

③ あごを出す（　　）

④ 板につく（　　）

⑤ 気が置けない（　　）

ア 自分の力ではあつかいきれない。

イ えんりょがいらない。

ウ ひどくつかれて動けなくなる。

エ じょうずになる。

オ その人にぴったり合う。

## 3 次の言葉の対義語を書きなさい。（2点×5）

① 自然（　　）　② 生産（　　）

③ 便利（　　）　④ 心配（　　）

⑤ 不調（　　）

## 標準レベル 1 漢字の読み

**解答**

1 ①しおあじ ②いちょう ③ふうけい ④かいりょう ⑤がんぼう ⑥ぎょぎょう ⑦ちあん ⑧ほうたい ⑨ぶじ ⑩きしべ ⑪せきせつ ⑫きょうだい ⑬あんせい ⑭しそん ⑮かんきゃく

2 ①イ ②イ ③ウ ④ア ⑤ウ

3 ①さ・おぼ・じかく
②こ・こなゆき・ふんまつ
③さ・ひ・つめ・かんれい

**解説**

2 ④「末路」（まつろ）には「一生の終わり」、または、「物事のおとろえはてた終わり」という意味がある。
⑤「不用心」（ぶようじん）は「無用心」とも書き、「用心が足りないこと」、または、「ぶっそうなこと」という意味がある。

注意 3①「覚(さ)ます」、③「冷(さ)ます」のように、ちがう字で同じ読み方をするものに注意。

## 上級レベル 2 漢字の読み

**解答**

1 ①かなめ ②かしん ③ばいにく ④しゃくよう ⑤ぐんぶ ⑥えんがい ⑦きしゅ ⑧きこうぶん ⑨こんさい ⑩れいせつ ⑪しょうちくばい ⑫しっしょう ⑬ふじ(ふち) ⑭ぜんちょう ⑮せきはん

2 ・印象→いんしょう
・類→たぐ(い)
・天然→てんねん
・関→せき
・折→おり

**解説**

2 「関の山」は、いっしょうけんめいやってできる限度の量のことを言う。よって、「天然の魚や作物の味に近づけるのが関の山だろう」の部分は「いっしょうけんめいにやっても、天然の魚や作物の味に近づけるのがせいいっぱいだろう」という意味である。

## 標準レベル 3 漢字の書き

**解答**

1 ①案内 ②種子 ③約束 ④観察 ⑤水道管 ⑥関節 ⑦国旗 ⑧議会 ⑨結果 ⑩散 ⑪合唱 ⑫照明 ⑬停止 ⑭博士 ⑮録音 ⑯信用 ⑰満足 ⑱便利 ⑲特別 ⑳極度

2 ①愛する ②浴びる ③変える ④働く ⑤失う ⑥改める ⑦積もる ⑧借りる

3 ①建→健 ②正→成 ③方→包 ④不→無 ⑤量→料 ⑥去→挙 ⑦年→念

**解説**

3 ③「包囲」は、まわりを取り囲むこと。
⑥「挙手」は、手を挙げること。
⑦「念願」は、心にかけて強く願うことや、その願いのこと。

## 上級レベル 4 漢字の書き

**解答**

1 ①位置 ②市街地 ③気候 ④試験 ⑤辞典 ⑥祝福 ⑦伝達 ⑧粉末 ⑨投票 ⑩刷新 ⑪児童 ⑫自覚 ⑬定形 ⑭一目散 ⑮結束 ⑯良好 ⑰紀元 ⑱治水 ⑲点灯 ⑳未完

2 ・同→堂
・気→希
・作→昨
・科→加
・士→司

**解説**

1 ⑤「辞典」と「事典」のちがいに注意。「辞典」は、言葉を調べるためのもので、「辞書」と同じ意味を表す。「事典」は、百科事典など言葉から物事を調べるためのもの。

## 標準レベル 5 漢字の音訓

**解答**

1 ①とく ②え ③つめ ④ひ ⑤れいか ⑥つら ⑦れんたいかん ⑧あつ ⑨ねつ ⑩へん ⑪あた ⑫るい ⑬たぐ ⑭どりょく ⑮つと ⑯ぞう ⑰たいしょう ⑱はつ ⑲しょにち ⑳はじ

2 ①ア ②イ ③ア ④ア ⑤ア ⑥イ ⑦ア ⑧イ ⑨ア ⑩イ

3 ①ウ ②ア ③ア ④ウ ⑤ウ ⑥ウ ⑦ウ ⑧イ ⑨ア ⑩イ

**解説**

注意 2ふつう、読み方だけで意味がわかるものは訓読み、意味がわからないものは音読みと考える。ただし、①「愛」、③「漁」、⑤「席」のように、音読みでも意味が通じるものがあるので注意すること。

❸ 漢字には、「音読み・訓読みのどちらもあるもの」が最も多い。反対に最も少ないのは、「訓読みしかないもの」であることを覚えておくとよい。

## 上級レベル 6 漢字の音訓

**解答**

1
①参加・参る
②試験・試みる
③関連・関わる
④勇気・勇む
⑤敗北・敗れる
⑥栄養・養う
⑦幸福・幸せ
⑧山積・積もる
⑨区別・別れる
⑩改良・改める（順不同）

2
①ふうしゃ・かざぐるま
②ねんげつ・としつき
③しきし・いろがみ
④ぶんべつ・ふんべつ
⑤にんき・ひとけ
⑥じじょう・いちば（順不同）

3
①ア　②エ　③ウ　④エ
⑤イ　⑥エ　⑦ア　⑧ア
⑨イ　⑩イ　⑪ア　⑫ウ
⑬ア　⑭エ　⑮ウ　⑯エ

**解説**

2 読み方によって意味が変わらないものと、意味が変わるものがある。②「年月」は「ねんげつ」でも「としつき」でも意味は同じであるが、④は「ぶんべつ」と読む場合には「分けること」を表し、「ふんべつ」と読む場合には「物事をわきまえていること」を表す。

## 標準レベル 7 辞典の引き方・漢字の構成

**解答**

❶ ①祝　②浴　③種　④成　⑤欠　⑥困

❷ ①ア・にんべん　②イ・おおざと
③ア・きへん　④ア・きへん
⑤ア・くにがまえ　⑥ア・さんずい
⑦イ・くち　⑧ア・こへん
⑨イ・おおがい　⑩イ・こころ

❸ ①原・頁　②言・果
③今・心　④化・貝
⑤竹・官　⑥禾・責
⑦少・目　⑧糸・吉
⑨罒・直　⑩糸・売
⑪木・毎　⑫亠・元
⑬氵・合　⑭米・分（順不同）

**解説**

❷ 漢字辞典を引くときには、漢字の読み方、部首、総画数のどれかを手がかりにする。部首や画数（筆順）はまぎらわしいものもあるので、新しく漢字を習ったら必ず確認し、まちがえたまま覚えてしまわないように注意すること。

## 上級レベル 8 辞典の引き方・漢字の構成

**解答**

1 ①穴　②大　③〇　④〇　⑤十
⑥〇　⑦〇　⑧五　⑨〇　⑩力

2 ①信・九　②案・十
③給・十二　④胃・九
⑤辞・十三　⑥芸・七
⑦好・六（完答）

3 ①イ・かたな
②イ・いち
③イ・ひとあし
④イ・くるま

**解説**

1 漢字辞典で漢字を部首から調べる場合、部首以外の部分の画数から引く。

2 漢字辞典を引くときには、漢字の読み方、部首、総画数のいずれかを手がかりに引く。ここは、一つ一つの漢字の組み立て方・読み方・総画数を考える問題である。特に③「給」と⑥「芸」の総画数をまちがえないようにすること。

**ポイント**

3 ①～④はすべて、部首をまちがえやすい漢字である。漢字の形から考えるとまちがえてしまう場合もあるので、漢字辞典を使うなどして正しい部首を覚えること。

## 標準レベル 9 部首

**解答**

❶ ①エ　②オ　③ウ　④ア
⑤イ　⑥イ　⑦ア　⑧ウ
⑨イ　⑩カ　⑪エ　⑫ア
⑬イ　⑭カ　⑮エ　⑯イ

❷ ①ウ　②ア　③ア　④ア　⑤ウ　⑥イ　⑦ウ

❸ ①×　②×　③〇　④〇　⑤〇
⑥×　⑦〇　⑧〇　⑨×　⑩×

**解説**

❶ それぞれの漢字の部首は次のとおり。
①「包」（つつみがまえ）

②「無」(れっか・れんが)
③「病」(やまいだれ)
④「課」(ごんべん)
⑤「害」(うかんむり)
⑥「究」(あなかんむり)
⑦「清」(さんずい)
⑧「庫」(まだれ)
⑨「令」(ひとやね)
⑩「選」(しんにょう・しんにゅう)
⑪「関」(もんがまえ)
⑫「便」(にんべん)
⑬「菜」(くさかんむり)
⑭「建」(えんにょう)
⑮「固」(くにがまえ)
⑯「笑」(たけかんむり)

❸ ①「忄」は「心」から作られた部首である。
②「ネ」は「示」から作られた部首である。
⑥病気にかかわる言葉を表す部首は「やまいだれ」である。
⑩「⺍」は「つかんむり」という。

## 上級レベル 10 部首

**解答**

❶ ①× ②× ③× ④〇 ⑤〇
⑥〇 ⑦〇 ⑧× ⑨× ⑩〇
⑪〇 ⑫× ⑬〇 ⑭× ⑮×
⑯〇 ⑰〇 ⑱〇

❷ ア・カ　イ・キ　ウ・オ　エ・ク
ケ・コ　サ・シ(順不同)

❸ ①隹・ふるとり
②火・ひ
③扌・てへん
④口・くち
⑤巾・はばへん(きんべん)
⑥木・き
⑦門・もんがまえ

**解説**

❶ ×のものの正しい部首は、①「ひとやね」、②「つかんむり」、③「おおざと」、⑧「あくび・かける」、⑨「き」、⑫「いのこ・ぶた」、⑭「くち」、⑮「こ」である。

## 標準レベル 11 筆順

**解答**

❶ ①一 ②四 ③五 ④二 ⑤三
⑥八 ⑦二 ⑧五 ⑨五 ⑩五
⑪五 ⑫四 ⑬五 ⑭三 ⑮二

❷ ①ア ②ア ③イ ④ア ⑤ア

❸ ①〇 ②〇 ③〇 ④× ⑤×
⑥〇 ⑦〇 ⑧× ⑨〇 ⑩〇

❹ ①× ②× ③〇 ④〇 ⑤〇

**解説**

❶ ①臣は左側のたてを最初に書く。④有はななめのノを最初に書く。

**注意** ❷①「果」は、「日」+「木」という成り立ちの漢字である。「田」+「木」ではないことに注意。
❹筆順をまちがえて覚えていると、総画数もまちがえてしまっている場合がある。新しく習った漢字は、必ず筆順を確かめながら覚え、まちがったまま覚えてしまわないように注意すること。

## 上級レベル 12 筆順

**解答**

❶ ①九 ②三 ③三 ④四 ⑤五 ⑥八
⑦十 ⑧四 ⑨二 ⑩五 ⑪六 ⑫四
⑬四 ⑭五

❷ ①ア ②イ ③エ ④ア
⑤イ ⑥ウ ⑦ア ⑧エ

❸ ア・カ　ウ・キ　エ・オ　イ・ク(順不同)

❹ ①反 ②馬 ③士 ④石 ⑤光
⑥友 ⑦広

❺ ウ

**解説**

❷ 漢字の筆順にはおおよそのパターンがあり、たいていの漢字の筆順はア〜エの選択肢の四タイプにあてはまる。ただし例外もあるので、この四タイプにあてはまらないものに注意して覚えておくようにするとよい。

**ポイント**

❸ 一画目を「ノ」からはじめる漢字には「右」「布」「入」「九」などがある。これに対して「左」「反」「友」などは、「一」から書きはじめる。まちがえやすい筆順なので、ノートに書き出すなどして整理して覚えておくこと。

**注意** ❺「阝」(こざとへん・おおざと)の画数は三画である。縦棒以外の部分を続けて書かないように注意。

## 標準レベル 13 画数

**解答**

❶ 果・刷・底・治・周(順不同)

❷ ①5 ②12 ③8 ④12 ⑤7

❸ ①イ ②ウ ③ア・オ・ケ・コ
④エ・カ・キ・ク

4 (観・験)(結・極)(卒・官)(借・残)
(軍・型)(順不同)

5 ①ア・イ ②イ・ウ ③イ・ウ
④ウ・イ ⑤ア・イ

**解説**

1 正解(八画)以外の漢字の画数は次のとおり。
芸…七画　好…六画　信…九画
東…七画　冷…七画　料…十画
建…九画

**注意** 2③「毒」は部首を「母」とまちがえると、総画数も変わってしまうので注意。

3 まちがえやすい画数は、何度も書いて覚えるようにしたい。
一画で書くもの…乙・乚(区)・⺄(九)など
二画で書くもの…卩(節)・又(反)・ム(広)など
三画で書くもの…子・幺・廴・阝・己・弓など
四画で書くもの…水・母・氏・殳など

4 観・験は十八画、結・極は十二画、卒・官は八画、借・残は十画、軍・型は九画である。答えにならなかった兆は六画、続は十三画。

5 それぞれの漢字の画数は次のとおり。
①ア「各」六画　イ「欠」四画　ウ「以」五画
②ア「億」十五画　イ「録」十六画　ウ「塩」十三画
③ア「案」十画　イ「敗」十一画　ウ「単」九画
④ア「唱」十一画　イ「航」十画　ウ「順」十二画
⑤ア「鏡」十九画　イ「養」十五画　ウ「類」十八画

## 上級レベル 14 画数

**解答**

1 (士)→夫→辺→衣→兵→泣→浅→孫→(側)→試→歴→標
2 ①7 ②12 ③10 ④12 ⑤10
3 ①ア ②ア ③ア ④ア ⑤イ
4 ①ウ ②ア ③ウ ④ウ ⑤ア ⑥ア ⑦イ ⑧ウ ⑨ア ⑩ウ

**解説**

1 それぞれの漢字の画数は、画数順に次のとおり。「士」三画、「夫」四画、「辺」五画、「衣」六画、「兵」七画、「泣」八画、「浅」九画、「孫」十画、「側」十一画、「試」十三画、「歴」十四画、「標」十五画。

**注意** 2①「求」は「水」ではなく「氺」。②「しんにょう」は三画。

3 ①ア固定で十六画、イ飛行で十五画。
②ア必要で十四画、イ古典で十三画。
③ア胃薬で二十五画、イ首輪で二十四画。
④ア発芽で十七画、イ共通で十六画。
⑤ア博学で二十画、イ清流で二十一画。

「飛」「必」「博」は、四年で学習する漢字の中で、筆順・画数問題で最も出題されやすい漢字である。ふだんから正しく書くように心がけよう。

4 それぞれの漢字の画数は次のとおり。
①ア「末」五画　イ「令」五画　ウ「灯」六画
②ア「最」十二画　イ「節」十三画　ウ「戦」十三画
③ア「倉」十画　イ「席」十画　ウ「祝」九画
④ア「差」十画　イ「訓」十画　ウ「昨」九画
⑤ア「静」十四画　イ「辞」十三画　ウ「愛」十三画
⑥ア「仲」六画　イ「功」五画　ウ「民」五画
⑦ア「梅」十画　イ「救」十一画　ウ「候」十画
⑧ア「議」二十画　イ「競」二十画　ウ「願」十九画
⑨ア「管」十四画　イ「熱」十五画　ウ「選」十五画
⑩ア「象」十二画　イ「然」十二画　ウ「腸」十三画

## 標準レベル 15 漢字の組み合わせ

**解答**

1 ①イ ②ウ ③イ ④ア ⑤ア ⑥ウ ⑦ウ ⑧ア ⑨ウ ⑩イ
2 ①伝 ②材 ③季 ④念 ⑤満 ⑥参 ⑦栄 ⑧貨 ⑨浴 ⑩隊
3 ①欠 ②敗 ③低 ④得 ⑤害 ⑥争 ⑦停 ⑧連 ⑨量 ⑩単

**解説**

**ポイント**
1 「上の字が下の字を説明する」組み合わせの言葉は、〈下の字〉→〈上の字〉の順に「○を○する」と読むと、言葉の意味がわかる。
②投球→「球を投げる」
⑥読書→「書を読む」
⑦消火→「火を消す」
⑨返品→「品を返す」

3 ④「得失」は、「得ることと失うこと」という意味。
⑤「利害」は、「得することと損すること」という意味。
⑩「単一」は、「ひとつだけであること」という意味。

## 上級レベル 16 漢字の組み合わせ

**解答**

1 ①老 ②約 ③牧 ④挙 ⑤散 ⑥給 ⑦付 ⑧変 ⑨敗 ⑩要
2 ①健康 ②希望 ③特別 ④完成 ⑤観察 ⑥結果 ⑦残飯 ⑧便利 ⑨標的 ⑩労働
3 ①上 ②台 ③里 ④金 ⑤民 ⑥紀 ⑦期 ⑧暗 ⑨天 ⑩必

**解説**

1 ②「公約」とは、「公の場で約束すること」という意味。

③「牧場」は、「まきば」と読んだ場合も、「ぼくじょう」と同じ意味を表す。
⑥「配給」とは、「品物などをみなにわりあてて配ること」という意味。

**3** ①「包囲」「周囲」という熟語になる。
②「位置」「放置」という熟語になる。
③「無休」「無料」という熟語になる。
④「大漁」「漁船」という熟語になる。
⑤「関連」「関係」という熟語になる。
⑥「機械」「器械」という熟語になる。
⑦「未来」「未然」という熟語になる。
⑧「紀行」「世紀」という熟語になる。
⑨「反省」「帰省」という熟語になる。
⑩「副賞」「賞品」という熟語になる。

## 標準レベル 17 対義語・類義語

**解答**

**1** ①高い ②洋服 ③兄弟 ④良い ⑤借りる
⑥左折 ⑦冷たい ⑧寒い ⑨引く ⑩戦争
⑪多い ⑫売る ⑬午後 ⑭死ぬ ⑮生産
⑯卒業 ⑰上流 ⑱最初 ⑲新しい ⑳浅い

**2** ①イ ②イ ③ア ④イ ⑤イ
⑥ア ⑦イ ⑧イ ⑨ア ⑩ア

**3** ①○ ②× ③× ④× ⑤○
⑥○ ⑦○ ⑧× ⑨× ⑩○

**解説**

**2** ①「失望」とは、「期待が外れてがっかりすること」という意味。
②「当然」とは、「あたりまえである」という意味。
⑥「言外」は「げんがい」と読む。「言葉に出さない部分」という意味。
⑧「不信」は「信用できないこと」という意味。
⑨「区画」は「土地などをいくつかの部分に区切ること」という意味。
⑩「便利」とは、「つごうがよいこと」という意味。対義語は「不便」である。

**3** それぞれの言葉の対義語は次のとおり。
①不幸 ②静止 ③欠席 ④欠点・弱点 ⑤不満
⑥不便 ⑦不調 ⑧最低 ⑨下校 ⑩不明

**注意** **1**⑦「熱い」は温度が高いこと、⑧「暑い」は気温が高いこと。
**2**⑥「意外」は、考えていたものとちがっていること。「以外」ときちんと区別して使い分けること。

## 上級レベル 18 対義語・類義語

**解答**

**1** ①書店 ②目標 ③命令 ④欠点 ⑤所有
⑥本人 ⑦材料 ⑧計画 ⑨当然 ⑩不平

**2** ①部分 ②低下 ③無名 ④受信 ⑤以前
⑥不運 ⑦固定 ⑧健康 ⑨失敗 ⑩自然

**3** ①イ ②ウ ③キ ④ツ
⑤⑥シ・チ ⑦⑧サ・ス ⑨⑩コ・セ(順不同)

**解説**

**1** ③「指図」は「さしず」と読む。やってほしいことなどを命令するという意味である。
⑧「意図」は「いと」と読む。やろうとしていることという意味であるから、「計画」とほぼ同じ意味である。
⑩「不服」は気に入らないことや、なっとくいかないことを表すので、「不平」とほぼ同じ意味である。

**2** ⑦「流動」は「りゅうどう」と読む。うつり変わるという意味であるから、対義語は「固定」、つまり動かないということである。
⑩「人工」は人が作ったものという意味。対義語は人が作ったもの以外であるから、「自然」である。なお、「人口」は人の数という意味なので注意する。

**ポイント**
**3** 二字の熟語の対義語のうち、「二字全体で反対の意味になっているもの」についてはとくに、覚えていないと答えることができない。日ごろから漢和辞典を使うなどして、類義語や対義語を組にして覚えるようにしよう。

## 標準レベル 19 三字・四字熟語

**解答**

**1** ①しょうてんがい ②せいでんき
③がいろ(じゅ) ④はくぶつかん
⑤かいさつぐち ⑥てんけいてき
⑦いちょうやく ⑧とくさんぶつ
⑨ひゃっかてん ⑩にっこうよく
⑪いっせきにちょう ⑫かちょうふうげつ
⑬ぎゅういんばしょく ⑭きゅうてんちょっか
⑮さんかんしおん ⑯しくはっく
⑰はっぽうびじん ⑱りっしんしゅっせ
⑲りろせいぜん ⑳たんとうちょくにゅう

**2** ①大／成功 ②今／世紀
③衣／食／住 ④健康／的
⑤不／自由 ⑥飛行／船
⑦副／作用 ⑧貨物／便

**3** ①× ②○ ③○ ④×
⑤× ⑥○ ⑦○

**解説**

**ポイント**
**2** 三字熟語の成り立ちは、次の三つに分類することができる。
・二字熟語の上に一字の漢字がついたもの（大成功・不自由　など）
・二字熟語の下に一字の漢字がついたもの（健康的・飛行船　など）
・三つの漢字が対等な関係のもの（衣食住・市町村　など）

3 ①「一朝一夕」は、非常に短い時間のこと。
④「門外不出」は、めったに人に見せたりせず、外に出さずにかくし持っていること。
⑤「二束三文」は、わずかなお金にしかならないこと。

## 上級レベル 20 三字・四字熟語

**解答**

1 ①黒　②散　③細　④念　⑤得　⑥作　⑦末　⑧門　⑨類　⑩飯

2 ①単→短　②大→代　③決→欠　④九→急　⑤変→辺　⑥伝→電　⑦左→差

3 ①○　②×　③×　④○　⑤○　⑥○　⑦×　⑧×

**解説**

1 それぞれの三字熟語の読み方は次のとおり。
①だいこくばしら
②いちもくさん
③こざいく
④しょうねんば
⑤ふえて
⑥ぶさほう
⑦ふしまつ
⑧もんがいかん
⑨るいじひん
⑩さはんじ

2 ①の「一長一短」は「いっちょういったん」と読み、よい点と悪い点がそれぞれあるという意味。
②の「前代未聞」は「ぜんだいみもん」と読み、かつて聞いたことがないという意味を表す。
③の「完全無欠」は「かんぜんむけつ」と読み、欠けている点がいっさいなく、かんぺきであるという意味を表す。
④の「急転直下」は「きゅうてんちょっか」と読み、ものごとが急に変化して終わりに向かうという意味を表す。
⑤の「広大無辺」は「こうだいむへん」と読み、はてしなく大きいという意味。
⑥の「電光石火」は「でんこうせっか」と読み、動きがとてもすばやいという意味を表す。
⑦の「千差万別」は「せんさばんべつ」と読み、さまざまにちがっていて同じでないという意味を表す。

3 ②「大時代」は、とても時代おくれであること。よって、最新式のコンピュータに対して使うのはまちがいである。
③「絵空事」は、大げさでふつうはありえないという意味。

よって、計画のすばらしさをほめるための表現としては、ふさわしくない。
⑦「日進月歩」は、たえず進歩すること。よって、なかなかうまくならない場合のように、順調に進んでいないことに使うのはまちがいである。
⑧「大器小用」は、大人物につまらない仕事をさせること。よって、しっかりした人に大切な仕事をまかせる場合に使うのはまちがいである。

## 最上級レベル 21 ①

**解答**

1 ①さっぷうけい　②ほうかご　③ふりつ　④りょうやく　⑤せっきょくてき

2 ①加わる　②栄える　③求める　④告げる　⑤笑う　⑥産む　⑦改める　⑧努める　⑨初めて　⑩勇ましい

3 ①イ・7　②ア・3　③ア・3　④イ・7　⑤ア・4

4 共・協・士・帯・民

5 ①旗　②札　③法　④説　⑤続

**解説**

3 それぞれの部首は次のとおり。
①ア「いとへん」→糸
イ「ごんべん」→言
②ア「こざとへん」→阝
イ「にんべん」→イ
③ア「まだれ」→广
イ「がんだれ」→厂
④ア「えんにょう」→廴
イ「そうにょう」→走
⑤ア「つきへん」→月
イ「ゆみへん」→弓

5 それぞれ順に、次の読み方をする熟語になる。
①「こっき」「きしゅ」「こうき」
②「にゅうさつ」「しんさつ」「ひょうさつ」
③「しゅほう」「ほうじ」「ほうほう」
④「せっきょう」「がくせつ」「せつめい」
⑤「じぞく」「ぞっこう」「ぞくしゅつ」

## 最上級レベル 22 ②

**解答**

1 ①しょうごう　②やさい　③りくろ　④じどうかい　⑤しょうしつ

2 ①徒競走　②松林　③司会者　④粉末　⑤直径

3 軍・堂・脈・芸・特

4 ①票→標　②形→型　③勝→賞

④静→清　⑤止→史

**5**
①(類)欠点　(対)長所
②(類)天然　(対)人工
③(類)不安　(対)安心
④(類)理由　(対)結果
⑤(類)公平　(対)差別

**解説**

**3** 訓読みがある漢字の読み方は次のとおり。巣「す」、固「かた(い)」、折「お(る)」、欠「か(く)」、包「つつ(む)」。

**4** ①「票」は、選挙や採決に用いられるふだの意味で使われる。
②「形」はもののかっこうのこと。「型」はとくちょうなどによって分けられたタイプのこと。
④川などの「せいりゅう」という場合、「しずかな流れ」ではなく、「すんだ流れ」のことである。
⑤「歴史」の「史」には、「記録」という意味がある。

**5** ①「短所」の対義語には、ほかに「美点」がある。

## 標準レベル 23 詩 (1)

**解答**

❶ (1)イ　(2)⑥　(3)いきていく
❷ (1)ウ　(2)ア

**解説**

❶ この詩は、作者が「けやき　だいさく」という木の立場から、木の気持ちを表現した詩である。一行目の「わし」は「けやき　だいさく」自身であることをおさえる。
(1)「たくさんの／ことりたちである」「ふところに　だいて／とても　あたたかいのである」という表現から、たくさんの小鳥たちがえだにとまっている木を思いうかべるとよい。はりめぐらされたえだや葉を「ふところ」、小鳥たちのにぎやかなさえずりを「あたたかい」と表現していると考えられる。
(2)前半(①〜⑤行)は、小鳥たちを「ふところ」にだいている木の様子を表している。
後半(⑥〜⑪行)は、その木がどのように感じているのかを表している。
(3)「いつまでも／いきていくのである」「いつまでも／いきていて　よいのである」という部分から、いきていることの大きな喜びを静かにかみしめている木の気持ちを読み取ろう。

**注意** ❷この詩で、作者はりんごの気持ちを想像して表現している。ただし、最後の「さびしい」だけは、作者の気持ちが直接書かれていることに注意しよう。このように、詩では作者の思いや気持ちが直接述べられている部分でも「わたしは〜と思う」「わたしは〜と感じた」などと書かれていないことが少なくない。表現の変化やリズムのちがいに注意して、作者の思いを読み取ることが大切である。

## 上級レベル 24 詩 (1)

**解答**

**1** (1)ウ　(2)イ　(3)(例)きれいな心を思い出させてくれるもの。
**2** (1)(例)こおろぎが胸の中ではねをふるわせているから。　(2)ア

**解説**

**1** (3)作者がこの詩の「虹」にどのような思いをこめているのかを読み取ることが大切である。だれもがむじゃきに「虹だ！」「虹が出ているよ」と言い合うときの、よこしまな考えを持たない様子に、作者はだれもがもっているはずのきれいな心を見ていると考えられる。

**2** 「こおろぎ」は秋の虫であるが、「冬が来たのに」胸の中にいるという部分に着目する。果たしきれていない思いをかかえたままの作者は、まるで「こおろぎ」が胸ではねをふるわせているかのように、「くすぐったい」思いをかかえていることをとらえたい。

## 標準レベル 25 詩 (2)

**解答**

❶ (1)エ　(2)(例)ぞうのえさ　(3)イ
❷ (1)三　(2)ウ

**解説**

❷ (1)詩の中で内容上のひとかたまりとなるものを「連」と言う。一行以上の空行を作って、連と連の区切りを表すことが多い。この詩では、1行目〜6行目までが第一連、7行目が第二連、8〜10行目までが第三連である。
(2)第一連でアリが動き回っている様子を見た作者は、「同じ所を／行ったり来たり」とあるように、アリの行動にあまり意味がないように感じている。「何をしているのだろう」に、その気持ちが表れている。第三連にある「ぼく」にとっての「この地球の上」は、第一連にあるアリにとっての「からからに乾いた土の上」にあたる。つまり、作者は自分自身もまた、本当はあまり意味もなく、地球上を行ったり来たりしながら生きているようなものかもしれないと感じているのである。

**注意** ❶詩を読み味わうときは、音を表す言葉(擬声語)や、様子を表す言葉(擬態語)に注意したい。この詩では、ぞうが歩く様子を「のっし　のっし　のっしっ」と表している。ぞうの体の重さや、動作がゆっくりな様子を想像することが大切である。
❷(1)一行だけで一連となる場合もあることに注意。この詩では、「何をしているのだろう」が第二連である。

## 上級レベル 26 詩 (2)

**解答**

1 (1) ウ　(2) エ　(3) ⑫・⑮・⑯・⑱　(4) イ　(5) (例)春の気配が感じられることの喜び。（十六字）

**解説**

1 (2)「梅」や「水仙」は、冬から春先にかけてさく花である。「こな雪ふる朝」という部分からわかるとおり、春はまだ来ていないにもかかわらず、春のおとずれをひと足早く伝える花がさいた様子を表しているのである。

**ポイント**

(5) 詩の中で作者がもっとも伝えたいことが書かれている部分には、同じ言葉がくり返し使われたり、印象的な言葉が使われたりすることがある。この詩では、「さきました」という言葉がくり返し使われていることに着目する。まだ雪がちらついている寒い時期に、花がさいているのを見つけた作者の喜びを感じ取ろう。

## 標準レベル 27 物語文 (1)

**解答**

1 (1) (例)落としてしまった家のかぎ　(2) ア　(3) (例)家のかぎが見つかったと思ったから。　(4) エ　(5) ウ

**解説**

1 (1) 物語の場面を読み取るには、登場人物の会話などに注目し、いつ・どこで・だれが・何について話しているのかをとらえよう。この文章では特に、「広一」が「落としもの」をさがしていること、その落としものとは「うちのかぎ」であることに注意して読み取ろう。

(2) 下校の時間をすぎたのに、広一は学校で「うちのかぎ」をさがしている。そのような事情を知らない用務員のおじさんは、なぜ下校の時間がすぎても広一が学校にいるのかわからなかったので、「こわい顔」をしているのである。

(3) すぐ前の広一の言葉に着目する。用務員さんがかぎをひろったことを聞いて、広一は「ああ、たすかった」と言っている。つまり、自分がさがしているかぎが見つかったと思ったのである。

(4)「きょう落としたかぎを、さきおとといひろうことなんか、できっこないからね」という用務員のおじさんの言葉に着目する。用務員のおじさんがかぎをひろったのは、広一がかぎを落とした日よりも前のできごとだったので、用務員のおじさんには、ひろったかぎは広一のものではないことがわかっていたのである。会話の流れを正確にとらえよう。

**注意** (5) 広一が「がっかりした」のは、用務員のおじさんがひろったかぎが、本当に自分のものではないことがわかったからである。用務員のおじさんは広一にいじわるをしているわけではなく、また、広一がうそを言っているわけでもないことに注意すること。

## 上級レベル 28 物語文 (1)

**解答**

1 (1) 地獄　(2) エ　(3) (例)地獄からぬけ出し、極楽へはいることができると考えたから。（二十八字）　(4) ウ　(5) エ

**解説**

1 (2)「人目にかかるのをおそれるように」とあるので、くもの糸がまるで犍陀多のためだけにたれてきたように感じたのである。

(3) すぐ後に続く「この糸にすがりついて～血の池にしずめられることもあるはずはございません」に着目する。くもの糸を見た犍陀多が、なぜ喜んでいるのかがわかる。

**ポイント**

(5) 物語文には、登場人物自身が自分のことを語っているものと、登場人物以外のほかの人が語っているものがある。この文章は犍陀多が自分のことを語っているのではなく、犍陀多が何を考え、何をしようとしているのかを知っている人物（＝語り手）が、犍陀多の行動や考えについて冷静に語っていることに着目しよう。

## 標準レベル 29 物語文 (2)

**解答**

1 (1) マラソン（持久走）　(2) エ　(3) (例)がんばらなくてもいいと言ってもらえたから。　(4) やっとのことで　(5) ア

**解説**

1 (2) 声援を受けながら、「地面だけを見つめながら」走っているヨースケくんの気持ちを考えよう。ヨースケくんは、「がんばれー」という声援にこたえることなく、目線を落として走っていた。自分はもう十分にがんばっているので、もうこれ以上がんばることはできないと感じているのであ

る。

(5)さっきまで地面だけを見て走っていたヨースケくんが、「子どもたちに、手をあげてこたえる」というよゆうを見せている。ヨースケくんは「がんばらなくてもいいよ」という声が聞こえたことで、がんばって早くゴールを目指さなくてはならないとは考えなくなり、明るい気持ちになっていることがわかる。

## 上級レベル 30 物語文(2)

**解答**

1 (1)(例)きらわれている
(2)イ
(3)垢まみれの汚い着物
(4)(例)人に信用されることのうれしさ
(5)ウ

**解説**

1 (2)「鯉」や「猿」が「かしら」のことをきらってさけているのに対して、「草鞋をはいた子供」は「かしら」に牛の仔をあずけてくれたのである。このちがいに着目する。

(4)「人に信用されるというのは、何というられしいことでありましょう」という一文に着目する。

(5)「かしら」は猿に柿の実をあたえたり、草鞋をはいた子供に牛の仔をあずけられたことをうれしく思ったりしていることから、わるい汚い心ばかりではなく、本当はきれいな心も持っていることが読み取れる。

**注意** (4)「そこで、かしらはいま～」よりも前の部分は、「かしら」自身が心の中で思っていることを表している。反対に、これより後の部分は「かしら」がどうしてそのような気持ちになったのかを「かしら」以外の人が語っていることに注意。

## 標準レベル 31 物語文(3)

**解答**

1 (1)(例)おそいかかってくる
(2)①トラねこ
②(例)ししゃもがどちらのものかについて。
(3)イ
(4)エ

**解説**

1 (1)登場しているのは「ぼく」と「トラねこ」である。「トラねこ」がえらそうな話し方をしていること、トラねこが「そんなにびくつかなくたっていい」と言っていることから、「ぼく」は「トラねこ」のことを本当はこわがっていることが読み取れる。場面を整理しながら読み進めることが大切である。

(2)②「ししゃもは返してやらあ」「返すくらいなら、はじめから取らなければいいじゃないか」といった言葉から、「トラねこ」が「ぼく」から取り上げたししゃもを返すかどうかで、もめていることがわかる。

(3)こわそうなトラねこに対して、「ぼく」はわざと口ぶりをまねしているが、「まねして、いってみた」という言い方から、トラねこがおこり出すかもしれないとも思っていることがわかる。ところが、自分の言い方があまりにトラねこの口ぶりに似ていたので、ついわらってしまったところ、トラねこもわらっていたのである。こわそうなトラねこと、「ぼく」の心が通いはじめていることが読み取れる。

(4)登場人物の気持ちを読み取るには、人物の行動や表情、会話に注目する。「意地になっ」ていた「ぼく」が、最後には「わらいだしてしまった」とあることから、「ぼく」の心によゆうが生まれていく様子を読み取りたい。

## 上級レベル 32 物語文(3)

**解答**

1 (1)(例)春の絨毯を探すこと。(十字)
(2)イ
(3)(例)自分が身のほど知らずだと恥じる心。
(4)イ
(5)ウ

**解説**

1 (2)「背筋をのばしました」のように、行動やしぐさにその人物の気持ちが表れているのを見のがさないようにすることが大切である。背筋をのばすしぐさから、きちんと相手の言うことを聞こうとするときなど、きんちょうしていることが読み取れる。

(4)せりふの終わりの「……」は、語り手のとまどいや、言い表せない思いがあることを表している。どのような思いがかくれているのかは、前後の部分から注意して読み取ればよい。この文章では、後の部分で「(あのとき～それを探すことだったんじゃないかしら……。)」とあり、ここに「わたし」の思いが書かれている。

**注意** (5)「妙な気分」と書かれているからといって、必ずしも「わたし」がいやな気持ちになっているわけではないことに注意。ここでの「妙な」は、探し求めていた仕事に思いがけず出あったときの、喜びと驚きが入りまじった気持ちを表している。

## 標準レベル 33 物語文(4)

**解答**

1 (1)亮介・(例)虹を近くで見られるとみんなに信じこませた
(2)イ
(3)ウ
(4)(例)虹を近くで見ることはできないこと。
(5)ウ

解説

1 (1)後の部分の「亮介」の言葉に着目しよう。亮介は、「虹を近くで見てみたい」と思い、それを実行するために、みんなといっしょになって行動してきたことが読み取れる。

(3)最後に亮介は「ごめんな、みんなをだましたみたいになっちゃって」と言っている。「ごめんな」には、もうしわけない気持ちが表れている。また、「みたいに」と言っているので、本当はだますつもりはなかったことがわかる。

(5)「転校するまでみんなといっしょに、同じ夢をおいかけて過ごせる」という亮介の言葉に着目。亮介はもうすぐ転校することになっていて、みんなと過ごす時間が残り少ないことがわかる。

注意 (5)物語文の主題は、登場人物の気持ちに表れていることが多いが、その人物がどのような立場なのか注意しておく必要がある。会話文のほか、リード文(本文の前にある、場面を説明する文章)にも主題を考えるヒントが書かれていることがあるので、きちんと読んでおくこと。

## 上級レベル 34 物語文(4)

解答

1 (1)(例)兄ちゃんがさなえにいじわるをすること。(十九字)

(2)モウキンルイと呼ばれる鳥の写真をとる(ため。)

(3)(例)おさないさなえには、山のけものみちはきけんだから。(二十五字)

(4)(例)兄ちゃんがカメラにこりはじめた時期について、さなえが考えているので、兄ちゃんは山にこもっている。

(5)エ

解説

1 (1)「兄ちゃん」の行動を、「さなえ」がどのようにとらえているのかを考えよう。「兄ちゃん」は山にこもるとき、「さなえ」をつれていかないことにしているが、そのことを「さなえ」は「いじわる」だと感じているのである。

(3)「さなえにはとてもとても……」の「……」に、どのような言葉が続くのかを考える。「けものみち」のようなきけんな場所を歩くには「さなえ」はおさなすぎるということがわかる。

(4)文章のはじめの部分で、「さなえ」は「兄ちゃんがカメラにこりはじめたのはいつごろだったかなあ……」と考えている。文章の最後の部分では、このように考えるのは兄ちゃんがひとりで山へ出かけてしまい、「さなえ」が家にとりのこされたときのことだと書かれている。これらのことから、いま「兄ちゃん」は山へ出かけていて、「さなえ」は家にとりのこされていることがわかる。

注意 (5)「さびしさ」という「さなえ」の気持ちは、この文章中には直接書かれているわけではない。しかし、「兄ちゃん」といっしょに山へ行きたいのに、おいてけぼりにされている「さなえ」の気持ちに最も近いのは、「さびしさ」だと言える。このように、場面や登場人物の置かれた状況から、どのような気持ちになっているかを読み取ることができる。

## 最上級レベル 35 3

解答

1 (1)エ

(2)イ

(3)(例)娘が絵を描いたろうそくを山の上のお宮にあげて、その燃えさしを身に付けると、海で災難にあわない。

(4)(例)育ててくれた恩を忘れたくない気持ち。(十八字)

(5)ア・ウ

解説

1 (4)すぐ後の「こんな人間並でない自分をも拾って育てて……」の部分を読むと、「娘」がおじいさんとおばあさんへの恩返しのつもりで、がんばって絵を描き続けていたことがわかる。

ポイント

(3)物語の内容をまとめる場合、なければ内容が伝わらない言葉は必ず入れ、なくても意味が伝わる言葉をはぶくことが重要である。どの言葉が文章中で重要な役目を果たしているのか、注意して見きわめなければならない。ここでは、「この絵を描いたろうそくを山の上のお宮に……おぼれて死ぬような災難がない」までの部分をまとめればよい。

(5)登場人物の特徴をとらえるときには、その人物の性格を表す言葉や行動、会話に注意し、どのような人物としてえがかれているかに注目する。この文章で、「娘」が誰にも習わずにすばらしい絵をろうそくに描いている点については、不思議な感じがするはずである。しかし、そのことについておじいさんやおばあさん、さらにほかの人びとも、「娘」のことをぶきみに感じたり、おそろしいと感じたりしているわけではない。また、「娘」のことを「やさしい心」の持ち主だと述べていることからも、この文章の「娘」からは「ぶきみさ」や「おそろしさ」は感じられないと言える。

## 36 最上級レベル ④

**解答**

1 (1)(例)入学したころとは顔がかわったから。(十七字)
(2)ウ
(3)(例)「ぼく」(自分)が悩み(ハードル)をのりこえたかということ。
(4)(例)何に悩みのりこえようとするかは、その人の心が決めることだから。
(5)エ

**解説**

1 (2)登場人物の気持ちは、会話の内容だけでなく口調にも表れていることがある。この文章で「ぼく」は「どうしてわかるの」と言った後に「いや、わかるんですか」とわざわざていねいに言い直していることに着目する。小島先生が「ぼく」のことをしっかり見てくれていると感じた「ぼく」は、先生ときちんと向き合い、しんけんに話す気になっていることがうかがえる。

(5)**ア**は「小島先生のやさしさ」は正しいが、「『ぼく』のあまえ」はふさわしくない。「ぼく」は先生にあまえているのではなく、先生の話のきびしいところもきちんと受け止めているのである。**イ**は「わかってもらえない『ぼく』の悲しみ」がふさわしくない。「小島先生は、ぼくをばかにしないではげましてくれた」と文章中にあるので、小島先生は「ぼく」のことをよくわかってくれていると言える。**ウ**は「小島先生のきびしさ」の部分がふさわしくない。先生の話の中にはきびしいところもあるものの、先生自身は「ぼく」に愛情をもって接(せっ)していることが読み取れるので、きびしいだけではないと言える。

## 37 標準レベル 主語・述語

**解答**

❶ ①おじいちゃんにもらったプレゼントを、ぼくは今でも大切に使っている。
②お店には、わたしのほかにだれもいなかったので、母はすぐにわたしを見つけた。
③ぼくを見た中村くんは、「すごく日に焼けたね」と言っておどろいた。
④これからはわたしたちが川のそうじをし、きれいにしていきたい。
⑤今週は月曜日からずっと雨がふりつづいている。

❷ ①カモノハシはほにゅう類ですが、たまごを産みます。
②ぼくの目には、空にひとすじの飛行機雲がのびていくのが見えた。
③困っているぼくを見て、「えんぴつなら、ここにあるよ」と山中くんが言った。
④わたしは、人がおたがいに助け合うのは良いことだと思う。
⑤ようやく見つけた、今朝からずっとさがしていた本を。

❸ イ・ウ

**解説**

❶ 文の主語は、「だれが」「何が」を表す。「は」「が」「も」がついている言葉が、主語になることから考える。

**ポイント**
**❷述語は「どうする」「どんなだ」「何だ」を表す言葉で、ふつうは文の最後にある。ただし、言葉の順番が入れかわっている場合など、文の最後にない場合もあることに気をつけよう。**

❸ 意見①と②は、主語や述語が必ず文のはじめ、または終わりにあるとしている点がまちがっている。文のはじめに主語以外の言葉が入ったり、言葉の順番(じゅんばん)が入れかわったりすることもある。意見⑥は、「は」や「が」がつくものが必ず主語になると述(の)べている点がまちがっている。「～には」「～では」など、「は」がついていても主語にならない場合もある。また、文全体の主語はひとつの文にひとつしかない。

**注意** ❶②「お店には」のように、「(場所)には」の場合、「は」がついていても主語にはならない。また、④「これからは」や⑤「今週は」には「は」がついているが、文全体の主語ではない。このように、主語であるかどうかまぎらわしいものを見分けるには、文の述語を先に見つけておき、その述語に対して主語が合っているかを考えるとよい。たとえば、④は「きれいにしていきたい」のは「わたしたち」であり、「これから」ではない。また、⑤は「ふりつづいている」のは「雨」であり、「今週」ではない。よって、④は「わたしたちが」が主語であり、⑤は「雨が」が主語であるとわかる。

❷⑤のように言葉の順番が入れかわっている場合、述語は文の最後(さいご)にないことがある。⑤は「今朝からずっとさがしていた本をようやく見つけた」がもともとの言葉の順番。したがって、述語は「見つけた」である。「本を」ではないことに注意する。

## 38 上級レベル 主語・述語

**解答**

1 ①お年よりには親切にしなさいと、先生はいつもわたしたちにおっしゃる。
②中島くんが大きな声で名前をよんだので、ぼくはおどろいた。
③すぐにはわからなくても、「なぜ」とぎもんを持ち続ける心がけが大切だ。

④店員さんが運んできたハンバーグは、今までぼくが見たこともないような大きさだった。

⑤家に上がるときくつをぬぐのは、日本ではだれもが当たり前だと考えている。

⑥台所からは、ぼくが大好きなカレーライスのいいにおいがただよっている。

⑦人間は時間のゆとりを作るために、車や電車や飛行機を作った。

⑧寒い朝には、通学路の水たまりがこおっていることもある。

⑨とても静かだった、早起きした朝にまどからながめた町は。

⑩知らない言葉について調べるには、辞書を使うのがいちばん良い方法だとお父さんが言った。

**2** ①× ②○ ③× ④× ⑤○

**解説**

**ポイント**

**1** **主語と述語がはなれている文の場合、主語がどの言葉なのか見分けにくいことがある。述語を先に見つけ、主語と述語を続けて読んだとき意味が通じるか、必ず確認すること。**

**2** 文章の中で主語や述語が問われた場合にも、必ず一文ごとに区切って考え、一文の中でどれが主語でどれが述語に当たるのかを確認すること。

## 標準レベル 39 文の型

**解答**

**1** ①ア ②ウ ③イ ④ア ⑤ウ ⑥イ ⑦ウ ⑧イ ⑨ウ ⑩ア

**2** ①ウ ②ア ③イ ④ウ ⑤ウ

**3** ①ウ ②ア ③ア ④ウ ⑤ア

**解説**

**1** ⑧「このカボチャはとても大きいね」が本来の言葉の順番。「このカボチャは、大きいね」に着目すると、「何はどんなだ」の文の形であることがわかる。

⑨「これは、時計です」という文の中に、「わたしが、買った」が組みこまれている。文全体では「これは、時計です」が柱になるので、「何は何だ」の文の形であることがわかる。

**2** ①アとイは「何は何だ」の形。ウだけが「何がどうする」の形。

②イとウは「何が(は)どうする」の形。アだけが「何はどんなだ」の形。

③アとウは「何が(は)何だ」の形。イだけが「何がどうする」の形。

④アとイは「何がどうする」の形。ウだけが「何はどんなだ」の形。

⑤アとイは「何は何だ」の形。ウだけが「何はどうする」の形。

**3** ①アの「近い」とイの「古い」は「どんなだ」、ウの「できている」は「どうする」を表す。

②アの「食べる」は「どうする」、イの「大きい」は「どんなだ」、ウの「生き物だ」は「何だ」を表す。

③アの「動く」は「どうする」、イの「これやすい」は「どんなだ」、ウの「お気に入りです」は「何だ」を表す。

④アの「ぬいぐるみのようだ」、イの「かわいい」は「どんなだ」、ウの「している」は「どうする」を表す。

⑤アの「これだ」は「どうする」、イの「リビングだ」は「何だ」、ウの「つまらない」は「どんなだ」を表す。

## 上級レベル 40 文の型

**解答**

**1** ①ア・ウ・キ・ク・ソ

②エ・オ・カ・サ・ス

**2** ①飲む ②休む ③これは

④葉書に ⑤バラだ

**3** ①今日は・日曜日です・イ

②学校は・休みです・イ

③カードが・なくなった・ウ

④トランプは・曲がりやすい・ア

⑤ねこが・追いかけられる・ウ

⑥犬は・やめた・ウ

⑦日も・ある・ウ

⑧好きなのは・ねこだ・イ

⑨鳥が・鳴いている・ウ

⑩わたしは・聞いた・ウ

**解説**

**ポイント**

**1** **長い文では文の中に「何が(は)どうする/どんなだ/何だ」が組みこまれていることがある。たとえば、サの「キリンは、動物だ」という「何は何だ」の文の中に、「首が長い」(何がどんなだ)の形の文が組みこまれている。文全体としては、「何は何だ」の形である。**

**2** ①「飲む」は「どうする」を表す言葉である。

②「休む」は「どうする」を表す言葉である。

③「これを書いたのは姉です」という文を作ればよいので、「これは」は使わない。

④「その切手はとてもめずらしいものだ」という文を作ればよいので、「葉書に」は使わない。

⑤「バラはたいへんいいかおりがする花だ」という文を作ればよいので、「バラだ」は使わない。

**注意** ❶コの「長いのだ」は「だ」で終わっているが、ものの名前を表しているのではなく、「長い」という様子を表している。よって、「何だ」ではなく「どんなだ」の形であることに注意する。
❸⑩「わたしは～聞いた」という「何はどうする」の形の文の中に、「鳥が鳴いている」（何がどうする）の形の文が組みこまれている。

## 標準レベル 41 指示語

**解答**

❶ ①どれ ②あそこ ③こんな ④そんな
⑤その ⑥あの ⑦ああ ⑧どう
⑨こっち ⑩そっち ⑪あっち
❷ ①イ ②ウ ③ウ ④エ ⑤ウ
❸ ①ア ②イ ③イ ④ア ⑤イ
⑥イ ⑦ウ ⑧ウ ⑨エ

**解説**

**ポイント**
❷指示語（こそあど言葉）が指しているものを考えるときには、指示語の場所にその言葉を入れて文がつながるか、確かめるようにしよう。

❸ ふつう、近くにあるものは「これ」「この」、はなれたところにあるものは「あれ」「あの」を使って表す。相手が手に持っているもののように何を指しているのかすぐにわかる場合や、すぐ前の話題に出てきたものは、「それ」「その」を使って表す。どれかわからないものを指すときには「どれ」「どの」を使う。

## 上級レベル 42 指示語

**解答**

❶ ①ア ②エ ③ア ④セ ⑤イ
⑥ア ⑦コ ⑧ア ⑨ウ ⑩ソ
⑪ソ ⑫ク ⑬イ
❷ (1)①午後九時 ③日記 ⑤一日をふり返る
⑥ベランダ ⑦夜の町
(2)②エ ④ア ⑧ウ

**解説**

❶ 転校生が前に住んでいた場所のことを、新しい学校の友だちは知らない。よって、東京や青森のことは「そこ」と表す。また、「山」は転校生が新しい学校の友だちといっしょに見ているので、「あの」「あそこ」で表す。

❷ 指示語（こそあど言葉）に、指しているものを当てはめて文がつながるかどうかを確かめること。
①「もうこんな時間か」→「もう午後九時か」と当てはめる。
③「毎日これだけは欠かしたことがない」→「毎日日記だけは欠かしたことがない」と当てはめる。
⑤「そうすることで」→「一日をふり返ることで」と当てはめる。
⑥「そこから」→「ベランダから」と当てはめる。
⑦「それを見るのも」→「夜の町を見るのも」と当てはめる。

## 標準レベル 43 つなぎ言葉

**解答**

❶ ①イ ②エ ③ア ④ア ⑤ウ ⑥イ
⑦オ ⑧エ ⑨イ
❷ ①が ②ので ③から ④のに
❸ ①②イ・キ ③④エ・コ ⑤⑥ウ・ク
⑦⑧カ・ケ ⑨⑩ア・オ（順不同）

**解説**

❶ どのつなぎ言葉を使うかは、前後の文の関係から考える。
①「電話が鳴った」と「切れた」は、反対のことを表しているので、反対の内容をつなぐ「ところが」が当てはまる。
②「電話が鳴った」と「チャイムも鳴った」は、同じようなことが続けて起きたことを表しているので、つけくわえを表す「そのうえ」が当てはまる。
③「電話が鳴った」は「いそいで出た」ことの理由である。よって、当然の結果を表す「だから」が当てはまる。
④「明日は遠足だ」は「今日のうちに用意を」することの理由である。よって、当然の結果を表す「だから」が当てはまる。
⑤「明日は遠足だ」に対して、「雨なら来週にふりかえられる」は、もし起きたらという内容を表す。よって、条件を表す「ただし」が当てはまる。
⑥「明日は遠足だ」に対して、「参加できない」とあるので、反対の内容を表す「ところが」が当てはまる。
⑦「あまずっぱくておいしいから」は、「いちごが好き」な理由である。よって、理由を説明する「なぜなら」が当てはまる。
⑧「いちごが好きです」と「みかんも好きです」は、同じように「好き」なものをつけくわえているので、つけくわえを表す「そのうえ」が当てはまる。
⑨「いちごが好きです」と「いちごがきらいです」は反対のことを表しているので、反対の内容を表す「ところが」が当てはまる。

❷ ①「でも」は前後のつながりが反対であることを表すつなぎ言葉である。よって、反対の内容をつなぐ場合に使う「が」が当てはまる。
②「だから」は前の文が後の文の理由になっていることを表す。よって、理由を表すときに使う「ので」が当てはまる。
③「そこで」は前の内容を受けて後の内容が言えることを表す。よって、前の内容が原因になっていることを表す「から」が当てはまる。
④「しかし」は前後の内容が反対であることを表す。よっ

て、前の部分が後の部分と反対のことを表す「のに」を使う。

**ポイント**

❸それぞれのグループのつなぎ言葉のはたらきをまとめよう。

「だから」「それで」「そこで」「すると」
…前の文を受けて後の文がみちびかれる。または、前の文が後の文の理由や原因になっている。

「しかし」「ところが」「でも」「だが」
…前の文と後の文が反対の内容を表す。

「さらに」「それから」「しかも」「そのうえ」
…前の内容に後の内容をつけくわえる。

「つまり」「もっとも」「なぜなら」「ただし」
…前の内容を後の部分が説明している。

「さて」「ときに」「では」「ところで」
…前の部分と話題を変える。

## 上級レベル 44 つなぎ言葉

**解答**

1 ①オ ②ウ ③イ ④ア ⑤エ ⑥コ ⑦ケ ⑧カ ⑨ク ⑩キ

2 さて・それとも・なぜなら・だから・でも・そして・すると・また・つまり・しかも

3 ①イ ②ア ③イ ④イ ⑤イ

**解説**

1 ①「だから」は、前の文が後の文の理由になっていることを表す。図書係になったことが理由で、「放課後、残って仕事をしている」のである。

②「けれど」は、前の文と後の文が反対の内容になっていることを表す。「図書係になった」ものの、「本はあまり読まない」のであれば、反対の内容を述べていることになる。

③「また」は前の内容に別のことをつけくわえるときに使う。「図書係になった」うえに「生き物係もやっている」のであれば、「係」をほかにもやっていることになり、つけくわえの内容としてふさわしい。

④「つまり」は前の内容をくわしく説明するときに使う。「図書係」についてくわしく説明しているのは「本の整理や貸し出しをする係」である。

⑤「ところで」は、前の内容とはちがった話を始めるときに使う。自分が「図書係になった」ことを言った後で「あなたは何係になったの」と聞く場合、今度は相手についてたずねることになるので、前とはちがった内容を言っていることになる。

⑥「ときに」は「ところで」と同じく、話題を変えるときに使う。「めがねがこわれた」ことと、「今日めがね屋は開いているかな」ということは、直接つながってはいない。

⑦「そこで」は前の内容によって後の内容がみちびかれることを表す。よって、「めがねがこわれた」ために「めがね屋さんに行った」と考えられる。

⑧「さらに」は、前の内容につけくわえて、新たに別のことがらが続くことを表す。「めがねがこわれた」ことにつけくわえて、「めがねケースもこわれた」と考えられる。

⑨「でも」は、前後が反対の内容であることを表す。「めがねがこわれた」と「なんとか使える」は反対の内容を表している。

⑩「なぜなら」は、前の内容の理由を後の文が説明していることを表す。「めがねがこわれた」のは、「弟にふまれてしまった」ためであると考える。

3 ①アの「それ」は「小麦粉とたまご」を指すこそあど言葉。

②イの「それ」は「新しいかばん」を指すこそあど言葉。

③アの「でも」は、「コロッケ」という例を表すための言葉。

④アの「する」は、「読書をする」という「どうする」を表す言葉。

⑤アの「その」は、「弟の自転車」を指すこそあど言葉。「そのうえ」は「弟の自転車の上」という場所を表す。

## 標準レベル 45 修飾語・係り受け（呼応）

**解答**

❶ ①きれいに ②今日の ③空に ④この ⑤音楽の ⑥ここに ⑦めずらしい ⑧ずっと ⑨学校の ⑩次の

❷ ①ごろごろ ②ぽかぽかの ③しんしんと ④どんどんと ⑤ずんずん

❸ ①イ ②イ ③エ ④ア ⑤イ

❹ ①ねこが ②いる ③さいた ④きれいに ⑤部屋では ⑥している ⑦している ⑧乗って ⑨行く ⑩行く

**解説**

❶ 修飾語は、他の言葉をくわしく説明するために使われる語である。今回の場合は文の主語（何が）・文の述語（どうする・どんなだ・何だ）を先にさがしてしまえば、自然と修飾語が見つかる。

①主語は「花が」、述語は「さいた」。「きれいに」は「どのように」さいたのかを表す言葉なので、なくても「花がさいた」ことはわかる。

②主語は「ばんごはんは」、述語は「ハンバーグだ」。

③主語は「月が」、述語は「出ている」。

④主語は「本は」、述語は「おもしろいね」。

⑤主語は「時間は」、述語は「楽しいです」。

⑥主語は「あなたは」、述語は「残りなさい」。

⑦主語は「鳥が」、述語は「いるよ」。

⑧主語は「ぼくたちは」、述語は「親友だよね」。

⑨主語は「父も」と「母も」、述語は「先生だ」。

⑩主語は「日曜は」、述語は「運動会だね」。

❷ ①「ごろごろ」は重く大きいものが転がる様子、「ころころ」は小さく軽いものが転がる様子を表す修飾語。

②「ぽかぽかの」は気温があたたかい様子、「ほかほかの」は物の温度があたたかい様子を表す修飾語。

③「しんしんと」は雪がふる様子、「じんじんと」は体や

心がいたむ様子を表す修飾語。

④「どんどん」は強くはげしくたたく様子、「とんとんと」は軽くやさしくたたく様子。

⑤「すいすい」は力をあまり使わずなめらかに進む様子、「ずんずん」は力強く進む様子を表す修飾語。

**3** ②イ「ちっとも」は「～ない」と組にして使う。

③エ「まるで」は「～ようだ」「～ように」と組にして使う。

**ポイント**

❹どの言葉を修飾しているか考えるときには、「何？」「どうした？」「どんなだ？」と問いかけながら考えるとよい。

〈例〉①白い→何が？（ねこが）

②外に→どうする？（いる）

⑧電車に→どうする？（乗って）

乗って→どうする？（行く）

※修飾される語は、修飾語よりも必ず後ろにある。

## 上級 46 修飾語・係り受け（呼応）

**解答**

**1** ①シ　②エ　③カ　④ア　⑤ケ
⑥コ　⑦イ　⑧サ　⑨ク　⑩ウ

**2** ①去年の

②夏から・いっしょに・アメリカで

③入学祝いに・ノートを

④たくさんの・国語の

⑤食べるのに・たいへん

**3** ①ア　②ウ　③ウ　④ウ　⑤イ

**解説**

**2** ②「兄は」、③「おばさんが」、⑤「首は」は、修飾語ではなく主語なので選ばない。

**3** ①「なぜ」は理由を問いかける言葉なので、「～（です）か」などと組にして使う。

②「もしも」は条件を表す言葉なので、「～たら」などと組にして使う。

③「まさか」はふつうありえないことを表す言葉なので、「～ないだろう」などと組にして使う。

④「ぜひ」は相手に何かをすすめる言葉なので、「～ください」などと組にして使う。

⑤「どうやら」はたぶんそうだろうと言うときに使う言葉なので、「～ようだ」「～らしい」などと組にして使う。

## 47 最上級レベル 5

**解答**

**1** ①㋐　②㋒　③㋒　④㋑　⑤㋑
⑥㋑　⑦㋓　⑧㋓　⑨㋓　⑩㋐

**2** ①姉は・出かける

②クリスマスは・ある

③首が・長い

④キリンは・動物だ

⑤雪も・かわるでしょう

⑥高いのは・二人だけです

⑦海は・大きかった

⑧父親まで・あげた

「何が何だ」の文…④⑥

**3** ①イ　②ア　③ウ　④イ　⑤ウ　⑥ア

**解説**

**1** 図より、男の子は切手を一枚持っており、女の子の前には切手が二枚ある。よって、二つ目の「どれのこと？」は、女の子の発言とわかる。会話をしているのは二人なので、はじめの発言が男の子とわかる。自分の手元にあるものは「これ」、相手の前にあるものや相手が手に持っているものは「それ」、はなれたところにある㋓は「あれ」と表している。

**2** ③「キリンは」と「首が」のどちらが主語かを決めるには、述語「長い」につながる言葉をさがせばよい。「キリンは長い」では、キリンの体全体が長いことになってしまう。体全体ではなく、「首が長い」のである。

④「キリンは動物だ」という文に、「首が長い」という主語・述語が組みこまれた文。文全体の主語は「キリンは」、述語は「動物だ」である。

⑦「海は大きかった」「わたしが思っていた」という二つの主語・述語の関係がふくまれている。文全体の述語は「大きかった」であるので、文全体の主語は「海は」だとわかる。

**注意** ②「日本では」や⑤「昼には」のように、場所や時を表す「～では」「～には」は主語にならないので注意。

⑧「～は」「～が」「～も」だけでなく、「～まで」「～さえ」「～だけ」なども主語になる場合がある。

**3** ①「けっして」は「～ない」と呼応する。「けっして～なるだろう」では意味が通じない。

②「よもや」は「まさか」という意味で、「～ない」や「～まい」と呼応する。

③「ちょうど」は「～ところ」などと呼応する。

④「もしも」は「～たら」「～れば」などと呼応する。

⑤「すこしも」は「～ない」と呼応する。

⑥「きっと」は「～だろう」などと呼応する。

## 48 最上級レベル 6

**解答**

**1** ①校庭では・向けて

②庭に・きれいに

③なると・下から・いっせいに・顔を

**2** (1)①キ　②イ　③ク　⑥カ　⑧エ
⑩ア　⑫ウ

(2)④エ　⑨カ　⑪ウ　⑮イ
(3)イ
(4)記号…ウ　主語…明日は　述語…たん生日だ
(5)⑬新しい花　⑭チューリップ

解説

1 ①「明日の」は「運動会に」、「運動会に」は「向けて」、「最後の」は「練習が」をそれぞれ修飾している。「練習が」は文の主語である。
②「家の」は「前の」、「前の」は「庭に」、「赤い」は「バラの」、「バラの」は「花が」、「とても」は「きれいに」をそれぞれ修飾している。「花が」は文の主語である。
③「春に」は「なると」、「この」は「辺りの」、「辺りの」は「土の」、「土の」は「下から」をそれぞれ修飾している。「つくしたちが」は文の主語である。

## 49 説明文 (1)（標準レベル）

解答

1 (1)今から百五十年ほど前
(2)スパイスになれていない人
(3)イ
(4)スパイスを合わせた物
(5)①シチュー　②カレー粉
(6)明治の初めごろ

解説

1 (1)「そのころ」の「その」が指示語なので、前の部分に着目する。
(2)「カレーを作ることはむずかしい」のすぐ後の「そこで、なれた人たちによって」とあることから考える。
(4)「それがカレー粉です」という文のすぐ前の「それ」が指し示す内容である。
(5)(　)の前後にある言葉に着目する。

## 50 説明文 (1)（上級レベル）

解答

1 (1)(例)コケのある場所は水分が多く、日光もほとんど当たらないから。(二十九字)
(2)体長一・五ミリメートルほど。
(3)カワニナ
(4)だっぴ
(5)さなぎ
(6)イ

解説

1 (1)「たまごがかんそうしないのです」という文が、「～ので」に続いていることから考えると、すぐ前の内容が答えになることがわかる。
(4)よう虫のころには何度もそれをくり返し成長していくと書かれてある。三字も答えをさがす手がかりになる。
(5)すぐ後に「長い時間を水の中と土の中ですごします」とあることから成虫ではないことがわかる。
(6)この文章が何について書かれているのかを文章全体から読み取る問題ではあるが、最後の段落に着目すると答えは見つかる。

## 51 説明文 (2)（標準レベル）

解答

1 (1)コミュニケーション
(2)ウ
(3)(例)話しあったり伝えあったりすること。
(4)イ
(5)事実…イ・ウ　主張…ア

解説

1 (2)すぐ前の段落に「その人の育てる花や野菜だけはいきいきと育つ、という人」と書かれていることに着目する。このような人のことを、「みどりの指をもつ人」と表現しているのである。
(4)指示語「それ」が指し示す内容は、すぐ前に書かれていることが多い。したがって、すぐ前の文や段落の内容からまずさがすとよい。
(5)「どうなのでしょうか」と問いかける文を元にもどすので、すぐ前の文ははっきりとわかっていない内容になっているはずである。第三段落の終わりが「～かもわかりません」となっていることに着目する。

注意　(6)事実とは、だれが言っても変わらないものごと、主張とは、筆者が自分で考えていることである。アは「～かもしれない」とあるように、本当はどうなのかわからないが、筆者がそうではないかと考えている内容なので、筆者の主張に当たる。このように、文末(文の終わり)にも注意するとよい。

## 52 説明文 (2)（上級レベル）

解答

1 (1)正しい
(2)ア
(3)知らない人とつながっているのがインターネットです。
(4)ウ
(5)エ

解説

1 (1) A のすぐ後の二文では、情報が正しいかどうかが問題になっていることに着目して考える。
(2)つなぎ言葉が問われている場合、その文とすぐ前の文、またはその文をふくむ段落とすぐ前の段落とのつながりを考える。ここでは、B の前後がどちらも情報の正しさや受け止められかたについて述べているので、にた内容同士をつなぐ「また」が当てはまる。

(3)情報が正しいかどうか、またどのように受け止められるかを見きわめるのがむずかしいのは、情報を受け取る相手が知らない人だからである。このことを述べている一文を文章中からさがせばよい。

(4)説明文では、結論が文章の最初か最後、またはその両方に書かれていることが多いのが特徴である。この文章では、第一段落の最後に「注意しなければならないこともあります」とあることからわかるように、最初に結論を述べているわけではない。また、第二・第三段落は情報の受け止められかたを示すための具体例であることから、結論が最後に書かれた文章であるとわかる。

**ポイント**

**(5)文章中で具体例があげられている場合は、その多くは筆者の主張ではなく事実に分類される。具体例はだれもがわかる例を使って説明するためのものだからである。よって、イやワのように「一例」となっているものは、筆者の主張には入らないことが多いと考えると良い。**

## 標準レベル 53 説明文(3)

**解答**

1 (1)陸
(2)(例)体が長い間乾燥してしまうと死んでしまうこと。
(3)ウ
(4)ア
(5)イ

**解説**

1 (2)カエルは両生類の一例としてあげられている。よって、両生類が水辺から離れられない原因が述べられている部分をさがせば、なぜおとなになってもしめったところでくらしているのかがわかる。

(3)水辺でくらすことがもっとも合っていた両生類が水辺を離れるからには、生きていく上で大きな利点があったはずである。陸上にはどのような良い点があったのかを述べている最終段落に着目すればよい。

(4)文章中に「爬虫類は地上で本格的にタマゴを産んだ最初の脊椎動物」と述べられているため、**イ**はまちがいである。**ウ**は昆虫以外にも爬虫類など、陸上にタマゴを産むことができる生きものがいるため、まちがいである。**エ**は文章中で「草食でも肉食でも食べるものは豊富にある」と述べられていることから、草食動物だけにとって生活しやすい環境だったとしている点がふさわしくない。

(5)文章に題をつける問題では、その題によって文章の内容のうち、もっとも大切な部分が言い表されているかどうかを確かめることが大切である。アとエは文章の中でふれている内容であるが、文章全体の内容を言い表しているわけではないので、ふさわしい題とはいえない。また、ウは文章中で述べられていない内容なので、題としてふさわしくない。

## 上級レベル 54 説明文(3)

**解答**

1 (1)イ
(2)エ
(3)(例)脳細胞が減少し、脳が萎縮するため。(十七字)
(4)①× ②○ ③×

**解説**

1 (2)「一般に細胞は～」からの段落で、老いるとはどういうことなのかが具体的に説明されている。老いが生まれたときからはじまると言えるのはなぜなのかについては、これより後の部分からさがせばよいことがわかる。

(4)①は文章中に「精神活動もおとろえていきます」とあることから、まちがっているとわかる。②は第二段落の内容と合うので、正しいと言える。③は文章中に「脳細胞の数は、持って生まれたままで、ふえたりしません」とあることから、まちがっているとわかる。

**ポイント**

**(3)原因を説明するときは、具体的なことまで書くことが大切である。たとえば、この問題の答えとして「年をとっているから」としただけでは、なぜ頭がい骨と脳のあいだにすきまができたのか、具体的にわからない。脳細胞の減少に必ずふれ、これが原因ですきまができたことがわかるように書くこと。**

## 標準レベル 55 説明文(4)

**解答**

1 (1)イ
(2)あまいみつや花粉のある花
(3)エ
(4)(足をひろげて)水の上を歩くこと。
(5)糸・きば・毒液
(6)エ

**解説**

1 (1)第五段落で「カニのように横歩きで、さっと花のうらにかくれます」と述べていることに着目する。すがたや色、生活する場所ではなく、歩きかたがカニににているから、カニグモという名前がついているのである。

(2)言いかえがされた言葉が何を表しているか考える場合、言いかえられた言葉から何がイメージできるのかを考えるとよい。この問題では、何かを「食堂」に言いかえていることがわかる。食堂はものを食べる場所であるから、こん虫たちにとって食べ物を食べる場所がどこなのかを考えればよい。

(3)「虫が花にくると～花のうらにかくれます」の部分から、カニグモのからだの色はえものをとらえるためだけでなく、てきから身を守るためのものでもあることがわかる。

(5)「武器」という言葉から、えものとなる虫をとらえるためのものであることがわかる。クモのなかまは、えものをとらえるために何を使うのかを文章中からさがせばよい。

(6)ア…カニグモは網をはらないクモなので、「網をはる」と述べている点がまちがっている。

イ…ハシリグモは地面の上を歩きまわってえものをとらえるクモであり、網をはらないため、「網をはる」と述べている点がまちがっている。

ウ…オタマジャクシをねらうこともあるのはハシリグモなので、「コモリグモ」としている点がまちがっている。

## 56 上級レベル 説明文 (4)

**解答**

1 (1)(例)人と動物の歯のちがい(について)

(2)(例)(石よりも)固いところ。

(3)ウ

(4)(例)じょうぶで固い歯。

(5)(例)子どものころの習慣。

(6)イ

(7)エ

**解説**

1 (7)人の歯がネズミの歯よりも固いとは文章中で述べられていないため、アはふさわしくない。スズメについては、そもそも歯があるのかどうかもふくめて文章中では述べられていないため、イはふさわしくない。ゾウの歯はすりへるたびに生えかわると述べられていることから、ウはまちがっている。歯が一生に一度生えかわるのは、ゾウではなく人間である。よって、エが正しい。

**注意** (2)「どのようなところ」と問われているので、答えは「～ところ。」でまとめる。ただし、ぬき出しの指示がある場合は、文章の言葉を変えずにそのままぬき出すことに注意。

(5)指示語が指し示す内容はふつう指示語のすぐ前にあるが、この問題のように少しはなれたところに書かれている場合もある。指し示していると思われる言葉を指示語に当てはめて読んだとき、意味が通るかどうかを必ず確かめることが大切である。

## 57 最上級レベル 7

**解答**

1 (1)(例)大量の動植物のごみを、菌類が食べるから。(二十字)

(2)あ…エ　い…ア

(3)(例)菌類が生き物の死体を分解すること。(十七字)

(4)(例)地球上のありとあらゆる生物の死体を分解することができるから。

(5)イ

**解説**

1 (2)つなぎ言葉は前後の文や段落の関係に着目して考える。[あ]のすぐ前までの部分では菌類が動植物の死体や動物のふんを食べてくれるという話題だったが、[あ]のすぐ後からは菌類が自分で栄養をつくれないことへと話題がうつっている。このように、話題が変わる場合、つなぎ言葉は「ところで」を使う。

[い]のすぐ前では、物がくさるのはきたならしいと思われがちであると述べているが、[い]のすぐ後ではくさるというのは菌類が生き物の死体を分解してそうじしてくれている姿であると述べている。このように、反対の内容を結ぶつなぎ言葉は、「しかし」である。

(4)すぐ前の部分に「だから」というつなぎ言葉があることに着目する。「だから」は前の部分が理由であることを示すつなぎ言葉である。よって、なぜ菌類が「地球のそうじ屋さん」と呼ばれるのかが、このすぐ前に書かれていることがわかる。

(5)物をくさらせ、分解するキノコが生えているからこそ、森はきれいに保たれていると述べられていることから、アはまちがっている。「キノコやカビなどの菌類」と第三段落に書かれているので、ウはまちがっている。菌類には葉緑素がないと述べられており、カビもキノコも同じ菌類のなかまであるから、エはまちがっている。

## 58 最上級レベル 8

**解答**

1 (1)(例)ガラスや透明なビニールは太陽のエネルギーを取りこみ、温まった空気を閉じこめるから。

(2)(例)・太陽のエネルギーがつくった熱を閉じこめる。

・地表から逃げていく熱を吸収したり、ふたたび放出したりする。

(3)ウ

(4)地球温暖化

(5)ア

**解説**

1 (1)エネルギーを取りこむことができる点、温まった空気を逃がさず閉じこめておくことができる点、の両方を説明することが必要である。エネルギーを取りこむだけで熱が逃げてしまえば、温室はあたたまらない。また、熱を閉じこめておくことができても、新たに太陽のエネルギーを取りこむことができなければ、温度は上がらないからである。
(2)地球上の二酸化炭素と水蒸気は、温室のガラスやビニールと同じような役目をはたしていると述べられている。このことを参考に、地球の場合はどうであるのかを考えるとよい。
(3)温室と地球では、温まるしくみが同じ部分とちがう部分があると述べられている。どちらも太陽のエネルギーを取りこむ点は同じであるが、温室のガラスやビニールは空気を出入りさせないのに対して、地球の二酸化炭素や水蒸気は出入りができる。

## 標準レベル 59 言葉の意味

**解答**

1 ①観察 ②良好 ③労働 ④要約
⑤印象 ⑥連続 ⑦児童 ⑧放置
⑨標的 ⑩失敗 ⑪不信

2 ①ア ②キ ③コ ④カ ⑤ク
⑥エ ⑦ウ ⑧オ ⑨イ ⑩ケ

3 エ→ク→イ→カ→ウ→キ→ア→オ

**解説**

3 ア「あまり→いません」は、来ている人のほうが少ない様子。ウ「まずまず」は、とくべつ多いわけでもないが、少ないとも言えない様子。オ「まったく→いません」は、一人も来ていない様子。ク「ほとんど」は、来ていない人のほうが少なく、ほぼ全員がいる様子。

## 上級レベル 60 言葉の意味

**解答**

1 ①べき ②たい ③まい ④られ ⑤がっ
⑥げる ⑦ない ⑧まい ⑨そう ⑩らしい

2 ①ア協力 イ強力
②ア対象 イ対照
③ア感心 イ関心
④ア意外 イ以外
⑤ア気象 イ希少
⑥ア期間 イ機関 ウ器官
⑦ア後世 イ公正

**解説**

1 ③⑧「まい」には、「〜ないだろう」と「〜しないつもりだ」という二通りの意味がある。

注意 2③感心・関心、④意外・以外などは、特にまちがえやすいので注意。

## 標準レベル 61 多義語

**解答**

1 ①ア ②ウ ③ア ④ア ⑤ウ

2 「手」…①エ ②ア ③イ ④オ ⑤ウ
「足」…①エ ②ア ③オ ④イ ⑤ウ

3 ①ア ②ア ③イ ④イ ⑤イ
⑥ア ⑦イ ⑧ア ⑨イ ⑩イ

**解説**

1 ①アは「飼う」、イとウは「買う」。
②アとイは「合う」、ウは「会う」。
③アは「暖かい」、イとウは「温かい」。
④アは「誤った」、イとウは「謝った」。
⑤アとイは「吐く」、ウは「掃く」。

2 「手を結ぶ」は、協力すること。「手が足りない」は、人手が不足していること。オ「行く手をさえぎる」は、目的地や行く先の道をじゃますること。
「雨足」は、通りすぎながらふっていく雨のこと。「客足」は、客が集まること。「帰りの足がない」のように使う場合の「足」は、交通手段を表す。

3 ①イの「さげる」は悪くするという意味である。
②イの「かえる」は漢字で「変える」と書く。
③アの「ひく」は演奏するという意味である。
④アの「かける」はぶらさげるという意味である。
⑤アの「きる」は漢字で「切る」と書く。
⑥イの「一面」はひとつの部分という意味である。
⑦アの「わかれる」は漢字で「分かれる」と書く。
⑧イの「とる」は書くという意味である。
⑨アの「あつい」は「熱い」(温度が高い)という意味である。
⑩アの「さす」は示すという意味の「指す」である。

## 上級レベル 62 多義語

**解答**

1 ①ウ ②イ ③ウ ④イ

2 ①イ ②オ ③ア ④ウ ⑤エ

3 ①「十分」・(右から)ケ・エ
②「人気」・キ・ウ
③「上手」・サ・ク
④「大事」・カ・イ
⑤「見物」・コ・オ
⑥「一目」・ア・シ

**解説**

1 ①アは「油で熱を加えて料理する」、イは「上にかかげる」、ウは「あたえる」という意味。
②アは「建つ」(建物などがつくられる)、イは「立つ」(体を足で支える)、ウは「経つ」(時間がけいかする)という意味。
③アは「写す」(まねて書く)、イは「病気などをほかの人に感せんさせる」、ウは「移す」(移動する)という意味。

④アとウは「宿泊する」、イは「動かなくなる」という意味。

## 標準レベル 63 慣用句

**解答**

❶ ①イ ②エ ③カ ④キ ⑤ケ ⑥⑦シ・セ(順不同) ⑧サ

❷ ①カ ②イ ③ク ④オ ⑤キ ⑥ウ ⑦ア ⑧エ

❸ ①歯 ②足 ③顔 ④目 ⑤口

**解説**

❶ シの「両手に花」は、「二つのよいものを同時に手に入れる」という意味である。
セの「牛の歩み」は、「進み具合がおそい」という意味である。

「慣用句」と「ことわざ」は、区別があいまいな場合もあるが、もともとの意味は次のとおりである。
・語句の組み合わせによって、もとの言葉とはちがう意味を表すものを「慣用句」という。
・ひとつの文の中に、ちえや注意すべきことがふくまれているものを「ことわざ」という。

## 上級レベル 64 慣用句

**解答**

❶ ①ケ・ウ ②ウ・オ ③カ・イ ④ク・キ ⑤エ・カ ⑥イ・ク ⑦オ・エ ⑧キ・ア

❷ ①ア ②エ ③カ ④オ ⑤ウ

❸ ①シ ②ケ ③ク ④ア ⑤コ ⑥ウ ⑦セ ⑧カ

**解説**

❷ ①「肩の荷が下りる」は、せきにんなどが軽くなり気が楽になること。「肩で風を切る」は、とくいそうに歩くこと。「肩を落とす」は、がっかりして力がぬけること。「肩身がせまい」は、いごこちが悪いこと。
②「腕をふるう」は、腕前を十分にはっきすること。「腕によりをかける」は、自信のある腕前を十分にはっきしようとはりきること。「腕が上がる」は、腕前が進歩すること。「腕が鳴る」は、力をはっきしたくてじっとしていられないこと。
③「目がない」は、とても好きであること。「目の色を変える」は、目つきや表情を変えること。「目を光らせる」は、注意して見はること。「目が回る」は、いそがしいさまや速いさまのたとえ。
④「口が重い」は、口数が少ないこと、また、言いにくいこと。「口が悪い」は、けなすような話し方をするさま。「口を出す」は、ほかの人の会話にわりこんで口出しをすること。「口がうまい」は、話がじょうずであること、また、ごまかしたりだましたりするのがうまいこと。
⑤「胸がおどる」は、心がはずむこと。「胸がつぶれる」は、悲しみや驚きなどで心がしめつけられる思いがすること。「胸をなでおろす」は、安心すること。「胸がいたい」は、ひどく心配すること、また、良心がとがめること。

❸ ①「馬が合う」は、気が合うこと。
②「すずめのなみだ」は、とても少ないこと。
③「からすの行水」は、ふろに入る時間がとても短いこと。
④「ねこの手も借りたい」は、とてもいそがしいこと。
⑤「くもの子を散らす」は、おおぜいの人がいっせいににげる様子。
⑥「とらの子」は、とても大切にしているもの。
⑦「虫の知らせ」は、よくないことが起こりそうな気がすること。
⑧「おうむ返し」は、相手の言ったとおりにそっくりそのまま言い返すこと。

## 標準レベル 65 敬語

**解答**

❶ ①イ ②ア ③ア ④ア ⑤イ

❷ ①お ②お ③ご ④お ⑤お ⑥お ⑦お ⑧ご ⑨ご ⑩お ⑪お ⑫ご ⑬お ⑭ご ⑮お ⑯お ⑰お ⑱ご ⑲お ⑳ご

❸ ①歩かれる ②着かれる ③通られる ④入られる ⑤考えられる ⑥投げられる ⑦書かれる ⑧食べられる ⑨待たれる ⑩作られる

**解説**

❶ ①「先生」自体が相手をうやまうよび方なので、「様」はつけない。「来る」の尊敬語は「いらっしゃる」「おこしになる」「お見えになる」「おいでになる」「来られる」。
②相手にていねいな言葉づかいをするときは、「です」「ます」を使う。「暑い」は気温のことなので、ふつう「お暑い」とは言わない。ただし、あいさつなどで「お暑うございます」などと使うことはある。
④敬語は、人に対してうやまう気持ちを表すために使う。よって、「ねこ」のように人以外のものには敬語を使わない。

## 上級レベル 66 敬語

**解答**

❶ ①お歩きになる ②お通りになる ③お考えになる ④お食べになる ⑤おなやみになる

❷ ①お知らせする

②お待ちする
③お教えする
④お作りする
⑤お調べする

**3** ①イ ②イ ③ア ④イ ⑤ア

**4** ①ケ ②エ ③オ ④カ ⑤ク
⑥イ ⑦ア ⑧コ ⑨キ ⑩ウ

**解説**

**3** ①アは自分に対して「おっしゃいます」と尊敬語を使い、相手の父親に対して「おりますか」と謙譲語を使っている点がまちがっている。
②アは、自分の父親のことを家族以外に言う場合に「お父さん」と呼んでいる点、自分の父親に「いらっしゃいません」と尊敬語を使っている点がまちがっている。
③イは、「山田」(自分)からの電話があったと伝えるのは電話に出た相手であるが、「お伝えする」はへりくだって言う言い方であるため、自分のこと以外に使うのは失礼にあたる。
④「山田」は電話をかけてきた相手であるが、相手のことを「山田」とよびすてにするのは失礼にあたる。また、相手がかけてきた電話であれば「お電話」と「お」をつける。
⑤「よろしく」ではなく「よろしくお願いします」が目上の人や初対面の人との会話ではふさわしい。また、「さよなら」は親しい相手に使う言葉なので今回の場合は「失礼します」がふさわしい。

**ポイント**
**1**・**2**「お～になる」は相手をうやまう言い方(尊敬語)、「お～する」は自分の動作をへりくだって言う言い方(謙譲語)。

## 67 最上級レベル 9

**解答**

**1** ①エ ②ア ③イ ④ウ ⑤ア
⑥エ ⑦ア ⑧イ ⑨ウ ⑩ウ

**2** ①頭 ②耳 ③手 ④鼻 ⑤首

**3** ①イ ②ア ③ア ④イ ⑤ア
⑥イ ⑦ア ⑧イ ⑨イ ⑩イ

**解説**

**3** ①アは「さそいかける」という意味。
②イは「ひなんする」という意味。
③イは「ほうもんする」という意味。
④アは「くっつく」という意味。
⑤イは「上に置かれる」という意味。
⑥アは「移動させる」という意味。
⑦イは「こしょうなどがなおる」という意味。
⑧アは「計そくする」という意味。
⑨アは「時こくがあまりすぎていない」という意味。
⑩アは「かんたんである」という意味。

## 68 最上級レベル 10

**解答**

**1** ①エ ②ウ ③カ ④ク ⑤ア
⑥オ ⑦キ ⑧ケ

**2** ①ア食べられる
イお食べになる
ウめしあがる
②ア行かれる
イお行きになる
ウいらっしゃる
③ア言われる
ウおっしゃる
④ア書かれる
イお書きになる

**3** ①ア・社長は
オ・お待ち(になって)
②オ・いらっしゃるの〔おいで〕
カ・ですか〔でしょうか〕
③イ・お帰りになるので〔帰られるので〕
エ・お見送りした
④イ・お持ち(いた)します
オ・おわたし(になって)

**解説**

**1** 「当然」は「あたりまえである」という意味。「整然」は「みだれたところがなく整っているさま」という意味。「ぐう然」は、「予想もしていなかったことが起きるさま」という意味。「全然」は「まったく」という意味。「とつ然」は「急に」という意味。「き然」は、「ものごとに動じずしっかりしているさま」という意味。「しゃく然」は、「うたがいやまよいがとけてすっきりするさま」という意味。「あ然」は「驚きあきれて声も出ないさま」という意味。「ばく然」は、「ぼんやりしていて、はっきりしないさま」という意味。

**3** ①自分たちの会社の社長のことをよその人に言う場合、「さん」は必要ない。また、「お待ちする」はへりくだった言い方なので、相手の動作や行動について使うのは失礼に当たる。
②「おる」はへりくだった言い方なので、客の動作や行動に対して使うのは失礼に当たる。また、「だ」はていねいな言い方ではないため、「です」または「ですか」にする。
③「帰る」は相手をうやまう言い方ではないので、「お帰りになる」または「帰られる」を使う。また、「見送った」も同じように「お見送りした」とへりくだった言い方直す。
④「お持ちになる」は相手をうやまう言い方なので、自分のことについて使う場合はへりくだった言い方の「お持ちする」を使う。また「おわたしして」は、自分の動作に対する言い方なので、「おわたしになって」が正しい。

## 標準レベル 69 詩 (3)

**解答**

❶ (1)エ
(2)トランペットをふいている
(3)ア

❷ (1)(例)海の上で休んでいる蝶の羽
(2)ウ
(3)イ

**解説**

❶ (3)詩を通じて作者が表現したいことを考える場合、詩の言葉を注意深く読むことが大切である。この詩では、台所におかれていた白菜のことを詩にしているが、台所そのものを作者は表現したいわけではないことに注意する。詩の題が「春のトランペット」であることに着目し、「木も土も／太陽も　なかったのに」、白菜が花をさかせたことへの作者のおどろきと、春のおとずれを感じたことへの喜びを読み取る。

**注意** (1)詩は、物語文や説明文の言葉にくらべ、短い言葉の中に多くの意味や思いがこめられている。この詩では「白菜」が「音をたてていた」と書かれているが、本当に白菜から音が出ているわけではないことに注意が必要である。春になり、白菜が花をさかせようとしていることを、「音をたてていた」という言葉を使って表現していると考えられる。

❷ (2)「海」が蝶を「休ませている」というのだから、海を人にたとえていることがわかる。
(3)「海」というとても広く大きなものと、「蝶」という小さな生きものが詩の中に登場することに着目する。海の上にぽつんと蝶がいる情景から、海の広さや静けさをイメージすることが大切である。

## 上級レベル 70 詩 (3)

**解答**

1 (1)(例)山みちのトンネルは小さいから。
(2)(例)だれかが少し前に通ったということ。(十七字)
(3)ひやりと
(4)ウ
(5)ア
(6)(例)山みちのトンネルを歩いてきたのがうれしく、とても楽しい気持ち。

**解説**

1 (4)次の連で「出口のあかり」が見えていることに着目する。トンネルのどの位置まで歩いてきたのかがわかる。
(6)この詩では、「あっ」と「わっ」以外のせりふは使われていない。しかし、トンネルを歩いてきたときの気持ちは「うれしい」という言葉に表れている。「あっ」や「わっ」が、きょうふや驚きを表しているのではなく、トンネルを歩いてきたときのうれしさや楽しさを表していることを見ぬくことが大切である。

**ポイント**

(5)選択肢にあげられた詩の技法の内容は、次のとおりである。
・擬人法…人ではないものを人にたとえて表現する。
——線⑤では、「プリンのかたちのあかり」を人に見立てて、「呼ぶ」という動作で表現している。
・対句法…語順やリズムが似ていて、意味が対になる表現を並べ、詩の調子を整える。
・倒置法…語順を入れかえることで強調する。この詩の第二連では、ふつうなら「はぎのはなをこぼしていったの(は)だれだろう」となるところを、「だれだろう／はぎのはなをこぼしていったの」と倒置法が使われている。
・体言止め…語句の終わりを、ものの名前を表す名詞などの体言で区切る。

## 標準レベル 71 詩 (4)

**解答**

❶ (1)(例)木の葉(が)紅葉する(こと。)
(2)エ
(3)ア

❷ (1)(例)竹にからみつく様子。
(2)ウ
(3)花

**解説**

❶ (1)この詩は、第一連にあるように秋の情景を表現している。「みどり」や「あかやきいろ」といった言葉から、秋になり色づいていく木の葉をイメージすることが大切である。
(2)「風のはいたつにん」は、本物の配達人のことではない。「まつのです」から、秋から冬になるとき、木の葉がどうなるのかを考えて、何をたとえた言葉であるかをとらえる。
(3)「てがみ」が、秋が深まっていき、散っていく木の葉を表していることをとらえる。本物の手紙ではないことを見ぬくことが大切である。

❷ (1)「はい上がり」や「葉をひろげ」といった言葉がくり返されていることから、かぼちゃのつるがたくましく成長していく様子をイメージできればよい。
(2)詩の題が「かぼちゃのつるが」であることからもわかるように、この詩ではかぼちゃのつるが成長していく様子をえがいている。つまり、変化しているのはかぼちゃのつるであり、それ以外のものは変わっていないのである。もし「竹」が短くなっているように見えるとすれば、竹自体が変化したのではなく、かぼちゃのつるが長くのび、竹が短くなったように見えていると考えられる。

**注意** (3)「赤子のような」にあるように、「ように」「ような」はたとえを表す言葉である。このように、たとえを表す言葉を使ってたとえる場合と、たとえを表す言葉を使わずにたとえる場合があることに注意する。たとえば、「わたがしのような雲」はたとえを表す言葉を使っているが、「わたがしの雲」と表現した場合は、たとえを表す言葉を使わずにたとえている。

## 上級レベル 72 詩 (4)

**解答**

1 (1)(例)八十階だてのビルの、十九階まで。
(2)イ
(3)(例)ビルにえらそうにされたことをおかしく思う気持ち。
(4)ウ
(5)(例)ビルのかげからはなれ、ビルがただのビルにもどっている。(二十七字)

**解説**

1 (1)この詩は、「ぼく」と「たてかけのすごいビル」が対話をするような形で書かれている。「八十階になるおれの／十九階のときのかげ」は、ビル自身が自分のいまの状態と、完成したときの姿を伝えている言葉である。
(2)ビルの口ぶりから、ビルが「ぼく」に対していばっている様子を読み取る。「うっかりふむなよ」と言っているが、かげをふまれて困るというよりも、ふむべきではないといばって言っているのである。
(3)「ぼく」の言葉から、ビルが「ぼく」に対して言った言い方をまねしていることがわかる。「うっかりいばるな」という表現から、いばっているビルをおかしく感じている「ぼく」の気持ちを読み取ることが大切である。

**ポイント**
(5)詩の作者は、詩に変化をもたせるために言葉のリズムを変えたり、場面や情景を変えてみせることがある。第一連と第二連は「ぼく」とビルが言い合いをしているような場面であるが、これは「ぼく」の心の中で起きていることで、実際に会話をしているわけではない。しかし、第三連は「ぼく」が地下鉄の入り口まで走ってきて見た情景であり、じっさいに起きていることである。つまり、第三連にえがかれているビルの姿が、現実のビルの姿であると言える。

## 標準レベル 73 物語文 (5)

**解答**

1 (1)友一(が)

(例)四段のとびばこにちょうせん(している場面。)
(2)不安
(3)ウ
(4)(例)友一が(四段の)とびばこをこえられたということ。
(5)ウ

**解説**

1 (2)これからとぼうとしているとびばこが、「途方もなく高い石のかべ」に見えているのであるから、とべないかもしれないという不安な気持ちが表れていると言える。
(4)友一はむちゅうでとびばこにちょうせんしているので、自分がどのような状態にあるのかとっさにわからなくなっている。しかし、「ふみきり台を思いきりけって、同時に、手をまえにのばした」とあるように、とびばこをとぶために必要な動作をし、次の場面では「とびばこの先に立っていた」のであるから、友一は無事にとびばこをとべたことがわかる。

**注意** (3)物語文の会話の部分は、だれが発した言葉であるのかを正確にとらえるように注意する。「がんばれー」は「健治」の言葉だが、「ひやかすようなわらい声」はそれ以外の子どもたちが発している声である。健治が友一のことをひやかしているのではない。
(5)ア〜ウは、すべて文章中で書かれていることなので、まちがいではない。ただし、この場面で最も重要なのは、友一がとびばこにちょうせんし、無事にとべたことである。このように、物語文の場面やできごとを読み取るときには、どのできごとが最も重要なものなのかを考えながら読むことが大切である。

## 上級レベル 74 物語文 (5)

**解答**

1 (1)ウ
(2)(例)八っちゃんが(碁石をのんでしまい、)苦しんでいること。
(3)(例)いっしょうけんめいさがかわいかったから。(二十字)
(4)イ
(5)(例)八っちゃんが碁石をのみこんだことに気づき、おかあさんをすぐによぶように婆やがぼくに言ったから。

**解説**

1 (1)この文章の中では、「ぼく」や「八っちゃん」の年れいは書かれていない。しかし、「ぼく」は「八っちゃん」がただごとではない状態にあることを必死で伝えようとしていることや、うまく言葉で表現できていないことから、「ぼく」がまだ幼いことがわかる。「おかあさん」は、そのような「ぼく」の様子を見て、「八っちゃん」に何かあったらしいことに気がついたのである。
(2)「ぼく」は、「八っちゃん」が苦しんでいる様子を「病気になった」という言葉で表現している。
(4)「ぼくをおしのけて」やってきた母の様子から、「八っちゃん」のことを心配し、とてもあわてていることがわかる。「婆や」の「碁石でもおのみになったんでしょうか」という言葉に対して、「八っちゃん」が苦しんでいるのだからのんだに決まっているという意味で、母は「おのみになったんでしょうかもない」と答えたのである。

**ポイント**
**(5)物語文を読むときは、だれが何をどのようにしたのか、整理して読み取ることが大切である。「婆やが早く来てって」と「ぼく」が母に伝えていることから、母をよんでくるように言ったのは「婆や」であることがわかる。**

## 標準レベル 75 物語文(6)

**解答**
1 (1)井岡千絵・北川遠子(順不同)
(2)(例)千絵にかりた化石の本を読んでいれば、わかることだったから。
(3)エ
(4)千絵が、ナウマン象に敬語を使ったから。
(5)ウ

**解説**
1 (2)「おこられそうな気がした」とあるので、千絵にかりた化石の本を読んでさえいれば、ナウマン象がどんな象なのかはわかることが読み取れる。
(3)物語文の登場人物がどのような人物であるかを考えるには、表情や会話文、行動が手がかりになる。千絵が「かたい表情のまま」だというだけでは、おこっているのかもしれないが、すぐ後に続く「今から三〇万年前から〜」という言葉が決しておこっている口ぶりではないことから、千絵はナウマン象のことをまじめに話そうとしていることがわかる。
(5)千絵は遠子にナウマン象のことをくわしく教えたり、足に力が入らないと言われれば手を引いて力をかしたりしている。また、千絵の手が思いのほかかたく、力があったと遠子が感じていることから、千絵はたよりがいがある人物としてえがかれていることがわかる。

**注意** (1)物語文では、場面や人物によって、人のよび方が変わる場合がある。ここでは、遠子は千絵のことを「井岡さん」と名字でよび、千絵は遠子のことを「北川さん」と名字でよんでいる。それぞれがだれのことを指すのか、整理しながら読み進めることが大切である。

## 上級レベル 76 物語文(6)

**解答**
1 (1)イ
(2)(例)口では悪く言っていても、本当は恒夫となかよくしたいと思っている。
(3)(ゆうゆうたる)鬼怒川の流れ
(4)(例)光とかげ、動くものと静止するものをかきわけているから。(二十七字)
(5)ア

**解説**
1 (2)「ひろ子」は、恒夫ににくまれ口をきいているが、恒夫のすぐとなりに自分からすわっていることから、恒夫のことがきらいなわけではないことがうかがえる。このように、登場人物の気持ちを考えるときには、会話だけでなく行動や表情もあわせて考えることが大切である。
(4)後の部分に「どうして、こんなふうにかきわけられるのか、えつ子には、ただふしぎである」とある。「こんな」の指し示す内容は、このすぐ前の段落に書かれている。
(5)「ひろ子」は恒夫ににくまれ口をききながらも、「絵がうまいたって、そんなにいばらなくてもいいわ」という言葉からもわかるとおり、恒夫の絵のうまさをみとめている。また、「えつ子」は「ひろ子」のように自分の考えを口に出していないものの、「えつ子にもわかる。恒夫の絵は〜」の部分から、恒夫の絵のうまさをみとめていることが読み取れる。

**注意** (1)登場人物の気持ちを考えるとき、その場面で起きているできごとに注意すること。恒夫が「ちぇっ！」と言ったのは、ひろ子が「日高さんのまねなんかしないわ」と言う前のことである。よって、恒夫の絵のまねをする・しないということは、この時点でまだ話題になっていない。恒夫はただ、集中して絵をかいていたところにじゃまが入ったと感じたと考えられる。

## 標準レベル 77 物語文(7)

**解答**
1 (1)つよし
(2)ウ
(3)ア
(4)たぶん
(5)うそ・自信

**解説**
1 (2)「おもわず」という言葉に着目する。健太郎は「うそだろう」と言いながらもつよしの話に引きつけられ、強いきょうみをもち始めていることがわかる。
(3)直前の「つい、たずねてしまった」に着目する。つよしの話をまだ完全に信じられないと思いながらも、健太郎はつよしの話にきょうみをもち始めている。カメがどんな声で鳴いたのか、いちおうたしかめてみたかったのである。このような気持ちだったことが「つい〜しまった」という言葉に表れている。
(4)「なにかを聞いた」という表現(ひょうげん)に、健太郎の考えが表れている。カメが鳴いたというつよしの話をまだ信じてはいないものの、まったくのうそではないのかもしれないと思い始めているのである。
(5)つよしははじめ、「たしかに聞いた」と言っていたが、あとで「聞き違いかもしれない」と言い直している。健太郎に話すうちに、ぜったいに聞いたという自信がゆらぎ始めていることがわかる。

## 上級レベル 78 物語文(7)

**解答**

1 (1)ア
(2)(例)ひとつしかない富士山を、洪作がいくつもあるように言ったから。
(3)ウ
(4)(例)富士山を見るまでは旅のたいへんさを思っていたが、周囲の人に笑われてしまい、はずかしくなった。(四十六字)

**解説**

1 (1)「別れてからずいぶんながい時日がたっているような気がする」に着目する。親しい人たちとはなれた洪作は、そのさびしさから、ここまでの道のりがとても長く、たいへんだったように感じていることがわかる。
(2)洪作の言葉の、どの点がおかしいのかを考える。洪作はふだんから富士山を見ていたことがわかるが、すぐ近くで富士山を見るのははじめてらしいことが読み取れる。自分がいつも見ている富士山よりもずっと大きく見えたので、まるで別(べつ)の富士山が目の前にあらわれたかのように感じたのである。しかし、富士山は一つしかないので、「こんなところにも富士山があらあ」という洪作の言い方は、周(まわ)りで聞いている人にとってはおかしな言葉に聞こえたのである。
(3)洪作は周りの乗客に笑われてしまったが、洪作の「田舎ことば」がおかしくて笑ったとは、だれも言っていない。ところが、洪作は笑われた理由がよくわからないにもかかわらず、自分の田舎ことばが原因だったのではないかとうたがっている。洪作は、自分が田舎から出てきた人間だということをひどく気にしているのがわかる。
(4)「さけんだ」ときと、「すぐ窓の方をむいた」ときの洪作の気持ちのちがいを読み取る。はじめてすぐ近くで見る富士山にこうふんしていた洪作が、理由もわからないまま周囲の乗客に笑われてしまい、はずかしくなったという気持ちの変化(へんか)をとらえる。

## 標準レベル 79 物語文(8)

**解答**

1 (1)①ランプ
②(例)ランプを自分で割ること。
(2)ウ
(3)なつかしいランプ(のこと。)〈八字〉
(4)ウ

**解説**

1 (2)――線②のすぐ前に「お前たちの時世はすぎた」とある。「お前たち」とは、ランプのことを指している。さらに次の「わし」の言葉の中に、「電気の時世になった」とあることから、ランプの時代が終わり、電気に置(お)き変(か)わったことがわかる。
(3)「ランプ、ランプ、なつかしいランプ」の部分は、川の向こう岸にともっている自分のしょうばい道具であるランプをながめている巳之助の心の中を表している。巳之助はランプでしょうばいをすることを見かぎる発言をしているが、やはり自分がこれまで売ってきたランプに、深い愛着(あいちゃく)を感じていることが読み取れる。
(4)巳之助がなぜランプを売るしょうばいをやめ、自らランプをこわしたのかが重要(じゅうよう)なポイントである。電気の時世になったことをさとった巳之助は、ランプを売るしょうばいをきっぱりとやめるかくごを持っている。しかし、同時にこれまで売ってきたランプを見かぎることへのつらさも感じているのが、「涙がうかんで来て」という部分に表れている。

> **注意** (1)指示語(しじご)が指し示(しめ)す内容(ないよう)は、ふつう指示語よりも前にあるが、指示語よりも後に書かれている場合もある。巳之助は「しょうばいのやめ方はこれだ」と言っているが、どのようにしてしょうばいをやめるかは、これよりずっと後に書かれていることに注意する。

## 上級レベル 80 物語文(8)

**解答**

1 (1)(例)幼稚園バスの中。
(2)㋐(例)男の言葉どおり、自分がいい子だから望んだ味のドロップが出てきたと思うから。
㋑(例)五つに分けた缶のうち、どの缶に何味が入っているかわかっているから。
(3)(例)子供たちをつつむやさしさを持った人物。(十九字)
(4)イ

**解説**

1 (2)「男は五つのドロップ缶を買い〜」以下の部分を、しっかりと読み取る必要(ひつよう)がある。「男」はどの缶に何味のドロップが入っているのかわかっていながら、泣いている子供には、いかにも好きな味のドロップがぐうぜん出てきたような言い方をしている。つまり、「男」は子供たちの気持ちを考えて、どうすればいちばん喜ばせることができるかを考えたのである。

**ポイント**

(4)物語文では、登場人物の発言や行動と、本当の気持ちがちがっていることがある。「男」は子供たちに泣かれるのが「困る」と感じているように書かれているが、実際の行動は子供たちにやさしく接しており、子供たちに深い愛情をそそいでいることが読み取れる。「男」は、本当は子供たちのことが好きで、子供たちの気持ちがよくわかっている人物であることがわかる。

## 81 最上級レベル 11

**解答**

1 (1)早朝(朝早く)

(2)これまで、

(3)(例)バスとの思い出がこみあげて、泣いてしまうこと。

(4)(例)バスを運転する父を見られなくなること。(十九字)

(5)エ

**解説**

1 (1)「みかん色の朝日」という言葉に着目する。

(3)最終段落に「こらえていたものがどっとあふれだした」とある。それまで「僕」は、バスとの思い出をかみしめながらバスを磨いていたが、気をゆるめると思いがあふれ出して泣いてしまいそうだったのを、ぐっとこらえていたことがわかる。

(4)「声をあげて」泣いたのだから、「僕」にとってとても悲しいことだとわかる。文章の最後の部分に「このバスが大好きだった。このバスを運転するオトンが大好きだった」とある。「僕」にとって、バスがなくなってしまうことは、同時にそのバスを運転していた父の姿を見られなくなることでもある。このことを、「僕」がとても悲しいと感じていることをとらえる。

**ポイント**

(5)登場人物の気持ちは、表情や行動、会話のほかに、物語の情景にも表れていることがある。この文章では朝日を「みかん色」と表現しているが、「オレンジ色」や「だいだい色」ではなく「みかん色」としているのは、バスに乗ってみかん畑を走った思い出が、「僕」の中でうずまいていることを示している。

## 82 最上級レベル 12

**解答**

1 (1)(例)母親が休みなく働いてかせいだお金だから。(二十字)

(2)ア

(3)(例)母親が修のことをたよりにしていないように感じる点。(二十五字)

(4)(例)いそがしいのに、修に仕事を手伝わせようとしないから。

(5)ウ

**解説**

1 (1)「稲刈りのときは～」の段落で、修の母親が昼も夜も働きづめである様子が書かれている。バス代の百円は、こうして修の母親が休む間もなく働いてかせぎ出しているお金の一部なのである。そのことを知っている修は、バス代をかんたんにもらう気がしないと考えていることを読み取る。

(2)「空気をかきまわす」とは、いそがしく動き回ることをたとえた言い方である。すぐ前の部分に「七時十分に工場のマイクロバスが来るバス停までいかなくてはいけない」とあることから、働きに出るために母親は朝の時間がとても忙しく、時間に追われていることがわかる。

(4)「むかむか腹が立った」とあるが、腹が立つ理由にもさまざまなものが考えられる。修は母親の苦労を知っており、大変な思いをしてお金をかせいでいることも知っているので、母親のことがきらいというわけではない。「どんなに忙しくとも『手伝え』とは言わなかった。それが修には不服だった」とあるように、もっと自分のことをたよってほしいのに、仕事を手伝わせようとせず母親だけが大変な思いをしていることが、修には不服なのである。

## 83 標準レベル 句読点

**解答**

1 ①ウ ②ア ③イ

2 ①ア ②イ ③ウ ④イ ⑤エ ⑥ア ⑦ウ ⑧イ ⑨ア ⑩ウ ⑪エ ⑫ア ⑬ウ

3 ①わたしはあわてて、にげるどろぼうを追いかけた。

②わたしは、あわててにげるどろぼうを追いかけた。

③山田さんと田中君の家に、行った。

④山田さんと、田中君の家に行った。

⑤ここでは、きものをぬぐ。

⑥ここで、はきものをぬぐ。

**解説**

3 ①あわてているのが「わたし」であることがわかるように、読点を打つ。

②あわてているのが「どろぼう」であることがわかるように、読点を打つ。
③一人で「山田さんの家」「田中君の家」の二けんに行ったことがわかるように、読点を打つ。
④「田中君の家」へ、「山田さん」といっしょに行ったことがわかるように、読点を打つ。
⑤ぬぐのは「きもの」であるから、「きものをぬぐ」と読めるように読点を打てばよい。
⑥ぬぐのは「はきもの」であるから、「はきものをぬぐ」と読めるように読点を打つ。

**ポイント**
読点「、」は、言葉が二つ以上ならぶ場合や、主語やつなぎ言葉でいちど区切って読ませたい場合に打つ。ただし、読点の打ち方によって文の意味が変わってしまう場合があるので注意が必要である。

## 上級レベル 84 句読点

**解答**

1 ①兄は高校生で、姉は中学生だ。
②お母さん、今日のばんごはんは、ハンバーグが食べたいな。
③となりの家に住んでいるおばあさんは、いつも日なたぼっこをしている。
④わたしは、あなたは正しいと思っています。
⑤ねえ、学校が終わったら、ぼくの家に遊びにおいでよ。
⑥一度だけまほうが使えたら、なんていう話を、昔はよくしたけれど、今はまったくしていない。
⑦外は大雨がふっていたが、友達と約束をしていたので、公園に向かった。
⑧ぼくが目をさましたとき、野球の練習があると言っていた弟は、すでに出かけた後だった。
⑨ああ、なんておいしいのだろう。

2 ①お母さん、ごめんなさい。ぼく、もう悪いことはしないよ。
②おはようございます。今日は寒いですね。いってらっしゃい。
③八時になった。そろそろ出かけよう。わたしは、身じたくを整えた。
④急がば回れ。これは、わたしの好きなことわざです。
⑤南の空を見ましょう。すると、正面に三つならんだ星が見つかります。これが、オリオンざを見つける目印です。
⑥おいしかったね、ここの料理。また来ようね。

3 ①お正月にもらったお年玉で、本を買った。
②雨がやんだので、自転車で出かけた。
③ぼくのしゅみは、遠くの友達に、手紙を書くことです。
④春がきて、あたたかくなったので、つくしが生え始めた。
⑤今日は、プレゼントをありがとう。とてもうれしかったよ。

**解説**

1 ①「兄」のことを述べている部分と「姉」のことを述べている部分の間で区切る。
②「お母さん」は呼びかけなので、この直後で区切る。また、「今日のばんごはん」と「ハンバーグが食べたい」は、どちらもひと続きの言葉なので、この間で区切ればよい。
⑥「一度だけまほうが使えたら」は話していた内容なので、この直後で区切る。

2 ⑥「ここの料理おいしかったね」という文の、言葉の順番が入れかわっていると考えればよい。

## 標準レベル 85 文章の記号

**解答**

1 ①カ・シ ②ア・サ ③ク・タ ④ウ・コ
⑤オ・ケ ⑥キ・ス ⑦イ・セ ⑧エ・ソ

2 ①「あぶない！」
②「犬も歩けばぼうにあたる」
③「おなかすいたね」
④「あなたはどんな仕事をしてみたいですか。」
⑤「ありがとう」
⑥「スマイル」
⑦「まんま、まんま」
⑧「昔は、どんな遊びをしていたの。」
⑨「この先、大阪」
⑩「オリンピックで金メダルをとった」

3 ①来年の一月一日は、日曜日だ。
②ぞうは、鼻が長い動物です。
③目ざまし時計のベルが鳴ったとき、母はもう起きていた。
④明日の十時、体育館に来てください。
⑤朝から雨がふっているが、今日は出かけなければならない。
⑥もしもし、何か落ちましたよ。
⑦ああ、毎日たいくつだなあ。

**解説**

2 ②引用されていることわざに「　」をつける。
④たずねられた内容に当たる部分に「　」をつける。
⑥曲名にあたる部分に「　」をつける。
⑩ニュースキャスターが伝えている内容に当たる部分に「　」をつける。

## 上級レベル 86 文章の記号

解答

1 ①ウ ②ア ③イ ④ウ ⑤ア
⑥イ ⑦ア ⑧エ ⑨ウ ⑩エ

2

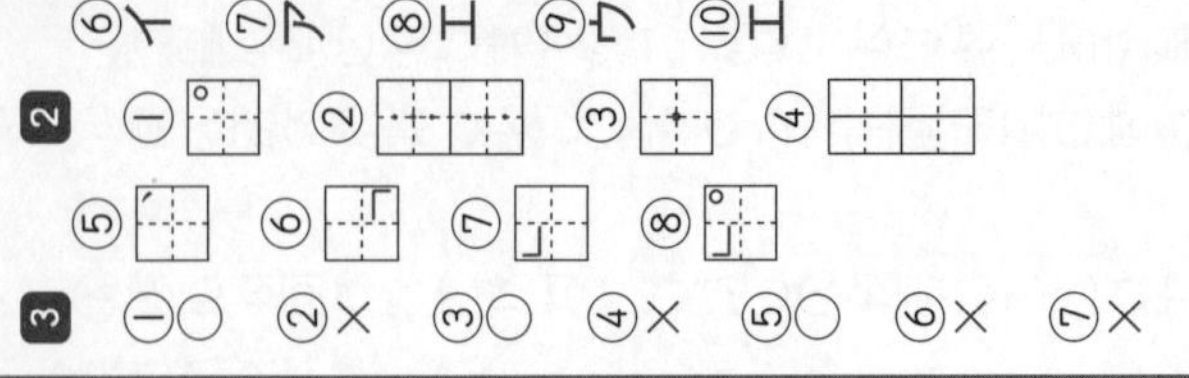

3 ①○ ②× ③○ ④× ⑤○ ⑥× ⑦×

解説

2 原稿用紙のマスに記号を書くときのルールは次のとおり。
・右上に書くもの…句読点
・右下に書くもの…上のかぎかっこ
・左上に書くもの…下のかぎかっこ
・真ん中に書くもの…中点
・二マスを使うもの…三点リーダー、ダッシュ

3 句読点はふつう一文字として考え、原稿用紙では一マスを使う。ただし、句読点が行頭にきてしまう場合は、前の行の最後のマスに文字とともに書き入れる。

## 標準レベル 87 送りがな・かなづかい

解答

1 ①じしん ②ようちえん ③いわない
④おおかみ ⑤へいとうてん ⑥とおりぬけ
⑦いきおい ⑧えいが ⑨とうとい
⑩おとうと

2 ①ず ②づ ③ず ④づ ⑤ず
⑥づ ⑦ず ⑧ず ⑨ず ⑩づ

3 ①い→え ②○ ③○ ④わ→は
⑤(下の)お→う ⑥う→お ⑦ぢ→じ
⑧ぢ→じ ⑨○ ⑩づ→ず

4 ①加える ②果たす ③借りる ④競う
⑤帯びて ⑥改めて ⑦喜んだ ⑧挙げて
⑨働く ⑩争う

解説

注意 1①「地」は「ち」と読むが、「地震」のかなづかいは「じしん」となることに注意。
⑧⑨⑩「えいが」「とうとい」「おとうと」のように、のばす音はまちがえやすいので注意。なお、外来語(外国から入ってきた言葉)などカタカナで書かれるもの以外は、のばす音に音引き「ー」を使わない。

2 ④「おこづかい」は、「つかう(使う/遣う)」が元になっている言葉なので、「ず」ではなく「づ」を使う。
⑥「てづくり」は「作る」が元になっている言葉なので、「ず」ではなく「づ」を使う。
⑩「かたづけ」は「片(かた)」を「付ける」という成り立ちの言葉であるから、「ず」ではなく「づ」を使う。

## 上級レベル 88 送りがな・かなづかい

解答

1 ①みかづき ②ちからづよい ③はなぢ
④ちぢむ ⑤おおい

2 ①ア・いもうとと エ・こうえんへ
②ア・ちょうちょうが イ・ぞうの
③ウ・おとうさんと エ・たまごを
④ア・みおわってから イ・そうじを
⑤イ・とけいは ウ・さんじを

3 ①え ②まし ③し ④る ⑤い
⑥なる ⑦う ⑧け ⑨やし ⑩き

4 ①美しい ②残す ③失った ④散らかる
⑤試みる ⑥整える ⑦栄える ⑧連なる
⑨行う ⑩短く

解説

1 ①「月(つき)」なので、「ず」ではなく「づ」が正しい。
②「強い(つよい)」なので、「ず」ではなく「づ」が正しい。
③「血(ち)」なので、「じ」ではなく「ぢ」が正しい。

## 標準レベル 89 常体と敬体

解答

1 ①ア ②イ ③ア ④イ ⑤ウ
⑥エ ⑦ウ ⑧ア ⑨エ ⑩イ

2 ①ア ②ア ③ア ④ア ⑤イ
⑥イ ⑦ア ⑧ア ⑨ア ⑩ア

3 ①みます ②みません ③みました
④みましょう ⑤みませんでし ⑥です
⑦ですか ⑧はありませ
⑨でしょう ⑩でした

解説

2 ①「きいた」は常体。敬体は「ききました」。
②「晴れるようだ」は常体。敬体は「晴れるようです」。
③「けずろう」は常体。敬体は「けずりましょう」。
④「お話をなさる」は常体。敬体は「お話をなさいます」。
⑤「どこですか」は敬体。常体は「どこか」または「どこであるか」。
⑥「ゆるしません」は敬体。常体は「ゆるさない」。
⑦「遊ぼうね」は常体。敬体は「遊びましょうね」。
⑧「めしあがれ」は常体。敬体は「めしあがってください」。
⑨「鳴る」は常体。敬体は「鳴ります」。
⑩「いらっしゃった」は常体。敬体は「いらっしゃいました」。

ポイント

常体と敬体は文の終わり方で見分ける。④の「なさる」は相手をうやまっていねいな表現であるが、文の終わりが「なさいます」ではなく「なさる」であれば常体である。同じように、⑩の「いらっしゃっ

た」も相手をうやまう表現であるが、文の終わり方に着目すると常体である。

3 ③「読んだ」は、すでに読み終わったことを表すので、敬体は「読みました」となる。

④「読もう」は相手をさそったり、相手にはたらきかけたりする表現なので、敬体は「読みましょう」となる。

⑦「雨かい？」は相手にかくにんするときの表現なので、敬体は「雨ですか？」となる。

⑨「雨だろう」は、これから起きることを予想する表現なので、敬体は「雨でしょう」となる。

## 上級レベル 90 常体と敬体

**解答**

1 イ・ウ・エ・キ・コ

2 ①ア・行きません
②イ・たたかれた
③ア・出たいです
④ア・さけられます
⑤イ・大好きだ
⑥イ・しわざだった
⑦イ・しれない
⑧ア・食べることです
⑨イ・作られるのだ
⑩ア・出かけましょう

3 イ・いたのだ　エ・遊んでいる　キ・ない
ク・いいだろう　サ・感じなかった

**解説**

1 自分で読むためのものを書くときや、家族など身近な人に話しかけるとき、また、内容を手短に伝えたい場合などは、常体を使ったほうがよい。反対に、目上の人や知らない人と話すときや、不特定多数の人に向かって話すときなどは、敬体を使ったほうがよい。

ア「朝顔かんさつ日記」は自分でつけるきろくなので、常体でよい。

イ「来客との会話」は、相手が客であることから、敬体のほうがよい。

ウ「テレビのニュース」は、不特定多数の人に向けての言葉なので、敬体のほうがよい。

エ「学級会の時間」は、学級の全員に向けて話すことなので、敬体のほうがよい。

オ「休み時間の会話」は、親しい相手と話すことが多いことから、常体でよい。

カ「兄弟の会話」は、家族との会話であることから常体でよい。

キ「道をたずねられた」場合は、相手は知らない人であるので、敬体のほうがよい。

ク「友達との会話」は、よく知っている人との会話なので常体でよい。

ケ「手短に伝えたい新聞記事」は、より短い文にすることが目的であるため、常体のほうがよい。

コ「電車内アナウンス」は、不特定多数の乗客に対しての言葉であるため、敬体のほうがよい。

## 標準レベル 91 悪文訂正

**解答**

1 ①きんちょうしていたので
②パイロットになることだ
③ぜんぜん理由がわからない
④ホットケーキを焼いていた
⑤ぼくの弟です
⑥ゴミをへらすべきだと思う
⑦あしたもし晴れたら(晴れれば)
⑧オムライスです

2 ①ものすごい速さでにげるネコを、ぼくは追いかけた。
②ものすごい速さで、にげるネコをぼくは追いかけた。
③にげるネコをぼくはものすごい速さで追いかけた。

3 ①(例)あなたのお兄さんは学校からまだ家に帰っていません。
②(例)あなたのお兄さんは家に帰って学校にいません。

**解説**

1 ①「きんちょうしていた」のは、「歌うことができなかった」ことの理由である。理由を表す場合は「のに」ではなく「ので」を使う。

②「夢は」がこの文の主語であるが、「なりたい」では主語と述語がつながらない。「夢は～になることだ」とすれば、主語と述語がつながった文になる。

③「ぜんぜん」は「～ない」と必ず組にして使う。よって、「ぜんぜん理由がわかる」ではなく、「ぜんぜん理由がわからない」が正しい組み合わせである。

④「ホットケーキ」は焼いていたもので、焼いていたのは「母」だから、「母がホットケーキを焼いていた」が正しい言い方である。

⑤「この本の」とはじめに言っているので、「ぼくの弟の本です」では「本」が二重に使われていることになる。「持ち主は」という主語に対する正しい述語は、「ぼくの弟です」である。

⑥文の主語は「ぼくは」なので、述語が「へらすべきだ」では、主語と述語がつながっていない。「ぼくは」という主語に対する正しい述語は、「～と思う」である。

⑦「もし」は「～たら」や「～れば」と必ず組にして使う。

⑧「いちばん好きな食べ物は～好きです」では、「好き」が二重に使われている。「食べものは」という主語に対する正しい述語は、「オムライスです」である。

2 もとの文では、「ものすごい速さ」なのが「ネコ」なのか「ぼく」なのかがわからない。意味を一つにしぼるためには、読点（「、」）を入れるか、または語順を入れかえてどちらが「速い」のかがわかるように直す。

❸ もとの文は、「お兄さん」が「帰っていない」のか、「（ここに）いない」のかがわからない。はじめの意味だとすれば、「お兄さん」はまだ学校にいることになり、後の意味だとすれば「お兄さん」はもう学校にいないことになる。

## 92 上級レベル 悪文訂正

解答

1 ①イ ②ウ

2 ①(例)母は画家で、勉強家です。
②(例)画家には勉強家の母がいます。

3 (例)最近、小学生がテレビを見る時間が少なくなってきているようです。両親が子どものころは、小学生が本を読まないのはテレビを見ているからだと言われていたようですが、私たちはテレビをあまり見ないかわりにゲームをしている時間が長くなっているので、テレビと読書には必ずしも関係があるわけではないと思います。私は、できるだけ本を読む時間を取るようにしたいと感じています。

解説

1 もとの文では、「この本」がおもしろい本だったのか、おもしろくない本だったのかがよくわからない。イのように「この本くらいおもしろくなければ」とすれば、「この本」はおもしろい本の例としてあげられていることがわかる。反対に、ウのように「この本のようにおもしろくないものでは」とすれば、「この本」がおもしろくない本の例としてあげられていることがわかる。

2 「母」が「画家をしている」のか、「画家の親である母」なのかがわからないため、「母」がどのような人物なのかがわかりにくい文になっている。このような短い文では読点（「、」）を入れると不自然な文になってしまうため、語順を入れかえて意味が通じるように直す。

3 文がまちがっている部分は次のとおり。
1〜2行目の「少なくなってきているようですが」と4〜5行目の「言われていたようですが」の部分は、「〜ですが」が続いているため、どちらか一つを残したほうが自然な文になる。

7〜8行目の「必ずしも関係がある」は、「必ずしも〜ない」という形で使うのが正しいため、「必ずしも関係がない」と直す。

8〜10行目では「私は〜私は感じています」というように、主語「私は」が二重に使われているため、どちらか一つが残るように直す。

## 93 標準レベル 要点まとめ

解答

1 ①イ ②ウ

2 (1)①ウ ②ア ③エ
(2)③
(3)イ

解説

1 ①この文章は、「昼と夜の長さ」について述べている。季節によって昼と夜の長さが変わるのであるが、イだけは「早く夏が来てほしい」という感想が述べられているだけで、昼と夜の長さとは関係がない。よって、イは文章の中心になっている話題とはちがうと言える。
②この文章は、ペットボトルにじかに口をつけて飲むのはぎょうぎが悪いと言えるかどうかについて述べている。ウだけは「お茶よりもジュースを飲むことのほうが多い」と述べており、ペットボトル入りの飲みものとはあまり関係がない。よって、ウは文章の中心になっている話題とはちがうと言える。

2 文章の要点は、文章のはじめや終わりに書かれていたり、文章中でくり返し書かれていたりする。この文章では、はじめの①段落と終わりの③段落でどちらも「なぜ」「どうして」が出てくる。また、③段落では「『なぜ』『どうして』を大切にしてください」と述べられていることから、この文章はぎもんをもつことの大切さについて述べていることがわかる。

## 94 上級レベル 要点まとめ

解答

1 (1)①エ ②ウ ③ア ④オ ⑤イ
(2)①
(3)①(例)ねだんが高くて入りづらいという意味で使われているが、正しくは相手に申しわけない気持ちがあって行きにくいという意味。
②(例)時代とともに言葉は変わるが、言葉のもともとの意味について学ぶのはむだではない。

解説

1 (3)①には②段落の内容を、②には⑤段落の内容をまとめる。要点をまとめるときは、重要な言葉をひろい出していき、具体例や説明のための文や言葉ははぶくとよい。

## 95 最上級レベル 13

解答

1 ①春にまいた種が、やっと芽を出した。
②ぼく、そんなことしないよ。
③他人ではなく、自分自身がライバルだ。
④それ、わたしが落としたハンカチです。

⑤本当においしいね、ここのラーメン。

**2** ①○　②×　③×　④○　⑤×
⑥○　⑦×　⑧○　⑨○

**3** ①こおえん→こうえん
ひつぢぐも→ひつじぐも　づっと→ずっと
家え→家へ　みかずき→みかづき
②向う(の)→向こう(の)
急そいで→急いで　帰えった→帰った
③句点：5　読点：4
④常体

**解説**

**2** ①感嘆符「！」の後は、次のマスを一マスあけるのが、原稿用紙の正しい使い方である。同じように、疑問符「？」の後も一マスあける。
②かぎかっこの中がせりふや会話内容の場合、話し言葉のまま書いてよい。
③説明をおぎなう場合は、その言葉の前後をダッシュ(——)ではさむ。
⑤かぎかっこの閉じと句点を一マスに入れる場合のように、一マスに二つの記号が入ることもある。
⑦会話部分のはじめは改行して書きはじめることが多い。その場合は、会話が終わったら、改行してその先を書く。
⑧行頭に句読点が来ないよう、前行の最後のマスに入れる。文字と同じマスに入れてもよい。
⑨ダッシュ(——)や三点リーダー(……)は二マス分使う。

**3** ①「三日月」(みかづき)は、「月(つき)」であるから、「ず」ではなく「づ」を使うのが正しい。

## 96 最上級レベル ⑭

**解答**

**1** ①キ・ハンバーグとオムライスです。
②ウ・家に帰ってそれを食べました。
③エ・父が、「おばあちゃんが、『明日遊びに行くよ。』って言っていたよ。」と言った。
④ケ・わたしは、あなたはまちがっていないと、ずっと思っています。
⑤コ・見たりしてすごしました。
⑥カ・にはオオカミがいました。
強そうでかっこよかったです。
⑦ク・まどの外では、
⑧ア・もらいました。
うれしかったのに、
しまいました。
⑨イ・してしまったのですが、
かわからないのです。
⑩オ・おもどりになりました(もどられました)。

**解説**

**1** ①「好きな食べ物は」という主語に対して、述語が「好きです」となっている。「好き」が二重に使われているため、述語は「オムライスです」と直す。
②一文目は「もらいました」と敬体で書かれているが、二文目は「食べた」と常体で書かれている。同じ文章の中では、敬体か常体どちらか一方にそろえるのがふつうである。
③「おばあちゃんが〜って言っていたよ。」の部分は「父」のせりふ、「明日遊びに行くよ。」の部分は「おばあちゃん」のせりふである。「おばあちゃん」が言っていたことを、「父」が伝えていることをとらえよう。
④「わたしはあなたは」と続いているために、どちらが主語なのかまぎらわしい。文全体の主語は「わたしは」であるから、この直後に読点を入れて区切る。また、「あなたはまちがっていない」というのは「わたし」の考えなので、「と」の後に読点を入れると読みやすくなる。
⑤「〜たり〜たり」という形になっていないため、読みづらくなっている。
⑥「動物園にわ」は「動物園には」のまちがい。「オウカミ」ではなく「オオカミ」が正しいかなづかい。「よかつた」は「よかった」に直す。「強よそう」は送りがながまちがっているので、「強そう」に直す。
⑦「子どもたちが元気いっぱい遊んでい」るのが「まどの外」であるから、「には」ではなく場所を表す「では」を使うのが正しい。
⑧「やおやさんで大根を買った」「おまけにミニトマトをもらった」「うれしかったが、お礼を言うのをわすれた」「今落ちこんでいる」ということが一文で書かれているため、文が長く読みづらくなっている。適度に句点を入れ、文を区切ったほうがよい。
⑨「落としちゃった」「わからないの」は、話し言葉である。
⑩「おもどりになる」と「なられる」はどちらも相手をうやまう表現であり、二重に使うのは度をこえている。このようなまちがった表現を「二重敬語」といい、かえって失礼に当たる場合もあるので注意が必要である。

## 97 標準レベル 説明文(5)

**解答**

**1** (1)ウ
(2)エ
(3)(例)関係(関わり方)
(4)③
(5)イ

**解説**

**1** (1)段落相互の関係を考える場合、段落のはじめにあるつなぎ言葉が手がかりになる。この文章では、②段落のはじめに「しかし」とあるため、①段落とは反対の内容を述べていることがわかる。
(3)④段落では、「昔」と「最近」をくらべ、ツバメと人間との関係が変わってしまったことを述べている。
(4)「このツバメ達」の指示語「この」と、「繁殖できるかどうか」という言葉に着目する。ツバメが昔もいまも人間が住んでいる場所で繁殖していることについて述べているのは③段落なので、この段落の最後に入る。
(5)アは①段落で「カラスにつぐ天敵は、人間です」と述べられているため、まちがっている。イは②段落の内容に合っている。ウは③段落に「今でも都心で繁殖している」とあり、へっているとは言っていないため、まちがっている。

## 上級レベル 98 説明文(5)

**解答**

❶ (1)(例)生きていくために必要な情報が何もないこと。
(2)ア
(3)情報を生産していく(こと。)〈九字〉
(4)環境や現象そのものが情報です。
(5)エ

**解説**

❶ (3)「鳥がたべる」という情報を受け取り、「あの木の実はたべても安全」と考えたことを、筆者は「情報をつくりだした」と表現している。このことを④段落では「情報を生産していく」と言いかえている。
(4)筆者は、私たちの身のまわりにある環境や現象を情報としてとらえることができると述べている。つまり、環境や現象そのものを情報として考えることができると述べているのである。
(5)アとイは、どちらも「木の実」の例で述べられていることなので、情報について説明するための具体例であり、情報が食物を集めるためのものであると述べているわけでも、動物が情報を教えてくれると述べているわけでもないことに注意する。また、文章中で身のまわりの環境や現象をすべて情報としてとらえることができると述べているが、このような心がけが大切だと筆者は述べているのであって、ウのように「かんたんに手に入る」と言いたいわけではないことにも注意する。

**注意** (1)説明文では、あることを説明するために使われている例やたとえと、筆者の主張を分けて読み取ることが大切である。①段落では、木の実に毒があるかを見分ける例が使われているが、これは「情報」がないために困ってしまうことを言うための例である。筆者の主張は「木の実に毒があるかどうかを見分けることはむずかしい」ということではないので、注意が必要である。

## 標準レベル 99 説明文(6)

**解答**

❶ (1)命を育てる
(2)ウ (3)エ
(4)㋒ (5)イ

**解説**

❶ (1)この文章は、川の流れが魚の繁殖にどういきようしているのかを述べている。川の底にある石ですら、魚たちが繁殖する上で重要な意味があるとし、川の流れがとても複雑で人間が勝手に手を加えることができるようなものではないと主張しているのである。こうした川のはたらきを、筆者は「命を育てる流れ」と表現している。したがって、魚たちの繁殖は、川が「命を育てる」ことの結果であると言える。
(2)第二段落では、川底の石のあいだにあるすき間にも、流れが発生すると述べている。このような流れも魚の繁殖になくてはならないものであるという意味で、筆者は「命の石」という言葉を使っていることをとらえる。
(3)「表流水」「伏流水」「地下水」がそれぞれどのような水の流れであるのかを整理する。「表流水」とは第一段落にあるとおり、地表を流れる水、つまり私たちがふだん見ている川の流れのことである。「伏流水」とは第二段落にあるとおり、川底の石のすき間を流れる水のことである。「地下水」とは第三段落にあるとおり、地中深くを流れる水のことである。③では川の流れについて問われているので、「表流水」がどのように作られているのかを考えればよいことがわかる。アは地下水だけに限っている点がまちがっている。イは「地下水とは関係がない」としている点がまちがっている。ウは「伏流水や地下水からはなれ」た水に限っているが、第四段落にあるとおり、伏流水や地下水が集まったりはなれたりして表流水になるため、まちがっている。以上より、正しいのはエである。
(4)だれが見ても変わらない内容を述べている部分は「事実」、筆者の考えや意見が述べられている部分は「主張」と考えてよい。㋐「水は高いほうから低いほうへと流れる」や㋑「川の水は、多くの命を宿している」は、筆者がどう考えるかに関係なく、だれが見ても変わらないことであるため、「事実」であると言える。これに対して㋒は「必要なのではないだろうか」と問いかけていることからもわかるとおり、筆者自身の考えを述べているため、「主張」であることがわかる。
(5)筆者はこの文章を通じて、川の流れがどれほど複雑なもので、人間がかんたんに手を加えられないものかを説明している。よって、ア・ウ・エのように、人間が手を加えてもよい、または手を加えるべきだと述べているものはまちがいである。

## 上級レベル 100 説明文(6)

**解答**

❶ (1)(例)石油や石炭を一気に使っている様子。(十七字)
(2)石油文明
(3)ア
(4)㋒
(5)エ

**解説**

1 (1)「玉手箱」は、「浦島太郎」に出てくる箱のことである。竜宮城で何日間か楽しい時間をすごしていたはずが、海からもどってみると何十年もの時がすぎており、すぎた時間が玉手箱にとじこめられていた。玉手箱を開けた浦島太郎は、とじこめられていた時間を放ってしまったために、おじいさんになってしまったのである。太古の$CO_2$がとじこめられている石油や石炭をもやすことは、大昔からたくわえられてきたエネルギーを一気に使ってしまうことと同じであるという意味で、筆者は石油や石炭を「玉手箱」にたとえていることをとらえる。

(2)豊かさや便利さを求めて石油や石炭を使い続け、それらがなければ生活できなくなっているという意味で、筆者は近代文明を「石油文明」と表現していることをとらえる。

(3)つなぎ言葉を選ぶ問題では、□の前後がどのような関係になっているのかを考える。□の前では、石油や石炭をあえて利用しなかったために、先住民の中には近代文明の競争に勝てなかった民族もいると述べている。□の後では、「自然のバランスがくずれることを、知っていたのかもしれません」とあるように、石油や石炭を利用しなかったことでよかった点もあると述べている。このように、前後で反対の内容を述べていることから、反対の内容を結ぶ「しかし」がふさわしいことがわかる。

(4)ぬけている文の最初にある「ですから」に着目する。温暖化が進行する理由が、この直前に書かれているはずである。㋒の前には、「いまの私たちのくらしは、石油なしにはなり立ちません」とある。石油を使わざるをえない生活になってしまっているのであれば、どんなに温室効果ガスを減らす努力を続けても温暖化は進行することになるので、意味が通じる。よって、ぬけている文は㋒に入ることがわかる。

**注意** (5)ア~エは、すべて文章中に書かれている内容であるが、筆者がもっとも主張したいことを選ぶ点に注意すること。

## 標準レベル 101 説明文(7)

**解答**

1 (1)地球・熱や光
(2)イ
(3)エ
(4)ウ
(5)もえるガスのかたまり

**解説**

1 (2)——線②の直前にあるとおり、溶鉱炉は鉄をどろどろにとかしてしまうほどあついが、それでも温度は千五百度である。太陽の表面温度は六千度であるから、これよりもはるかにあついことになる。筆者は六千度という温度のあつさをしめすために、非常にあつい溶鉱炉を例にあげ、イメージしやすくしているのである。

(3)つなぎ言葉を選ぶ問題では、□の前後がどのような関係になっているのかを考える。□の前では、「鉄でも金でも~すっかりガスになってしまっているのです」と述べている。□の後では「太陽の正体は、もえるガスのかたまりなのです」と述べている。よって、前の部分から言えることを後ろの部分でまとめている。このようなはたらきをするつなぎ言葉は「つまり」である。

**注意** (4)太陽が「球」の形をたもっていられる理由が問われている。アの「引力」やエの「ふくらもうとする」といった力は、どちらも太陽がもつ力として正しい。しかし、どちらか一方だけでは太陽はつぶれてしまうか、またはとびちってしまう。——線③の直前に「つりあっている」という表現があり、両方の力がうまくバランスをとっていることが「球」の形をたもつうえで重要であることに注意する。

## 上級レベル 102 説明文(7)

**解答**

1 (1)(例)当時、人間の脳の働きにもっとも近かったのが歯車仕掛けの時計や自動人形だったから。
(2)(例)昔は通信を脳にたとえていたが、今は神経や脳の働きを通信とコンピュータになぞらえるようになった。
(3)ア
(4)C
(5)ウ

**解説**

1 (1)第二段落に「人間は時代ごとに、その時代で脳の働きにもっとも近い機械になぞらえて、脳の働きを想像してきました」と書かれていることに着目する。今でこそ、コンピュータやマルチメディア・ネットワークが脳の働きに近いとされているが、歯車仕掛けの時計や自動人形が最新の機械だった時代には、人間の脳にもっとも近い仕組みが歯車仕掛けだったのである。

(2)たとえは、〈たとえたもの〉と〈たとえられたもの〉で成り立っている。もともとは脳のような仕組みを目指して通信を作ってきたのが、いまでは脳の働きを考えるときに通信の働きにたとえていることがあるということを意味している。それだけ、いまの通信の仕組みが脳の働きに近づいているとも言えるのである。

(3)人間の発明品は、自動人形→電話→コンピュータ→マルチメディア・ネットワークと進化してきた。しかし、これは結果的に見ると、どれも人工の脳や神経をつくることを目的として発明を続けてきた歴史でもある、と筆者は述べている。

(4)「通信」に関する発明品として、「電話機」「電話交換機」「コンピュータ」「マルチメディア・ネットワーク」などが文章中であげられている。ただし、ぬけている文では「脳や神経の働きを考えるようになった」と述べているので、脳や神経の働きを通信にはじめてたとえたときのことだとわかる。通信機器の最初の発明は電話機であるから、これについて述べている第三段落の終わり、つまり〈C〉に当てはまることがわかる。

## 標準レベル 103 説明文 (8)

**解答**

1 (1)忙しさに追われている
(2)ウ
(3)㋐より早く仕事を仕上げること
㋑時は金なり
(4)ア

**解説**

1 (1)「時間がどんどん加速されている」は、文章中で「時間と競争するかのように」「忙しさに追われている」「時間の間隔が短くなったような気分で追い立てられている」「時間が盗まれていく」「時は金なり」といったように、いくつもの表現で言いかえられている。このうち、十字で言いかえられているものを選ぶ。

(2)――線②の直前に「それをエインデは『モモ』という作品の中で…」とある。「それ」が指し示すものが「時間どろぼう」なので、これより前からさがせばよい。また、直後の文の「ゆったりした時間が盗まれていく」にも着目する。

(3)㋐はすぐ後の段落の「その一つの原因は」に着目する。「より早く仕事を仕上げることがより優れていると評価されるようになっているためと思われます」とある。㋑の「時は金なり」とは、時間はお金のようにきちょうなものであることを言うことわざである。

(4)イは「急いでやる必要はない」の部分がまちがっている。現代は世の中が便利になったことで、かえって仕事をせかされるようになりがちだと、筆者は述べている。ウは「手ぎわよくこなすべきだ」の部分がまちがっている。手ぎわよくこなさなければいけないと思われるようになっていると文章中で述べられているが、そうするべきであると筆者は述べていない。エは「何かに打ちこまないと、心が貧しくなってしまう」の部分がまちがっている。何かに追い立てられているばかりでは、心が貧しくなってしまうと筆者は述べているのである。

## 上級レベル 104 説明文 (8)

**解答**

1 (1)教育が進んでいて文化的に程度の高い国（十八字）
(2)(例)弱い国を力でおさえつけて、植民地にしたりしなくなったこと。（二十九字）
(3)A…イ　B…ウ
(4)(例)地球の資源にはかぎりがあり、奪い合うことさえできなくなるから。

(5)ア

**解説**

1 (2)すぐ前の文に「さすがに現代は、強い国が弱い国を軍隊でおさえつけて植民地にするということはなくなった」とある。つまり、昔はこのようなことが行われていたということである。「進歩」とは、このような単に軍隊の強さで国の力をはかることはしなくなったことを示している。

(3) A のすぐ前には「ぜいたくに暮らすということは資源をうんと使うということ」とある。これに対して、すぐ後で「その資源にはかぎりがある」と述べていることから、反対の内容をつなぐ「ところが」が当てはまる。

(4)本文の流れをとらえよう。筆者は、戦争の根本的な原因は資源の取り合いにあると述べている。しかし、現代では資源そのものにかぎりがあることがわかっている。資源をひとりじめするだけでは、いずれ資源を使いはたし、豊かな暮らしをたもつことができなくなってしまう。よって、資源の取り合いによる争いをやめ、助け合っていくべきだと筆者は述べているのである。

**注意** (3) B のすぐ前では「つくった品物を売るために勢力争いをする」ことについて、すぐ後では「弱い国の資源を奪い合うということ」について述べている。エ「だから」は、前の文が後ろの文の理由になっている場合に使うつなぎ言葉であるが、「品物を売るために勢力争いをする」ことは「資源を奪い合う」ことの理由にはならないので、ここではふさわしくないことに注意。

(5)第二段落に「教育が進んでいて文化的に程度の高い国」とあるが、これは過去の戦争の歴史から学んできた人類に、今でも根深く残っている問題について述べた部分で使われている表現であることに注意。筆者は、教育がおくれている国が戦争を起こすとは述べていないため、エはまちがいである。

## 105 最上級レベル 15

**解答**

1 (1)(例)クジラやイルカの進化(祖先)(について。)
(2)(例)進化にそってすべての動物の化石が見つかるわけではないから。（二十九字）
(3)(例)四本の足で歩いていた動物。（メソニクス類とよばれる原始的な肉食の哺乳動物。）
(4)(例)あたたかい海の近くで貝や魚をとってくらしているうちに、海にはいるようになった。
(5)エ

**解説**

1 (1)何について書かれた文章かを考えるときには、文章中にくり返し出てくる言葉や、文章の結論が書かれている部分で使われている言葉に着目するとよい。この文章では、第五段落に「クジラやイルカの祖先をたどるためには」、第六段落に「クジラやイルカの祖先にあたるものは」、最終段落に「クジラに進化していった」とある。クジラやイルカの祖先がどのようにして進化してきたのかを述べた文章であることがわかる。

(2)――線部の次の段落に「クジラやイルカの祖先をたどるためには」とあり、化石から進化の研究を進めていくと述べられている。このとき、進化の順にすべての化石が見つかれば、どのように進化していったのかをたしかめることができる。ところが、一部しか見つかっていないために、クジラやイルカがどのように進化したのかはっきりとわかっていないのである。

(4)「メソニクス類」が海へとかえっていった様子は、最終段落に書かれている。

(5)第一・二段落より、クジラやイルカは陸から海へとかえっていった哺乳動物であることがわかるため、「哺乳動物とは言えない」としている**ア**はふさわしくない。第六段落で、クジラやイルカの祖先は四本足で歩いていた動物だったと述べられているので、「魚のような体型をしていた」としている**イ**はふさわしくない。第七段落で、クジラやイルカの祖先がいたのが恐竜が絶滅したころだったと述べられているので、「すでにクジラやイルカが海を泳いでいた」としている**ウ**はふさわしくない。

## 106 最上級レベル 16

**解答**

**1** (1)(例)あくびが出るしくみと理由

(2)脳やからだが、通常の活動をしていないとき(二十字)

(3)血液中の酸素が不足しているからだに刺激をあたえるための深呼吸と、からだのストレッチの役目。

(4)(例)・顔の筋肉を動かす効果。
・新鮮な酸素をたくさん血液に送る効果。
・からだのすみずみへと酸素を送る効果。

(5)**ウ**

**解説**

**1** (1)①段落では、どんなときにあくびが出るかを述べている。

②段落では、あくびとしぐさの関係について述べている。

③段落では、あくびの役目について述べている。

つまり、この文章では、〈あくびはどのようにして出るのか〉と、〈あくびはなぜ出るのか〉の二つについて述べていることがわかる。

(2)説明文で理由や問いかけに対する答えをさがす場合、つなぎ言葉が手がかりになることがある。①段落の終わりに「つまり、～ときに、あくびが出るようです」と書かれていることに着目する。

(3)あくびの役目については、③段落で述べられている。「深呼吸」と「ストレッチ」というキーワードに着目し、あくびの役目をまとめる。

(4)「まず」「それから」「また」という言葉に着目する。あくびが出る動作の効果がどのようなものであるのか、順に三つ述べられていることがわかる。

(5)②段落に「つかれたり、目がさめたばかりのときにあくびが出る」と書かれているが、**ア**は「あくびをすると～つかれがたまりやすくなる」と説明しているので、ふさわしくない。①段落に「脳やからだが、通常の活動をしていないときに、あくびが出る」と書かれているが、**イ**は「あくびが出るのは～からだが正常なしょうこ」としているので、ふさわしくない。③段落に「あくびは、血液中の酸素が不足して一時的に活動がにぶくなっている脳やからだに刺激をあたえるための深呼吸」と書かれているが、**エ**は「あくびをすると～活動がにぶくなる」と説明しているので、ふさわしくない。

## 標準レベル 107 伝記文

**解答**

**1** (1)(例)自分とにた立場の人が、機械を発明したこと。

(2)**ウ**

(3)はたおりの機械(七字)

(4)**イ**

(5)**イ**

**解説**

**1** (1)「ぼくとおなじ大工だった」という言葉に着目する。佐吉は、自分と同じ大工だった人が、りっぱな機械をつくったことを父親に話し、自分も発明をしたいという思いを伝えようとしているのである。

(2)「しっぱいしておわった人のほうがたくさんいるんだよ」という言葉に着目する。佐吉のおとうさんは、発明はうまくいかない場合がほとんどであることを佐吉に伝え、発明をあきらめさせようとしていることがわかる。

(5)この文章は豊田佐吉についての伝記文であるから、佐吉がおかれていた立場や、佐吉の気持ちを手がかりに、文章の題としてふさわしいものを考える。佐吉はおとうさんの言いつけを守らなかったわけではないが、すべてにしたがったわけではなく、夜に発明を続けていたと書かれている。よって、**ア**の「すなおな心」では文章全体の題としてふさわしくない。また、佐吉は発明がむずかしいことはわかったうえで、あきらめずに発明を続けることにしているので、**ウ**の「発明のむずかしさ」は、この文章の題としてふさわしくない。

**注意** (4)伝記文での登場人物の考えは、行動や会話から読み取る。このとき、ひとつの行動や会話だけで考えを決めてしまわないように注意すること。佐吉はおとっさんに発明を続けることを反対されたものの、おとっさんのことをにくんでいるわけではない。その気持ちは「おとっさんや、おかあさんがしんぱいしてくれるのはありがたいのですが」という部分に表れている。また、おとっさんとおかあさんの願いは、おとっさんの大工の仕事を佐吉が手伝うことだったため、佐吉はひるに大工の仕事を手伝い、夜に発明をつづけることにしたのである。これらの行動から、佐吉はおとっさんに反抗したいわけではなく、言いつけを守りながらも、発明をあきらめていないことがわかる。

## 上級レベル 108 伝記文

**解答**

1 (1)ア
(2)(例)中世ヨーロッパの人びとは、アジアをおそろしい未知の世界だと思っていたということ。
(3)イ
(4)(例)アジアのことをまったく知らないのがあたり前だったという背景。(三十字)
(5)エ

**解説**

1 (1)「血わき肉おどる」は、気持ちが高ぶってこうふんする様子を表す言葉である。中世の人びとは、当時のヨーロッパでまだ知られていなかったアジアについて書かれた「東方見聞録」を読み、とてもわくわくするとともに、新しい発見やおどろきで、とてもこうふんしたことを表している。
(2)「当時のヨーロッパの人びとは、アジアについてはほとんど知識がありませんでした」に着目する。「まっくらなどろ沼」「怪物」という表現から、まったく知らない場所だったアジアを、当時のヨーロッパの人びとはおそろしい場所だと想像していたことが読み取れる。
(5)「ただ一つの案内書」という言葉に着目する。正しいことだけが書かれた書物ではないものの、アジアについて知られていなかった当時のヨーロッパで書かれた書物として、とてもきちょうなものであると筆者は見ていることがわかる。

**注意** (3)筆者は、マルコ・ポーロが「東方見聞録」でうそやまちがいを書いていることについて、良いことであるとか、わざとうそを書いたと言っているのではないことに注意が必要である。まだくわしくわかっていないことについて初めて書く場合、そのものごと全体についてくわしく知らないために、結果的にうそやでたらめを書いてしまうこともあると言っているのである。

## 標準レベル 109 脚本

**解答**

1 (1)姉・妹・泥棒(順不同)
(2)ト書き
(3)あイ　いウ　うア
(4)(例)泥棒が入ってきた窓のところ。(十四字)
(5)エ

**解説**

1 (2)「ト書き」とは、脚本で登場人物のせりふ以外の部分で、登場人物の動作や行動を指示する言葉のことである。脚本によっては、動作や行動だけでなく時代や場所の設定、舞台装置について指示しているものもある。
(5)このげきでは、最初に「妹」が「ああ、びっくりした」と言っているが、これは泥棒がとつぜん窓から入ってきたことにおどろいているだけで、姉妹は泥棒のことをこわがっていないことが話しぶりからわかる。それに対して、泥棒は姉妹に対していばった口ぶりで話しているものの、かっこうが泥棒らしくないと言われたり、つけひげが取れていたりして、少しもさまになっていないところが、このげきのおもしろいところと言える。

## 上級レベル 110 脚本

**解答**

1 (1)三(人)
(2)・山に向い
・少年少女顔を見合せて笑う(。)
(3)(例)山彦というものを知らなかったから。(十七字)
(4)(例)こちらの声が向こうの山へ響くと、山がそれを返してくるというもの。
(5)イ・エ

**解説**

1 (2)せりふではない部分とは、ト書きのことである。ト書きは(　)の中に書かれていることが多いが、(　)をつけずに書かれている場合もある。
(3)「山彦がものを言うんですか」という少年の言葉から、少年が山彦というものについて知らないことを読み取る。
(5)山彦は、音がはね返って聞こえるのであるが、このげきでは山彦が「ものを言う」と表現されており、まるで生き物のようにあつかわれている。じっさいのげきでは、「山彦」の声の役がいることになるので、より生き物らしく聞こえると思われる。

## 標準レベル 111 意見文

**解答**

1 (1)(例)ゴミを散らかすから。(十字)

(2)(例)映像は何度も繰り返して見ることができる(から。)〈十九字〉
(3)イ
(4)ア
(5)ウ

解説

❶ (1)「カラスが生ゴミを食べたあと」について、筆者は「置かれていた袋はぐちゃぐちゃに破れてしまっています」「ゴミがそこらじゅうに散らばり放題です」と表現している。つまり、路上にゴミが散らかっている状態のことを言っていることがわかる。

(4)「ゴミ袋を破るときには、明らかに何かにねらいをつけているようです」と述べられている。ゴミ袋の中身がわかっているから、どのゴミ袋のどの部分を破ればいいのかがわかるのである。

(5)第一段落にあるように、カラスがゴミを散らかすことに対して、筆者はしかたがないと言っているわけではない。しかし、ゴミを散らかすことに腹を立て、カラスを悪者と決めつけるのではなく、なぜカラスがゴミ袋からゴミを引っぱり出すのかを映像によって観察し、その結果、ゴミを散らかすことそのものが目的ではないことをつき止めているのである。

## 上級レベル 112 意見文

解答

❶ (1)(例)小さな森が点々と残っているだけになってしまうこと。
(2)A…エ　B…ウ
(3)(例)これまでにたくさんの動物が滅んできたことを示すため。(二十六字)
(4)(例)オランウータンや地球上の生き物が絶滅しないように守っていく責任。
(5)ア・エ

解説

❶ (1)「島」とは、海にかこまれた陸地のことを言う。つまり、「小さないくつかの森」が「島」のようになるということは、森がところどころに小さくまとまってあるだけの状態になってしまうことを表しているのである。

(3)すぐ前の文に「これまでにたくさんの動物が滅んできたのは事実だ」と書かれていることに着目する。たくさんの動物が滅んできた例のひとつとして、筆者は「恐竜」をあげているのである。

(5)オランウータンを滅ぼしてはいけない理由として、事実にもとづいて説明している部分と、筆者自身の考えにもとづいて主張している部分があることに注意する。オランウータンが恐竜とはちがい、人間のせいで滅んでしまうかもしれないのは事実であり、これは人間の責任であるので、人間が責任をもってオランウータンを守るべきであると筆者は説明している。これに対して、「オランウータンは同じ時代の地球に生きる仲間だ」というのは、筆者自身の考えである。仲間であるから、滅ぼしてはならないという使命感をもって、筆者はオランウータンを守るべきだと言っているのである。

ポイント
(4)「人間がオランウータンを追い込んだことへの責任」のように答えないように注意すること。「責任」が「生じる」とあるので、人間がオランウータンに対して何をしてきたのかではなく、オランウータンを追い込んだことによって人間にどのような責任が生まれるのかを考えるとよい。

## 113 仕上げテスト ❶

解答

★1 (1)ウ　(2)ア
★2 (1)A…イ　B…ウ
(2)(例)どれだけ近づいたら危険とは言えない上に、見えないから。(二十七字)
(3)エ

解説

★1 (2)「なにもかも忘れてしまって」と、「うっとりと」という言葉が何を表しているかをとらえられるかどうかが、この詩の読み取りのポイントである。果物はもともと自然の中で育ってきたものであるから、たとえば暑い日や寒い日、雨のふる日など、さまざまな日々をすごしてきているはずである。しかし、おいしそうに熟れていく果物は、そういったことをまるで「なにもかも忘れて」しまったかのように、ただ「実のってゆく」のである。詩の言葉にこめられた意味をじっくりと考えよう。

★2 (3)アは「近づかなければ問題ないので、それほどこわくない」としているが、文章中では「どのくらいまでちかづいたら危険かということは、かんたんにはきめられません」と書かれている。つまり、近づかなければいいからといって、決してこわくないわけではないため、ふさわしくない。イは「どこにあるのかよく見なければならない」としているが、文章中ではブラックホールは「見えない」ものであると述べているため、ふさわしくない。ウは「ブラックホールに宇宙船がすいこまれるじけんはすでに起きている」としているが、文章中では「すいこまれるというじけんがおこるかもしれません」と述べているので、ふさわしくない。

## 114 仕上げテスト ❷

解答

★1 (1)(例)おぼれても、だれも助けてくれないから。
(2)(例)足が立たない水深二メートルをたいしたことがないと言うところ。(三十字)

(3)あ完全　いえんえい
(4)急に水が冷たくなった
(5)ア

解説

(2)「水深二メートル」は、子どもの背たけよりもずっと深いので、足がつかない。もしおぼれてしまった場合、だれかが助けてくれなければ助からなくなってしまうのである。しかし、米田老人は水深二メートルのことを「たいしたことはない」と言っているので、「めちゃくちゃ」と表現したのである。

(4)海の水が急に冷たくなるということは、ふつうはありえない。海の水の温度が変わったのではなく、海に入っている人物が強いきょうふを感じたことで、とつぜん海の水が冷たくなったように感じていることがわかる。

(5)米田老人の言葉からわかるように、太はプールで二十五メートルしか泳ぐことができないにもかかわらず、海での遠泳にちょうせんしようとしている。「米田老人の目は光っていた」というしんけんな様子や、「とにかく死ぬ気で泳いでこい」という言葉のきびしさから、米田老人は太とヤッチンに、泳ぎの練習に本気で打ち込ませるかくごを決めさせようとしていることがうかがえる。

ポイント

(1)「おぼれたらどうするの」という言葉に着目して考える。

## 115 仕上げテスト ③

解答

(1)(例)畑をぬけたところにある小屋のいちばん奥のワラの山の上。
(2)(例)生まれたばかりで目が開いていない様子。(十九字)
(3)(例)生まれたての子ネコを守るため。
(4)ウ
(5)エ

解説

(2)「糸くず」という表現から、とても細くて目が開いていないことが読み取れる。子ネコが生まれたてで、まだ目が見えていないことがわかる。

(3)後の部分に「わたしの目から子ネコたちをかくすように」とある。母ネコは、子ネコを守るために「わたし」を威嚇していることがわかる。

(4)子ネコたちが母ネコのおっぱいをさがす様子は、「じれったいくらい不器用」だったが、「わたし」はその様子をじっと見守っている。そして、「ようやく全員がおっぱいにありついたとき」に、「わたし」はため息をもらしたのだから、やっとすべての子ネコがおっぱいを飲むことができて安心していることがわかる。

(5)母ネコのことを「わたし」がどう見ているのかを読み取る。「あきれるくらいの根気強さ」で子ネコたちの体をなめまわす様子を見ている「わたし」は、母ネコが熱心に子育てをしていることに気づいたのである。

## 116 仕上げテスト ④

解答

(1)(例)衛生的な環境。
(2)(例)病気を持ちこむ場合もあるため。(十五字)
(3)A(例)病気を持ちこむ生きもの(衛生害虫)
B(例)見た目が気持ち悪い生きもの(不快害虫)(順不同)
(4)(例)危険に対して、できるだけすばやく反応するため。
(5)ウ
(6)害

解説

(3)「衛生」とは、清潔に保つという意味。これに対して「潔癖」とは、不潔と思われるものをきょくたんにきらう様子のことである。つまり、本当に不潔なものと、不潔だと思いこんでいるものとの区別がつかなくなっていることを、「衛生と潔癖の線引きをしなくなった」と表現していることがわかる。

(4)最終段落の内容をまとめる。本当に危険かどうかはともかく、危険「かもしれない」ものに対して、「嫌い」「苦手」という悪感情をいだくことで、人は危険を避けるものであると述べている。つまり、不快なものはすべて不衛生だとしゅんかん的に判断することで、生命をおびやかすものを避けているのである。

(5)「理」と「情」という言葉の文章中での意味を理解すること。頭で判断することを「理」、感情で判断することを「情」と筆者は表現している。生命をおびやかすものを避けるため、人はものごとを「理」よりも「情」で判断し、危険なものを避けているところがある。「情」による反応は早いが、このことが、場合によっては危険ではないものも危険であると判断してしまう誤解につながっているといえるのである。

## 117 仕上げテスト ⑤

解答

(1)親子(父親とむすこ)
(2)人間は～けない
(3)ア
(4)(例)周作が心を入れかえてくれたことを知り、うれしい気持ち。
(5)(例)老人が周作の清い心を信じはじめたこと。(十九字)
(6)イ

解説

★1 (1)「周作」がこの老人のむすこであることは、たとえば「むすこの周作が…」といったようにはっきりと述べられているわけではない。そこで、「うちの周作」という言い方に着目する。「うちの…」は、自分の家族に対して使う表現である。さらに、「十なん年ぶりで、家へもどってきた」という言い方から、周作が老人のむすこであることがわかる。

(2)「清廉潔白」とは、語注にあるとおり、心が清くて欲がないことである。そのような心を持たなければいけないと自分で言っていた周作が、ぬすみをはたらくはずがないことから、周作は時計をぬすむつもりではなかったと言える。

(3)すぐ前にある「そんなことをいってたか」という老人の言葉に着目する。老人は周作が時計をぬすんだのだと決めつけていたが、人間は清廉潔白でなくてはいけないと言っていたことを「ぼく」から聞き、周作のことをひどく誤解していたことに気づいたのである。

(5)老人が受け取ったのは「うた時計」という、音楽をかなでる時計で、時計のねじをそうさすれば音楽が鳴る仕組みになっている。しかし、この場面で時計が「美しくうたいだした」のは、ぐうぜん音楽が鳴ったという以上に、周作に対する老人の誤解がとけ、親子の時間がふたたび流れはじめたことを表していると考えられる。

(6)「音」の音読みは「オン」「イン」、訓読みは「おと」「ね」である。「楽」の音読みは「ガク」「ラク」、訓読みは「たの(しい)」である。

## 118 仕上げテスト 6

解答

★1 (1)(例)場所や相手によってことばは変化すること。(二十字)

(2)(例)ことばづかいには、最低限のルールがあるということ。(相手の気持ちを考えたことばづかいをすべきだということ。)

(3)(例)相手の気持ちを考えていないと思われてしまうから。

(4)イ

(5)ウ

解説

★1 (1)――線①のすぐ後に「時代とともに変わり、場所によって変わり、使う人によって変わり、相手によって変わります」とある。この部分をまとめればよい。

(2)「ちょっとあらたまった誕生パーティ」であるから、ジョギングパンツにランニングシャツという姿では、失礼に当たる。④段落に「ことばづかいも服装と同じで、最低限のルールはあります」とあることから、筆者はことばづかいのルールを説明するために、誕生パーティでの服装の例をあげたことがわかる。

(3)すぐ前の部分で、あらたまった誕生パーティの場にも自分が好きな服装で行きたいという人に対して、「そういう人たちは、招待する側の人の気持ちを考えたことがあるでしょうか」と述べている。その場に合わない服装をすることは、相手の気持ちを考えないことと同じであると、筆者は述べているのである。

(4)④段落の「私自身は、ことばづかいはなるべく自由な方がいいと思っていますが、それは、相手との間にどの程度の信頼関係があるかによって決まります」の部分に着目する。筆者はことばづかいには最低限のルールがあるとことわった上で、相手との信頼関係によっては、必ずしもルールどおりの言い方やことばづかいでなくてもよいと考えているのである。

(5)筆者は④段落で、ことばづかいに「最低限のルールはあります」としながらも、「なるべく自由な方がいいと思っています」と述べている。これは①段落の「この時にはこういうことばを使わなくてはいけない、というような公式はありません」を別の言い方で表したものである。よって、この文章では①段落と④段落で筆者の主張が述べられていることがわかる。

## 119 仕上げテスト 7

解答

★1 (1)ウ

(2)まめな人

(3)(例)苦労して働いてきた人が言うことだから。(十九字)

★2 (1)毎月三冊の本を読むことです。

(2)だれもがお年寄りに親切にするべきだと思う。

(3)たとえ負けても

(4)医者になることです。

(5)犬の散歩に行きます。(犬を散歩につれて行きます。)

解説

★1 (1)「ネコのように」というたとえだけを見れば、「かわいらしい様子」の可能性もあるが、この文章ではすぐ後で「うずくまっていた」と書かれている。つまり、「じいや」は小さく丸まっているために、まるでネコが丸まって休んでいるときのように見えたのである。

(2)「まめ」とは、苦労をいとわずに物事にはげむ様子を表す言葉。「いつもなにか仕事をしていた」「ほとんど手をやすめているということがなかった」といった様子を、「まめな人」と表現しているのである。

(3)「じいや」はほかの職工たちからばかにされても、長い間ずっとこつこつとはたらいてきた人である。その「じいや」が、はたらくとは「はたをらくにしてやること」だ、と言ったのであるから、自分がやってきたことを実感をもって話していることがわかる。だからこそ説得力があり、「しみじみとした響き」となっているのである。

## 120 仕上げテスト ❽

**解答**

★1 (1)あちゅうや　い季節
(2)(例)季節によって昼夜の長さが変わるから。(十八字)
(3)ウ

★2 ①エ　②ア　③ウ　④オ　⑤イ

★3 ①人工　②消費　③不便　④安心　⑤好調

**解説**

★1 (2)「昼と夜の長さが変わるから」では、答えとして不十分(ふじゅうぶん)である。季節によって変化するということがわかるように書くこと。